全国高职高专规划教材·电子商务系列

电子商务网站设计与制作

主　编　赵春燕
副主编　沈　茜　单　薇　王瑞娜
参　编　杨小英　黄文艳

内 容 简 介

本书采用介绍销售音响设备的"宁月"网站的开发作为教学主线，围绕该实例中包含的各个网页元素逐个分解讲述其制作方法，从而全面介绍构建电子商务网站的操作技能及相关知识要点。本书内容包括：初识电子商务网站，电子商务网站规划，电子商务网站设计，运用 HTML 编写网页，"宁月"网站界面设计，"宁月"网站动画制作，"宁月"网站制作，"网上书店"制作实例，共 8 个项目。为强化学生的操作技能，同时还提供了一个"兹诺照明"网站实例作为学生练习的主线。

本书可作为电子商务专业学生的学习用书，也可供相关技术人员学习之用。

图书在版编目(CIP)数据

电子商务网站设计与制作/赵春燕主编. —北京：北京大学出版社，2011.4
（全国高职高专规划教材·电子商务系列）
ISBN 978-7-301-18277-2

Ⅰ. ①电… Ⅱ. ①赵… Ⅲ. ①电子商务—网站—设计—高等学校：技术学校—教材 ②电子商务—网站—制作—高等学校：技术学校—教材 Ⅳ. ①F713.36 ②TP393.092

中国版本图书馆 CIP 数据核字（2011）第 246179 号

书　　名	电子商务网站设计与制作
著作责任者	赵春燕　主编
策划编辑	桂　春
责任编辑	桂　春　张宏英
标准书号	ISBN 978-7-301-18277-2/TP·1141
出版发行	北京大学出版社
地　　址	北京市海淀区成府路 205 号　100871
网　　址	http://www.pup.cn　新浪微博：@北京大学出版社
电子信箱	zyjy@pup.cn
电　　话	邮购部 62752015　发行部 62750672　编辑部 62756923
印刷者	北京鑫海金澳胶印有限公司
经销者	新华书店
	787 毫米 ×980 毫米　16 开本　26.75 印张　584 千字
	2011 年 4 月第 1 版　2018 年 12 月第 5 次印刷
定　　价	49.00 元

未经许可，不得以任何方式复制或抄袭本书之部分或全部内容。
版权所有，侵权必究
举报电话：010-62752024　电子信箱：fd@pup.pku.edu.cn
图书如有印装质量问题，请与出版部联系，电话：010-62756370

前　　言

电子商务网站设计，包含的内容非常多。大体分两个方面：一方面是纯网站本身的设计，比如，文字排版，图片制作，平面设计，三维立体设计，静态无声图文，动态有声影像等；另一方面是网站的延伸设计，包括网站的主题定位和浏览群的定位，智能交互，制作策划，形象包装，宣传营销等。首先，要确定网站的主题和名称，定位网站的CI形象，确定网站的栏目和版块，网站的整体风格创意设计，网站的层次结构和链接结构；其次，特别要注重首页的设计，网站的Banner设计，网页的版面布局，页面的色彩搭配等；最后，注重网站的交互性亲和力、网页的效果与下载速度。

一个成功的网站首先需要一个好的设计，设计是网站的核心和灵魂，网站设计通过网站制作将设计的效果表现出来。

本书是作者在多年的电子商务网站设计与制作教学实践中反复探索的结晶，本着适用、够用、好用和贴近企业的目标编写而成。本书也是"2010江苏省职业教育教学改革研究课题——电子商务网站设计与制作项目课程开发与实施研究"的研究成果之一。

本书通过讲练结合的方式使学生能够更全面了解和认识电子商务网站的建设和使用方法，既注重知识原则和实际操作技能，又注重实际应用，为此专门介绍了一个具体的"网上书店"开发实例，便于读者迅速地了解并掌握网站的规划及设计的各个步骤，顺利地找寻起自己的商务平台。

本书由苏州工业职业技术学院的赵春燕老师担任主编，并承担统稿工作；由苏州工业职业技术学院的沈茜老师，苏州市轻工业学校的单薇老师，河南省三门峡职业技术学院王瑞娜老师担任副主编。苏州工业职业技术学院的杨小英老师和芮文艳老师参与了本书的编写工作。

本书在编写过程中，参阅了大量相关文献，得到了相关同行的大力支持和帮助，在此对原作者表示真诚的谢意，并特别感谢苏州欣佳科技网络公司对配的贡献。

由于编者水平有限，书中难免存在缺点和错误，恳请读者批评指正。

编　者

2011年3月

目　　录

项目一　初识电子商务网站 1
　　任务一　从传统商务到电子商务 2
　　任务二　电子商务网站的概念、功能与特点 3
　　任务三　电子商务网站建设的一般流程 4
　　任务四　联想网站和戴尔网站的比较 5
　　任务五　电子商务网站建设的成功案例 8

项目二　电子商务网站规划 12
　　任务一　电子商务网站需求分析 13
　　任务二　域名策略与 ISP 选择 18
　　任务三　确定服务器解决方案 22

项目三　电子商务网站设计 25
　　任务一　电子商务网站内容的设计原则、组成与流程 26
　　任务二　电子商务网站内容的结构设计 32
　　任务三　电子商务网站的风格、创意与形象设计 34
　　任务四　著名贸易网站介绍 42

项目四　运用 HTML 编写网页 53
　　项目概述 53
　　任务一　HTML 入门 53
　　任务二　运用 HTML 布局页面 59
　　任务三　建立超链接与图像处理 66
　　项目小结 74
　　思考练习 76

项目五　"宁月"网站界面设计 78
　　项目概述 78

    任务一　网页导航栏制作 78
    任务二　网站 logo 制作 90
    任务三　网页 Banner 制作 96
    任务四　网页页面编排 114
    任务五　网页切片 124
  项目小结 129
  思考练习 129

项目六　"宁月"网站动画制作 132
  项目概述 132
    任务一　打字效果逐帧动画制作 132
    任务二　网页 Banner 动画制作 143
    任务三　图片切换播放效果制作 153
    任务四　网页 Banner 的完善 165
    任务五　Flash 广告制作 169
  项目小结 184
  思考练习 184

项目七　"宁月"网站制作 187
  项目概述 187
    任务一　网站制作基础入门 187
    任务二　构建本地站点 197
    任务三　布局首页表格 210
    任务四　插入基本对象 228
    任务五　编辑 CSS 样式 238
    任务六　创建并应用网页模板 256
    任务七　插入其他多媒体元素 266
    任务八　设置网站超链接 278
    任务九　部署框架网页 292
    任务十　应用行为增加页面效果 304
    任务十一　使用插件丰富页面内容 318
    任务十二　动态网页初探 330
    任务十三　站点的发布与维护 350

项目小结 357
　　思考练习 360
项目八　"网上书店"制作实例 363
　　项目概述 363
　　任务一　"网上书店"功能设计 363
　　任务二　"网上书店"站点规划 370
　　任务三　制作图书浏览模块 378
　　任务四　制作注册与登录模块 392
　　任务五　制作留言与其他模块 407
　　项目小结 415
参考文献 416

项目一　初识电子商务网站

【知识目标】

了解电子商务网站的基本功能；了解电子商务网站的类型及特点；掌握电子商务网站建设的一般流程。

【能力目标】

能分析电子商务网站的设计思路、特色及突破点；并能对电子商务网站进行比较。

【引导案例】DELL 网站的功效

在 DELL 公司中文网站（http://www.dell.com.cn）首页上，可以看到一个非常简洁的界面，除了公司介绍、最新产品、热卖信息、技术支持和联系信息之外，最醒目的就是针对中国市场四类不同用户（家庭与个人办公、用于中小型企业、公共事业部、用于大型企业）的产品目录简介和链接了，所有详细的产品介绍和在线订单处理程序都恰到好处安排在应该出现的地方。

当我们打开"用于中小型企业"网页，可以看到，主要内容是针对中小型企业用户的产品目录和重点介绍，DELL 公司网站和一般的网上购物网站有所不同，与产品不相关的内容很少，也没有太复杂的网页设计，基本是针对相关产品的促销、订购和帮助的信息。见图 1-1 所示的 DELL 网站首页。

（资料来源：http://www.dell.com.cn）

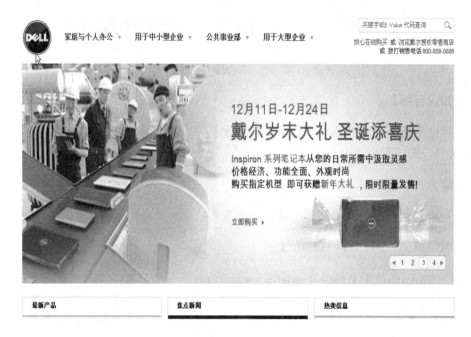

图 1-1　DELL 网站首页

任务一　从传统商务到电子商务

引导案例中 DELL 的核心能力在于其直销模式以及核心的 IT 技术,但更重要的是整个公司运营管理体系的规范以及先进的营销理念。

首先,DELL 实现了企业 E 化,大大降低了企业的成本。其次,由电子商务替代企业基本活动中的传统商务环节,如将产品分发给零售商,这样节省了时间成本和运输仓储成本,产生了收益递增利润。此外,由电子商务替代企业辅助活动中的人工工作,使得管理成本降低。最后,第三方物流替代企业基本活动中的进货、发货和仓储等实体活动,使经营成本也实现了降低。DELL 的电子商务应用模式集 B2B、B2C 和 B2G 为一体,即企业对企业、企业对消费者和企业对政府。DELL 通过他的电子商务网站直接与客户接触,省去了交易服务的中介费,间接降低了企业经营成本。

1. 传统商务与电子商务

传统商务是指企业在进行商贸交易活动过程中的实际操作步骤和具体处理过程,由交易前的准备、贸易的磋商、合同的执行、支付与结算等环节组成。

电子商务是指以简单快捷、低成本的电子通讯方式，买卖双方不见面地完成的商务过程，同样也由交易前的准备、贸易的磋商、合同的执行、支付与结算等环节组成。

2. 电子商务的优势

- 促使全球经济的发展
- 简化了商品的流通环节，大大提高了交易效率
- 降低了交易成本，获得较高利润
- 加强生产者和消费者之间的联系，提高服务质量
- 24小时不分时区的商业运作可以增加商业机会
- 增强企业的竞争力，提高企业的社会效益
- 提供优质的个性化服务

任务二　电子商务网站的概念、功能与特点

1. 电子商务网站的概念

电子商务网站是指能够在网上完成电子商务活动的网站，它是企业和个人在因特网上宣传和反映其形象和文化的重要窗口，是企业开展全球电子商务的交易平台。

2. 电子商务网站的主要功能

- 节省信息查询时间，提高效率
- 提供多种沟通渠道
- 提供合适的联系方式
- 为客户提供个性化的网站和服务
- 发布公司信息和广告
- 客户反馈
- 允许客户控制信息细节
- 提供决策工具
- 使用多媒体

3. 电子商务网站的类型及特点

（1）电子商务网站的类型

① 按照销售产品范围不同，电子商务网站可以分成 3 类：
- 销售单一产品的电子商务网站
- 销售一类产品的电子商务网站
- 销售各类产品的电子商务网站

② 按照开办者及其目的不同，分为两类：
- 生产型电子商务网站
- 流通型电子商务网站

③ 按照商务模式来分，可以归为 4 类：
- 信息型网站
- 广告型网站
- 信息订阅型网站
- 在线销售型网站

（2）电子商务网站的特点
- 除了一般网站所共有的特性之外
- 宣传公司形象，发布企业动态
- 集成产品发布系统，展示产品目录
- 集成订单系统和 ERP 系统
- 易用性、及时性、稳定性要求高
- 需要有系统的架构

任务三 电子商务网站建设的一般流程

1. 电子商务网站的基本架构

（1）主页 主页是建立在企业网站上，向外发布广告、信息的载体。如果说域名是企业在因特网上的"户口"，那么企业主页就是代表企业形象，在因特网上通行的"名片"。主页包括：企业名称、标志、导航菜单或图标、企业动态以及客户与公司联系的地址等。

(2)产品页面　产品页面采用信息分层，逐层细化的方法展示公司产品或服务。
(3)客户支持页面　用来提供客户信息帮助，或者客户反馈信息的页面，如留言板等。
(4)联系方式

2. 电子商务网站建设的一般流程

建立一个网站首先必须先给它取个名（域名注册），并把企业的域名注册、域名解析等先期工作完成。然后开始制作网站。网站制作一般可以有以下几个步骤组成。
(1)网站建设的市场需求分析。
(2)注册域名。
(3)建设网站平台。
(4)规划网站的内容并制作网页。
(5)网站的测试。
(6)网站的宣传和推广。
(7)维护及更新网站。

3. 网页设计的基本原则

(1)主页上应有企业标志的图标。
(2)主页的下载时间勿超过20～30秒。
(3)选择好的ISP服务商。
(4)企业网站视为信息的"终点站"。
(5)易于导航，可用多种方法导航：如菜单、按钮、图标、高亮文字。
(6)忌过长的网页。

任务四　联想网站和戴尔网站的比较

引导案例中我们介绍了DELL网站，同样联想（http://www.lenovo.com.cn/）网站的主页也别具特色。主页结构如图1-2所示。

图 1-2　联想网站首页

1. 框架结构

上中下框架结构排版,把中部占近三分之二的页面面积,用于网站的主题图片。这是该网站的中心点。上部为产品分类导航,下部为新产品宣传。

2. 内容规划

联想主页的布局,既方便了不同客户的需求,又能达到迅速推销公司新产品的目的。
(1) 把订购热线放在右上角的鲜明位置,方便顾客查询购买。

（2）上部导航条围绕着产品、服务、技术支持等方面，体现方便实用、周全服务的理念。

（3）上部的左侧是适合不同客户群的不同产品，还有相关网络链接，方便实用。不同的用户群，可以选择不同的入口。右侧除了订购热线外还有快速查询离读者最近的联想销售店面。

（4）中部（占页面三分之二）放了五张形象的产品图片，有一张是关于服务与技术的图片。

（5）最下部一行主要是放置公司各类信息、联系方式等。

从以上内容规划分析，很清晰地看到，联想公司的网站页面很好地把握住了顾客的心理，抓住了关键视觉部位围绕联想产品转的主动权。

3. 颜色

使用背景图片的蓝绿色调为主调，给人很温馨舒适的感觉。图片上下的导航栏使用了黑色模版，这种大胆的尝试，与图片中的几台黑色笔记本电脑相互辉映，协调统一了整个网站的视觉，明快中也不失沉稳。

4. 文字

（1）主要由"宋体"、"黑体"这两种网页常用字体构成整个页面。

（2）图片中的文字个别使用了斜体和粗体。

（3）图片中有的文字还有用了多种彩色交替，很独特。

5. 图片

我们知道网站的首页主要是考虑信息量和客户浏览速度问题。

联想的图片用得较多，一张面积较大的动态主图由五张大图组成，使得联想的网速相对较慢。

主图的动态效果给人新颖时尚的感觉。有效地减少了客户视觉浏览方向点，直接将客户引导到该网站的中心意图点。

6. 联想网站和戴尔网站的比较

（1）共同点

- 两个网站的网页架构基本相同
- 首页功能相似：简单、明了、直接
- 两个网站在与客户沟通方面都做得很好，每一个链接都做到真实有效。

(2) 不同点
- 主页结构

DELL 网站注重网页的速度，所以设计的简单没有多余的图片；DELL 还很注重销售，在网页上方清楚地注明各种不同的购买方式。

而联想的网页注重速度的同时，也加入了时尚的元素，看起来更漂亮一点；但联想的购买方式在下方，需要点击后才能进一步了解，这一点说明联想注重他的宣传。

- 与客户的沟通

两个网站在与客户沟通方面都做得很好，每一个链接都做到真实有效。但是感觉戴尔更注重客户的感受，有很多的注重声明，让客户一目了然。而且戴尔还为客户制定了字体放大和缩小的功能，方便一些视力不好的客户阅读浏览，很人性化。

- 网站定位

联想网站属于业务导向的网站，他注重的是顾客对本企业产品的了解。而戴尔网站则属于销售导向型的，他更注重销售。

任务五 电子商务网站建设的成功案例

1. 阿里巴巴网站

阿里巴巴是全球 B2B 电子商务的著名品牌，是目前全球最大的商务交流社区和网上交易市场。

良好的定位，稳固的结构，优秀的服务使阿里巴巴成为全球首家拥有 210 万商人的电子商务网站，成为全球商人网络推广的首选网站，被商人们评为"最受欢迎的 B2B 网站"。如图 1-3 所示。

图1-3 阿里巴巴首页

2. 同程网

同程网（苏州同程旅游网络科技有限公司）创立于2004年。经过数年在旅游在线市场的成功运作，已成为国内最大的旅游电子商务平台之一，也是目前中国唯一拥有B2B旅游企业间平台和B2C大众旅游平台的旅游电子商务网站。

B2B旅游企业间平台（www.17u.net）作为中国最大的旅游B2B交易平台，搭建包括旅行社、酒店、景区、交通、票务等在内的旅游企业间的交流交易平台，目前注册旅游企业会员13万家，其中VIP会员六千余家，被誉为永不落幕的旅游交易会。

B2C大众旅游平台（www.17u.com）作为中国领先的在线旅游网站，拥有300万注册会员，面向大众提供酒店、机票、度假、租车、景点门票、演出门票等一站式旅游预订服务，并形成了以旅游点评、旅游问答、旅游询价、旅游博客为特色的旅游社区。2006年、2007年网站被北京大学等机构评为年中国十大旅游网站，并连续26个月名列中国旅游资讯类网站第一名。

同程网首页如图1-4所示。

图1-4 同程网首页

3. 当当网

1999年11月,当当网(www.dangdang.com)正式开通。成立以来,当当网每年均保持100%高速成长,2009年成长率高达120%。当当网在线销售的商品包括了家居百货、化妆品、数码、家电、图书、音像、服装及母婴等几十个大类,逾百万种商品,在库图书达到60万种。目前每年有近千万顾客成为当当网新增注册用户,遍及全国32个省、市、自治区和直辖市。每天有上万人在当当网买东西,每月有3000万人在当当网浏览各类信息,当当网每月销售商品超过2000万件。如图1-5所示。

图 1-5 当当网首页

【训练项目】

1．浏览阿里巴巴、中国黄页、同程、携程等网站，分析他们的网站设计思路、网站各自的特色及突破点。

2．请你对同程网和和携程旅行网这两个旅游网站进行分析比较。

项目二 电子商务网站规划

【知识目标】

了解电子商务网站需求分析的一般方法；了解服务器托管和租用虚拟主机的方法；理解域名策略；掌握域名命名的规则。

【能力目标】

能撰写简单的网站需求分析报告；掌握注册域名的技能。

【引导案例】电子商务网站建设之网站整体策划思路.

要建立一个有质量的电子商务网站，需要在科学合理的基础上进行详细的分析和论证，抓住电子商务本身的特点和行业产品流通的特性，充分估计客户群体和交易习惯等，在这么一个复杂的论证过程中企业还要遵循电子商务网站建设的基本理论，下面的理论知识对建设电子商务网站将是一个很好的指导。

企业电子商务网站建设是一项操作性很强的工作，必须围绕企业营销的目标来展开。首先应确定建立网站的主题和目的，确定网站设计的最终目标及总体指导方针。它包括：网站目标定位、网站信息内容确定、网站客户定位、网站盈利模式的设定、网上购物流程的设定、客户付款方式的设定、物流配送作业处理的设定、网络广告促销计划。

（1）网站目标定位

企业电子商务网站的建立，首先要确定电子商务网站的目的所在，是树立企业形象，宣传企业产品，推广企业服务，进行简单的电子商务业务，还是建立一个完整的电子商务系统、通过网络开展电子商务业务。

（2）网站信息内容确定

如何将网站建设成一个对消费者富有吸引力的电子商务网站，其网站信息内容的确定是成功的关键，与网站的主题相关的信息内容越丰富，登录上网的浏览者就越多。

（3）网站客户定位

在进行网站用户定位时，应该对本网站的竞争对象的站点进行深入和细致的分析，针对访问对象和本网站客户需求进行定位。

（4）网站盈利模式的设定

盈利模式的设定对网站来说十分重要。网站的经营收入目标与企业网站自身的知名度、网站未来的浏览量、网站未来的宣传力度和广告吸引力、上网者的购买行为对本网站的依赖程度等因素有十分密切的关系。

（5）网上购物流程的设定

通过电子商务进行并完成网上购物是一个比较复杂的技术流程，但这一复杂流程应当尽量做到对客户透明，使客户购物操作方便，让客户感到在网上购物与现实世界中的购物流程没有本质的差别和困难。一个好的电子商务网站必须做到：不论购物流程在网站的内部操作是多么复杂，其面对客户的界面必须是简单和操作方便的。

（6）客户付款方式的设定

网站面对的是各种各样的网上客户，企业网站应向客户提供多种可供选择的支付方式。

（7）物流配送作业处理的设定

企业网站对网上销售的商品，必须有相应的后台物流配送作业处理流程的配合，这在网站的建设过程中应同时加以考虑。否则，一旦发生上网者在网站购物并正常完成付款过程后，没有收到或过期才收到所购买的商品，将会由于该网站的服务不佳而产生很不利的后果，进而严重影响企业网站的声誉。

（8）网络广告促销计划

网上的广告收入是每一个网站盈利的重要部分，同时也是在网上树立本企业良好形象的必要手段。企业网站在建立后，若要留住原有的上网者，吸引更多的新上网者，必须针对本网站的业务特点和客户群设计的网络广告促销推广计划。

（资料来源：http://bbs.pfan.cn/post-308441.html）

任务一　电子商务网站需求分析

1. 需求分析的概念

网站建设的需求分析是网站建设的第一阶段，其总的目的是根据调查分析，明确建设电子商务网站的目的与内容，使网站建设能根据企业经济等实力，满足企业真实需求和客户需求，提高企业市场竞争率和经济效益。

2. 需求分析的主要任务

需求分析的主要任务是确定企业电子商务网站系统的综合需求，主要考虑以下四个方面：

（1）功能要求；

（2）性能要求（响应时间、响应方式、存储容量及其网络安全性等）；

(3) 运行环境要求（操作系统、网络结构等）；

(4) 软件和硬件升级、换代等要求，保持可扩充性、可维护性。

3. 需求分析的主要途径和内容

需求分析的主要途径和内容如下：

(1) 企业需求调查。

(2) 目标客户分析。

(3) 竞争对手的调查分析。

(4) 网站构建的市场定位分析。

(5) 可行性分析：

① 主要内容及内涵；

② 技术可行性分析；

③ 经济可行性分析（成本构成与测算）。

(6) 网站的收益分析。

① 直接收益，通过在线销售网上信息或服务而获取；

② 间接收益，网站通过相关业务而获取的收益（网上采购、推销、业务推广等）；

③ 品牌收益，（知名度、点击率等）。

(7) 风险分析。

① 必要性：如果企业的大部分业务通过网上完成，企业电子商务网站的风险分析就有必要。

② 风险分析方法。

- 技术风险分析：分析企业商务网站面临的潜在危险，包括黑客破坏、计算机病毒、计算机故障等。
- 商业风险分析：是指使用电子商务网站后，由于网站与企业商务需求存在偏差等因素，造成使用电子商务网站反而降低生产力和生产效率的情况。

4. 需求分析报告的书写

编写网站需求说明书是为了让用户和软件开发人员对所要建设的网站系统有一个共同的理解，使之成为整个开发工作的基础。具体格式参考软件需求说明书（GB 856T——88）。

【参考资料】网站需求分析模板——网站功能描述书

1. 哪些人应该参与网站开发项目的需求分析活动

需求分析活动其实本来就是一个和客户交流，正确引导客户能够将自己的实际需求用较为适当的技术语言进行表达（或者由相关技术人员帮助表达）以明确项目目的的过程。这个过程中也同时包含了对要建立的网站基本功能和模块的确立和策划活动。所以项目小组每个成员、客户甚至是开发方的部门经理（根据项目大小而定）的参与是必要的。而项目的管理者在需求分析中的职责有如下几个方面：

- 负责组织相关开发人员与用户一起进行需求分析
- 组织美术和技术骨干代表或者全部成员（与用户讨论）编写"网站功能描述书（初稿）"文档
- 组织相关人员对"网站功能描述书（初稿）"进行反复讨论和修改，确定"网站功能描述书"正式文档
- 如果用户有这方面的能力或者用户提出要求，项目管理者也可以指派项目成员参与，而由用户编写和确定"网站功能描述书"文档
- 如果项目比较大的话，最好能够有部门经理或者其他授权的人员参与到"网站功能描述书"的确定过程中来

2. 完整的需求调查文档记录体系

在整个需求分析的过程中，将按照一定规范编写的需求分析的相关文档不但可以帮助项目成员将需求分析结果更加明确化，也为以后开发过程中做到了现实文本形式的备忘，并且有助于为公司日后的开发项目提供有益的借鉴和模范，成为公司在项目开发中积累的符合自身特点的经验财富。

需求分析中需要编写的文档主要是"网站功能描述书"，他基本上是整个需求分析活动的结果性文档，也是开发工程中项目成员主要可供参考的文档。为了更加清楚的描述"网站功能描述书"往往还需要编写"用户调查报告"和"市场调研报告"文档来辅助说明。各种文档最好有一定的规范和固定格式，以便增加其可阅读性和方便阅读者快速理解文档内容。

3. 向用户调查些什么

在需求分析的工程中，往往有很多不明确的用户需求，这个时候项目负责人需要调查用户的实际情况，明确用户需求。一个比较理想化的用户调查活动需要用户的充分配合，而且还有可能需要对调查对象进行必要的培训。所以调查的计划安排：时间、地点、参加人员、调查内容，都需要项目负责人和用户的共同认可。调查的形式可以是：发需求调查表、开需求调查座谈会或者现场调研。调查的内容主要如下：

- 网站当前以及日后可能出现的功能需求
- 客户对网站的性能(如访问速度)的要求和可靠性的要求
- 确定网站维护的要求
- 网站的实际运行环境
- 网站页面总体风格以及美工效果(必要的时候用户可以提供参考站点或者由公司向用户提供)
- 主页面和次级页面数量,是否需要多种语言版本等
- 内容管理及录入任务的分配
- 各种页面特殊效果及其数量
- 项目完成时间及进度(可以根据合同)
- 明确项目完成后的维护责任

4. 调查结束以后,需要编写"用户调查报告",其要点是:

- 调查概要说明:网站项目的名称、用户单位、参与调查人员、调查开始终止的时间、调查的工作安排
- 调查内容说明:用户的基本情况,用户的主要业务,信息化建设现状,网站当前和将来潜在的功能需求、性能需求、可靠性需求、实际运行环境,用户对新网站的期望等
- 调查资料汇编:将调查得到的资料分类汇总(如调查问卷,会议记录等)

5. 市场调研活动内容

通过市场调研活动,可清晰地分析相似网站的性能和运行情况。可以帮助项目负责人更加清楚地构想出自己开发的网站的大体架构和模样,在总结同类网站优势和缺点的同时项目开发人员可以博采众长开发出更加优秀的网站。

但是由于实际操作中时间、经费、公司能力所限,市场调研覆盖的范围有一定的局限性,在调研市场同类网站的时候,应尽可能调研到所有比较出名和优秀的同类网站。应该了解同类网站的使用环境与用户的差异点、类似点,同类产品所定义的用户详细需求(需要公司或者项目负责人有一定的关系)。市场调研的重点应该放在主要竞争对手的作品或类似网站作品的有关信息上。市场调研可以包括下列内容:

- 市场中同类网站作品的确定
- 调研作品的使用范围和访问人群
- 调研产品的功能设计(主要模块构成,特色功能,性能情况等)
- 简单评价所调研的网站情况

6. 调研的目的是明确并且引导用户需求。

对市场同类产品调研结束后，应该撰写"市场调研报告"主要包括以下要点：
- 调研概要说明：调研计划、网站项目名称、调研单位、参与调研人员、调研开始终止时间
- 调研内容说明：调研的同类网站作品名称、网址、设计公司、网站相关说明、开发背景、主要适用访问对象、功能描述、评价等
- 可采用借鉴的调研网站的功能设计：功能描述、用户界面、性能需求、可采用的原因
- 不可采用借鉴的调研网站的功能设计：功能描述、用户界面、性能需求、不可采用的原因
- 分析同类网站作品和主要竞争对手产品的弱点和缺陷以及本公司产品在这些方面的优势
- 调研资料汇编：将调研得到的资料进行分类汇总

7. 清晰的需求分析输出——网站功能描述书

在拥有前期公司和客户签订的合同或者是标书的约束之下，通过较为详细具体的用户调查和市场调研活动，借鉴其输出的"用户调查报告"和"市场调研报告"文档，项目负责人应该对整个需求分析活动进行认真的总结，将分析前期不明确的需求逐一明确清晰化，并输出一份详细清晰的总结性文档——"网站功能描述书（最终版）"以作为日后项目开发过程中的依据。

"网站功能描述书"必须包含以下内容：
- 网站功能
- 网站用户界面（初步）
- 网站运行的软硬件环境
- 网站系统性能定义
- 网站系统的软件和硬件接口
- 确定网站维护的要求
- 确定网站系统空间租赁要求
- 网站页面总体风格及美工效果
- 主页面及次页面大概数量
- 管理及内容录入任务分配
- 各种页面特殊效果及其数量
- 项目完成时间及进度（根据合同）
- 明确项目完成后的维护责任

综上所述，在网站项目的需求分析中主要是由项目负责人来确定对用户需求的理解程度，而用户调查和市场调研等需求分析活动的目的就是帮助项目负责人加深对用户需求的理解和对前期不明确的地方进行明确化，以便于日后在项目开发过程中作为开发成员的依据和借鉴。

当然一次成功的需求分析不仅需要项目负责人甚至是客户等所有项目相关人员的共同努力，还和公司的能力范围有一定关系。需要说明的是此处所述的需求分析活动内容是建立在较为理想的基础上的。由于各个公司现实情况的不同，读者可以根据自身情况借鉴吸收利用。

任务二　域名策略与ISP选择

1. 什么是域名策略

为了在网络环境下实现计算机之间的通信，因特网上的任何一台计算机都有一个唯一的 IP 地址，于是因特网上又产生了域名，网络上采用域名系统（DNS）为其命名，即把 IP 地址进行符号化，以便于记忆与使用。

域名策略是指网站经营者从域名确定、域名启用、域名的推广宣传等。从营销的角度和塑造企业形象的角度看，域名在某种意义上与商标有着同样重要的作用。域名是企业在因特网上的名称，一个富有寓意、易读易记、具有较高知名度的域名无疑是企业的一项重要的无形资产。域名被视为企业的"网上商标"，是企业在网络世界上进行商业活动的前提与基础。所以，域名的命名、设计与选择必须审慎从事，否则，不仅不能充分发挥网站的营销功能，甚至还会对企业的网络营销产生不利的影响。

2. 域名种类

以机构区分的最高域名原来有 7 个：com（代表商业机构）、net（表示网络服务机构）、gov（意思是政府机构）、mil（军事机构）、org（非盈利性组织）、edu（教育部门）、int（国际机构）。1997 年又新增 7 个最高级标准域名：firm（企业和公司）、store（商业企业）、web（从事与 WEB 相关业务的实体）、arts（从事文化娱乐的实体）、rec（从事休闲娱乐业的实体）、info（从事信息服务业的实体）、nom（从事个人活动的个体、发布个人信息）。这些域名的注册服务由多家机构承担，中国互联网络信息中心（CNNIC）也有幸成为注册机构之一。

3. 域名命名的规则

（1）域名命名的一般规则

由于 internet 上的各级域名是分别由不同机构管理的，所以，各个机构管理域名的方式和域名命名的规则也有所不同。但域名的命名也有一些共同的规则，主要有以下几点：

① 域名中只能包含以下字符：
- 26 个英文字母；
- "0，1，2，3，4，5，6，7，8，9"十个数字；
- "-"（英文中的连词号）。

② 域名中字符的组合规则：
- 在域名中，不区分英文字母的大小写；
- 对于一个域名的长度是有一定限制的。

（2）cn 下域名命名的规则

① 遵照域名命名的全部共同规则。

② 只能注册三级域名，三级域名用字母（A~z，a~z，大小写等价）、数字（0~9）和连接符（-）组成，各级域名之间用实点（.）连接，三级域名长度不得超过 20 个字符。

③ 不得使用，或限制使用以下名称：
- 注册含有"china"、"chinese"、"cn"、"national"的域名等要经国家有关部门（指部级以上单位）正式批准；
- 公众知晓的其他国家或者地区名称、外国地名、国际组织名称不得使用；
- 县级以上（含县级）行政区划名称的全称或者缩写要经相关县级以上（含县级）人民政府正式批准；
- 行业名称或者商品的通用名称不得使用；
- 他人已在中国注册过的企业名称或者商标名称不得使用；
- 对国家、社会或者公共利益有损害的名称不得使用。

经国家有关部门（指部级以上单位）正式批准和相关县级以上（含县级）人民政府正式批准是指，相关机构要出具书面文件表示同意××单位注册××域名。如：要申请 beijing.com.cn 域名，则要提供北京市人民政府的批文。

4. 域名注册的网站

在以下网站均能进行域名注册。

（1）中国万网，中国最大的域名注册和网站托管服务提供商。

（2）第一主机，cn 域名 10 元，代理商 1 元，200M 动态空间最低价 48 元。

（3）中资源，中国专业域名注册商及主机服务器。

（4）西部数码，虚拟主机全国 10 强，提供智能双线，多线虚拟主机。域名代理价 45 元。

（5）中国 E 动网，专业虚拟主机，服务器提供商。

（6）华夏名网虚拟主机，专业虚拟主机，域名注册，服务器租用，网通电信双线机房。

（7）时代互联，智能多线虚拟主机全国唯一主机自定制服务，cn 域名免费试用，买主机送域名送邮箱。

（8）35 互联，亚洲顶级域名、主机、邮局提供商，多线主机、邮局无障碍更畅通。

（9）中国互联网络信息中心。

【参考资料】选择域名的一般原则

一个好的域名应该具备 6 个基本要素：短小、容易记忆、不容易与其他域名混淆、不容易拼写错误、与公司名称/商标或核心业务相关、尽量避免文化冲突。

（1）短小　常用的.com、.net 等为后缀的域名中，许多字母少并且有一定字面含义的单词或者单词组合可能早就被别人注册了，不过仍然有一些方法可以组成比较短小的域名，通常可以利用一些单词的缩写，或者缩写字母加上一个有意义的简单词汇，如最近和美国 CNN 产生域名纠纷的"cnnews.com"就属于这种情况，是中国的缩写"cn"加上英语"news"所组成的，不过仍然可以让人看出其含义。

另外，有时英文单词虽然被注册完了，但碰巧汉语拼音比较短而且没有被人注册，这样的汉语拼音域名也是很好的选择，利用纯数字的域名也很常见，如 8848.com，85818.com.cn 等。

域名应该不多于多少个字母？其实也没有绝对的标准，现在的规定是一个域名最多可以包含 67 个字母和数字的组合（其中包括后缀名的 3 个字母），国际域名注册机构 networksolutions.com 的域名也很长，所以域名字符数的多少只是相对而言。如果能做到 5 个字符以下当然最好，不过也不必拘泥于此。

（2）容易记忆　为了让别人所了解和记住，除了字符数少之外，容易记忆也是很重要的一项因素。一般来说，通用的词汇容易记忆，比如 art.com，business.com，pets.com，bank.com，china.com，internet.com 等，不过，其他有特殊效果或读音的域名也容易记忆，如 yahoo.com，Amazon.com 等。

容易记忆的另一个意义在于向别人推荐时也比较容易解释，因此，发音容易混淆或者含有连字符的域名就不太理想，例如，四通集团的域名是 stone-group.com，在向别人推荐自己的网址时总是要解释在"stone"和"group"之间有一个连字符，这就很麻烦。

（3）不容易与其他域名混淆　造成域名混淆的原因可能有几种情况，一种是上面所说的组成一个域名的两部分使用连字符；第二种情况是后缀.com 或者.net 的域名分属不同所有人所有，例如网易的"163.com"与 163 电子邮局的"163.net"两个域名就很容易造成混乱，许多人都分不清两者的关系；第三种情况是国际域名和国内域名之间的混乱，例如"85818.com.cn"是一个网上购物网站的域名，而"85818.com"则属于另外一个网站。

（4）不容易拼写错误　这一点同样很重要，拼写错误的域名，就如同拨错的电话号码，有时甚至会被竞争对手利用而造成不可估量的损失，甚至有些网站专门靠别人拼写错误而增加点击数量。另外，字符数多的域名或者无规律的缩写字符组合而成的域名也容易造成拼写错误。

（5）与公司名称、商标或核心业务相关　我们看到"ibm.com"，就会联想到这是 IBM 公司的域名，看到"etravel.com"或者"auctions.com"的域名就会想到分别是在线旅游或者拍卖网站，这无疑是一笔巨大的财富，有些特殊的域名甚至可以卖到数百万美元。也正因为如此，一些企业名称或者商标被别人作为域名注册之后，要花很大代价来解决。

（6）尽量避免文化冲突　一个正规的公司如果用"希特勒"（Hitler.com）作为域名显然不合适。2000 年中期，最大的中文网站新浪网的域名"sina.com.cn"也受到质疑，甚至被要求改名，其原因在于"sina"在日语中和"支那"的发音相同，而"支那"是日本右翼对中国的蔑称，因此，新浪网的域名引起了一些在日本的华人的不满。虽然新浪网最终没有因此改名，但是，应该引以为戒，在选择域名时应该尽量避免可能引起的文化冲突。

（7）域名选择的策略　对任何一个网站来说，一个好的域名，可以让人们记忆深刻，节约大量的广告费用。这是显而易见的道理。搜索引擎发展迅猛的一个重要原因，就是因为域名难以让人们记住，所以大家都需要用它来寻找网址。因此说：域名对网站今后的发展和推广，意义重大，一定要慎重选择。

任务三　确定服务器解决方案

1. 服务器

服务器是一种高性能计算机,作为网络的节点,存储、处理网络上80%的数据、信息,因此也被称为网络的灵魂。做一个形象的比喻:服务器就像是邮局的交换机,而微机、笔记本、PDA、手机等固定或移动的网络终端,就如散落在家庭、各种办公场所、公共场所等处的电话机。我们与外界日常的生活、工作中的电话交流、沟通,必须经过交换机,才能到达目标电话;同样如此,网络终端设备如家庭、企业中的微机上网,获取资讯,与外界沟通、娱乐等,也必须经过服务器,因此也可以说是服务器在"组织"和"领导"这些设备。

服务器的构成与微机基本相似,有处理器、硬盘、内存、系统总线等,它们是针对具体的网络应用特别制定的,因而服务器与微机在处理能力、稳定性、可靠性、安全性、可扩展性、可管理性等方面存在差异很大。尤其是随着信息技术的进步,网络的作用越来越明显,对自己信息系统的数据处理能力、安全性等的要求也越来越高。

2. 服务器托管(主机托管)

(1) 服务器托管

服务器托管即购买一台服务器放到当地电信、网通机房,使用这种业务时,托管的服务器可以实现不间断高速接入 Internet 的需求,并且可以获取一个固定的 IP 地址,用于开展互联网业务或其他业务。

(2) 服务器托管的特点

灵活: 当企业的站点需要灵活地进行组织变化的时候,虚拟主机将不再满足企业的需要,这需要依靠托管独立服务器才能得到较好的解决。

稳定: 在独立主机的环境下,可以对用户和程序严密把关、精密测试,将服务器的稳定性提升到最高。

安全: 服务器被用做虚拟主机的时候是非常容易被黑客和病毒袭击的,因为有多个用户对这台服务器有不同的权限,托管服务器极少会出现这样的问题。

快捷: 虚拟主机因为是共享资源,因此服务器响应速度和连接速度都较独立主机慢得多。

（3）服务器托管的注意事项
- 第一次托管不妨先看 ISP 证
- 尽量跨过不必要的中间商（中介）
- 先别急着考察机房，建议先考察服务商
- 考察机房重点放在它的规模、历史
- 要签订严谨的托管合同
- 最好不要异地托管

3. 租用虚拟主机

虚拟主机，是在网络服务器上划分出一定的磁盘空间供用户放置站点、应用组件等，提供必要的站点功能与数据存放、传输功能。也叫"网站空间"就是把一台运行在互联网上的服务器划分成多个"虚拟"的服务器，每一个虚拟主机都具有独立的域名和完整的 Internet 服务器（支持 WWW、FTP、E-mail 等）功能。一台服务器上的不同虚拟主机是各自独立的，并由用户自行管理。但一台服务器主机只能够支持一定数量的虚拟主机，当超过这个数量时，用户将会感到性能急剧下降。

这样的服务器，在被人们浏览时，看不出来它是与别人共享一台主机系统资源的。应该说，通过"虚拟主机托管"这种方式拥有一个独立站点，其性能价格比远远高于自己建设和维护一个服务器，目前这种建立站点的方式越来越多地被企、事业单位所采用。

4. 服务器托管的优势

服务器托管与虚拟主机租用相比有三大优势

（1）稳定性　不会因为共享主机，而引起的主机负载过重，导致服务器性能下降或瘫痪。在独立主机的环境下，可以对自己的行为和程序严密把关、精密测试，将服务器的稳定性提升到最高。

（2）安全性　共享主机时，对于不同的用户会有不同的权限，这就存在安全隐患。在独立主机的环境下，可以自己设置主机权限，自由选择防火墙和防病毒设施。

（3）独享性　共享主机就是共享资源，因此服务器响应速度和连接速度都较独立主机慢。独立主机可以自己选择足够的网络带宽等资源、及服务器的档次，从而保证主机响应和网络的高速性。

5. 中小企业购买服务器应考虑的因素

由于中小企业具有其特殊性，因此在选购服务器时先要考虑服务器选购的一般知识，即确定选购的服务器级别，包括入门级、工作组级、部门级和企业级；在确定 PC

服务器的级别后，接着就是权衡，即可管理性、可用性、可扩展性、安全性、高性能以及模块化等主要的性能指标的权衡。此外，中小企业在选购服务器时还必须根据各自的特殊性来选购适合自己的服务器产品。

【训练项目】

1. 进入中国互联网络中心网站，请试着为你自己注册一个域名。
2. 请上网查阅中小企业建设电子商务网站要注意些什么问题？
3. 请上网查阅，我国有哪些成功的中小企业电子商务平台？为什么有的中小企业的电子商务平台不成功？

项目三　电子商务网站设计

【知识目标】

了解电子商务网站设计流程；了解电子商务网站形象设计的一般方法；了解世界五大贸易网站设计特点；掌握电子商务网站设计的原则。

【能力目标】

能完成一个小型电子商务网站的建设方案，包括网站形象的设计，网站界面的设计，网站推广方案的制定等。

【引导案例】（北京现代网站设计欣赏）

北京现代汽车有限公司网站由三达网络公司设计，以中国元素笔墨画作为整个网站的基调，笔墨画以动感的形式逐渐把页面展现在读者的眼前，网站简约大方，每个页面都透出现代汽车的霸气。如图 3-1 与图 3-2 所示。

图 3-1　北京现代网站首页

图 3-2 北京现代网站精睿之形页面

更多精彩网站设计见设计路上（http://www.sj63.com/screen_list.asp）与三达网络（http://www.1do1.cn/）。

（资料来源：北京现代网站 http://www.moinca.cn/）

任务一 电子商务网站内容的设计原则、组成与流程

1. 电子商务网站内容的设计原则

实现网站商务功能最大化的目标，给目标客户提供方便、实用的信息服务是电子商务网站设计的基本实用原则，包含以下几个方面：

（1）人性化的交互界面

客户访问电子商务站点是为了获取需要的商品或服务，所以网页的内容必须突出重点，避免夸张，装饰部分不宜太多，以免喧宾夺主。在内容编排上必须简洁明了，便于浏览；信息数量比较大时应将其拆分成多个网页。在电子商务网页设计中还应当考虑像残障人士这样特殊人群的需要。

（2）方便快捷的更新维护

电子商务网站要根据市场行情的波动随时更新网页上的价格信息，经常要提供新的商品或服务，并搞些促销活动以刺激客户的购买欲。设计时要考虑到内容更新的快捷简便。在内容更新的同时，还要注意保持网页在结构上的相对一致性，以使老客户能方便快速地找到所需要的各种信息。

(3) 最佳优化的网页内容

一般情况下,客户对当前网页上的内容能持续保持注意的时间长度约为 10 秒钟,若系统响应时间超过 10 秒,客户会在等待计算机完成当前操作时转向其他的任务。因此,为缩短系统响应时间,比较简单的一种解决办法是尽量减少网页上的图片与多媒体(如动画、录像、闪烁等)的使用。但是作为电子商务站点,很多场合需要采用图示或多媒体演示,以至不得不适当降低系统响应速度。

(4) 准确无误的链接

整个 Web 实际上就是一个的巨大的信息空间。由于空间过大,并且各节点之间的链接关系错综复杂,用户上网浏览时有可能发生迷路现象。EIM 和 Woods(1985)研究发现,用户在网上迷路的程度与不熟悉文档结构有直接关系。

(5) 界面的统一和差异

在电子商务网页设计中,界面一致性也是必须加以仔细考虑的一个重要因素。一般认为,界面一致性主要体现在三个方面:指向性效果;系统的输入与输出之间的关系;界面的外观或视觉效果。一些研究表明,增强界面一致性有利于提高用户的操作绩效和满意度,同时还可减少操作错误。

(6) 美观、比例、结构、布局

良好的视觉效果与强大的使用功能同等重要,界面美观水平与使用者对界面可用性的主观评价呈正相关,与操作绩效也呈正相关。衡量网页外观设计质量的四个主要指标有:美观、图文比例、结构、总体布局。其中,美观这一指标最为重要。

(7) 终端与载体的协调统一

电子商务网页设计应适应客户使用的各种类型的显示器,应使用可用空间的百分比来规定布局。有时同一个网页在不同浏览器或同一浏览器的不同版本上会产生很不相同的显示效果,甚至有些网页功能无法正常实现。设计电子商务网站时,应注意网页在这方面的兼容性。

(8) 信息安全保障

互联网是一个开放的网络,在网上进行各种商务活动,随时可能面对黑客的攻击、病毒的侵袭等。因此,确保网上信息流通的系统安全十分重要。安全不仅仅是一个技术的问题,还涉及系统的管理和法律法规的保障等。

(9) 可扩展设计定位

互联网具有巨大的商务潜能,没有人可以确切预计系统的最终访问量和最佳的商务运行模式。因此网站设计的原则之一就是可扩展性。随着企业网上平台业务量的扩展和平台访问量的增长,系统应该能够具有很强的扩展能力以适应新业务的发展。

2. 电子商务网站内容的组成

电子商务系统的基础平台一般包括以下组成部分:

(1) 负荷均衡

负荷均衡是指如何使电子商务系统服务器的处理能力和承受能力的压力保持均衡。

负荷均衡还可以对服务器集群结构中的各个服务器性能进行动态调整和负荷分配。它使电子商务系统中硬件性能得到有效的均衡,避免特定的设备或系统软件由于压力过大而出现崩溃和拒绝服务的现象。这样在一定程度上能够提高系统的可靠性。

(2) 连接/传输管理

这一部分的主要作用是满足系统可扩充性的需要,用以实现电子商务系统和其他系统之间的互联以及应用之间的互操作。

(3) 事务管理

电子商务系统支持的商务活动涉及大量的联机事务处理 OLTP 和 OLAP,这就要求系统具备很强的事务处理性能。事务管理的作用包括两方面,一是保证分布式环境下事务的完整性、一致性和原子性;二是缩短系统的响应时间,提高交易过程的实时性。

(4) 网站管理

网站是电子商务系统的客户服务接口,用于表达系统商务逻辑的处理结果。所以,在电子商务系统中,网站具有重要的地位。

网站管理的基本作用是为站点维护、管理和性能分析提供技术支持手段,它主要实现系统状态的监控、系统性能调整、用户访问授权、客户访问历史记录等功能。

通过网站管理功能,可以记录客户的访问数据,了解用户的需求。利用这些数据,企业能够了解客户的潜在需求。

(5) 数据管理

该部分为电子商务应用相关数据的存储、加工、备份和表达提供支持,同时为应用程序提供应用开发接口。

除利用传统的 DBMS 实现数据管理外,目前也有一种做法是将 Web 和 DBMS 更紧密地结合起来,构造所谓的 WebDB。

(6) 安全管理

该部分为电子商务系统提供安全可靠的运行环境、防止或减少系统被攻击的可能、提高系统抗拒非法入侵或攻击的能力、保障联机交易过程的安全。

3. 电子商务网站内容设计流程

（1）网站内容设计流程

网站内容设计流程如图 3-3 所示，主要有以下几点：

① 收集网站的一些关键信息（由熟悉市场营销并有文字组织能力的人组织整理）通常这些信息可来自宣传手册、彩页、技术资料等，并从用户角度进行整理而成。

② 网站信息结构设计。根据总体规划阶段提出的主要需求与功能确定计算机管理的范围、网站应具有的基本功能、界面的基本形式、网站的链接结构和总体风格等，并交领导小组审核。

③ 网站运行环境的选择，环境选择要结合企业实力。

④ 进行网页可视化设计，包括主页和其他页面的版面设计、色彩设计、HTML 布局和导航、相关图像的制作与优化等。

⑤ 网页制作，利用各种技术进行网页的设计。

⑥ 网站的维护与管理，包括：企业产品信息，最新动态发布，信息更改，删除，栏目增减，网站诊断分析等。

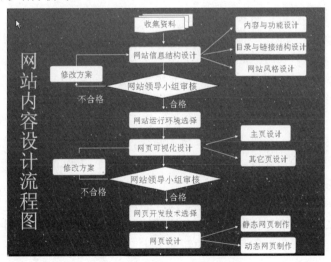

图 3-3　网站内容设计流程图

（2）网站信息结构设计

① 网站信息内容及其功能模块：从经营实质讲，网站分为信息发布型（如图 3-4 所示）和产品销售型两种基本形式。

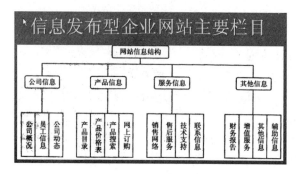

图 3-4　信息发布型主要栏目

信息发布型结构设计的主要栏目有以下几点。
- 公司概况：公司背景、发展历史、主要业绩、经营理念、经营目标、组织结构等
- 员工信息：公司的人力资源、主要部门员工（特别是与用户有直接或间接联系的），便于建立消费者一一对应关系
- 产品目录：产品和服务目录
- 产品价格表：提供价格信息或者询价表单
- 产品搜索：产品多的情况下必须提供搜索页面便于用户搜索浏览
- 公司动态：公司有关新闻等，加深客户对公司的印象
- 网上订购：可根据公司实际建立简单（仅生成订购信息）或者完善的订购系统
- 销售网络：告诉用户在哪些地方可购买到产品
- 售后服务：详细提供质量保证条款、售后服务措施及售后服务联系方式等信息
- 技术支持信息：产品说明书、技术问答、在线提问等
- 联系信息：公司地址、电话、传真、邮政编码、Email 地址及部门、人员、分支机构的联系方式
- 辅助信息：提供相关新闻、趣事及产品保养、维护、发展趋势等信息　其他内容：反馈表、招聘信息、友情链接、专家权威证明、公司位置图等
- 增值服务：提供网络环境下的新服务。

② 网站链接设计。
- 网站链接结构：指网页之间相互链接的拓扑结构
- 网站链接结构的原则：用最少的链接，使得浏览最有效率
- 网站链接基本方式。
- 树状链接结构（一对一），如图 3-5 所示。

- 网状链接结构（一对多），如图 3-6 所示。

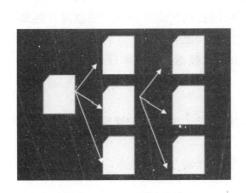

图 3-5 一对一链接结构

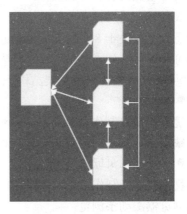

图 3-6 网状链接结构

- 最佳方法：首页和一级页面采用网状，一级与二级间采用树状，超过三级使用导航条，如图 3-7 所示。一个新闻站点的页面结构示例如图 3-8 所示。

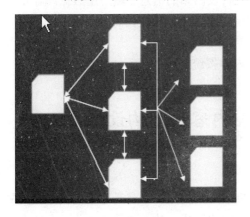

图 3-7 最佳链接结构

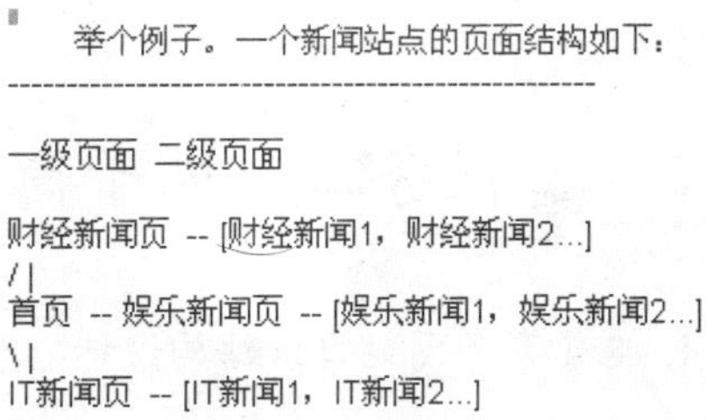

```
举个例子。一个新闻站点的页面结构如下：
--------------------------------------------------
一级页面  二级页面

财经新闻页 -- [财经新闻1，财经新闻2...]
 /|
首页 -- 娱乐新闻页 -- [娱乐新闻1，娱乐新闻2...]
 \|
IT新闻页 -- [IT新闻1，IT新闻2...]
```

图 3-8 新闻站点页面结构

首页，财经新闻页，娱乐新闻页，IT 新闻页之间是星状链接，可以互相点击，直接到达。而财经新闻页和它的子页面之间是树状连接，浏览财经新闻 1 后，必须回到财经新闻页，才能浏览 IT 新闻 2。所以，有些站点为了免去返回一级页面的麻烦，将二级页面直接用新开窗口打开，浏览结束后关闭即可。

随着电子商务的推广，网站竞争的越来越激烈，对链接结构设计的要求已经不仅仅局限于可以方便快速的浏览，更加注重个性化和相关性。例如，一个爱婴主题网站里，在 8 个月婴儿的营养问题页面上,就需要加入 8 个月婴儿的健康问题链接,智力培养链接,或者是有关奶粉宣传的链接,一本图书,一个玩具的链接。因为父母不可能到每个栏目下去寻找关于 8 个月婴儿的信息,他们可能在找到需要的问题后就离开网站了。如何尽可能留住访问者,是网站设计者必须考虑的问题。

③ 实现技术:采用框架结构、动态网页嵌入技术、数据库技术等实现链接。
● 框架技术。
优点: 链接制作相对简单。
缺点: 内容多的网页需要使用框架滚动条浏览,网站维护速度较慢。
● 动态网页嵌入技术。
优点: 链接制作与框架基本相同,且克服了框架方式的缺点,内容多的页面可直接使用浏览器滚动条浏览。
缺点: 网站维护速度较慢。
④ 数据库技术
原理: 建立一个数据库用于存放网站各级栏目及网站的信息。然后用数据库显示技术在后台显示各级栏目及内容维护界面,在前台显示各级栏目及内容。
优点: 网站维护快,制作的网页少。
缺点: 网页显示速度慢,使用的技术多。内容按统一格式显示,缺乏个性。

任务二 电子商务网站内容的结构设计

1. 电子商务网站目录结构设计

网站的目录是指建立网站时创建的目录。目录的结构是一个容易忽略的问题,大多数网站都是未经规划,随意创建子目录。目录结构的好坏,对浏览者来说并没有什么太大的感觉,但是对于站点本身的上传维护,未来内容的扩充和移植有着重要的影响。下面是建立目录结构的一些建议:

(1) 不要将所有文件都存放在根目录下
将所有文件都放在根目录下,这样做造成的不利影响在于:
① 文件管理混乱。
把所有文件都存放在根目录下会导致搞不清哪些文件需要编辑和更新,哪些无用的文件可以删除,哪些是相关联的文件,影响工作效率。

② 上传速度慢。

服务器一般都会为根目录建立一个文件索引。当将所有文件都放在根目录下，那么即使只上传更新一个文件，服务器也需要将所有文件再检索一遍，建立新的索引文件。很明显，文件量越大，等待的时间也将越长。所以，应该尽可能减少根目录的文件存放数。

（2）按栏目内容建立子目录

子目录的建立，首先按主菜单栏目建立。例如：企业站点可以按公司简介，产品介绍，价格，在线订单，反馈联系等建立相应目录。

其他的次要栏目，友情链接内容较多，需要经常更新的可以建立独立的子目录。而一些相关性强，不需要经常更新的栏目，例如：关于本站，关于站长，站点经历等可以合并放在一个统一目录下。

所有程序一般都存放在特定目录。例如：CGI 程序放在 cgi-bin 目录。便于维护管理。所有需要下载的内容也最好放在一个目录下。

（3）在每个主目录下都建立独立的 images 目录

默认的，一个站点根目录下都有一个 images 目录。为每个主栏目建立一个独立的 images 目录是最方便管理的。而根目录下的 images 目录只是用来放首页和一些次要栏目的图片。

（4）目录的层次不要太深

① 为了便于管理，目录的层次不要超过 3 层；
② 不要使用中文目录，网络无国界，使用中文目录可能对网址的正确显示造成困难；
③ 不要使用过长的目录，尽管服务器支持长文件名，但是太长的目录名不便于记忆；
④ 尽量使用意义明确的目录。

2. 网站链接结构的导航设计

网站链接结构的导航设计原则是，无论什么时候，只要用户需要都能找到导航系统在哪。

（1）全站导航

整个网站的导航系统是在每一个网页上相同的位置指向网站所有主要部分的链接。全站导航系统是必须的，因为它给用户提供通往网站关键部分的通路。如果没有这些导航系统，用户在浏览的时候，可能会迷路。如果整体导航系统设计得合理，将会加快用户熟悉网站，快速找到需要的东西。

整体网站导航应该在网页的上部或是在左面,这两个位置是大部分用户会首先看的地方。有时候也可以把网站整体导航系统放在右边,以配合网站设计的风格。但通常无论怎样,顶部菜单都是必须的。

(2) 热点导航

在很多网站上,主页明显部位可能会有几个热点导航选择,目的是吸引用户去关键的部分(也就是想让他们去的地方),这些选择应该非常清楚。

焦点应该放在用户需要的地方、网站推广的产品及服务所在的地方。把对企业来说,最重要的网页,最受欢迎的产品,对用户能带来最大好处的信息等这些内容放在最重要的地方。

(3) 内容导航

内容导航指的是给用户提供某种特定信息的链接。在网站的每一页上,需要预见用户可能会遇到的问题,考虑用户需要哪些额外的信息,然后在他们可能会遇到问题的地方提供链接。

(4) 底部导航

每当用户来到网页底部时,都会遇到下一步该去哪儿的问题。他们在当前网页上要读的都读了,现在需要去另一个地方了,这是一个很关键的时间点。如果没有恰当的链接,用户可能就会离开网站。

任务三 电子商务网站的风格、创意与形象设计

1. 网站整体风格的设计

首先需要了解一下网站的页面组成,网站一般包括以下几部分:

首页:网站的门面,如同公司的形象,特别注重设计和规划。

框架页:网站的主要结构页面,又称次首页、内页,大型网站往往框架页即首页,如一些门户网站。框架页主要是网站内部主要栏目的首页,讲究风格的一致性,并与主页呼应。

普通页:网站主要的承载信息的页面,设计要求不高,但要求链接准确、文字无误、图文并茂,并沿袭网页的风格。

弹出页:一般用于广告、新闻、消息、到其他网站的链接等,一般用的很少。

通过上面的分析,我们可以看出:

从功能上来看，首页主要承担着树立企业形象（当然不仅仅是首页）的作用；框架页在导航方面起着重要的作用，比如各栏目内部主要内容的介绍，都可以在框架页中体现再进入普通页，让浏览者能够迅速了解网站各栏目的主要内容，择其需要而浏览；而普通页则是主要的信息页面，也是网站的最终页面。对于大型网站，这种结构非常重要，而对于中小型企业，网站规模较小、页面数量不多，有时框架页就起着普通页的作用。下面详细介绍各页面的设计技巧。

（1）首页设计技巧

网站首页是企业网上的虚拟门面，网站的页面就好比是"无纸的印刷品"。精良和专业的网站设计，如同制作精美的印刷品，会大大刺激消费者（访问者）的购买欲望。反之，公司所提供的产品或服务将不会给消费者（访问者）留下较好的印象。

一般来说，网站首页的形式不外乎有两种，一种是纯粹的形象展示型，这种类型文字信息较少，图像信息较多，通过艺术造型和设计布局，利用一系列与公司形象和产品、服务有关的图像、文字信息，组成一幅生动的画面，向浏览者展示一种形象、一个氛围，从而吸引浏览者进入浏览。这需要设计者具有良好的设计基础和审美能力，能够努力挖掘企业深层的内涵，展示企业文化。这种类型的首页在设计过程中一定要明确以设计为主导，通过色彩、布局给访问者留下深刻的印象，当然，不能为了设计而设计，真正的目的是营销，在设计过程中一定要牢记这一点。

另一种是信息罗列型，这是一般的大、中型企业网站和门户网站常用的方式，即在首页中就罗列出网站的主要内容分类、重点信息、网站导航、公司信息等，也就是上面谈到的框架页，这种风格比较适合信息量大，内容丰富的网站。因为是以展示信息为主，网站设计就要在细微之处体现企业形象，建议设计人员最好仔细阅读企业的 CI 手册，熟悉企业标志、吉祥物、字体及用色标准，在网站的局部体现出来，往往平淡之中一个优美的符合企业特点的曲线就能够给人以深刻的印象，从而将企业形象印在浏览者的脑海里。设计人员在设计过程中要注意使用这些语言符号来表达一种独特的企业信息。

（2）内页设计技巧

内页设计技巧是保持网站风格的一致，如何作到这一点是进行内页设计过程中考虑的重要方面，一般来说有以下几种设计方式。

① 结构的一致性

我们知道，网站的统一性在网站营销中占重要地位，而网站结构是网站风格统一的重要手段，包括网站布局、文字排版、装饰性元素出现的位置、导航的统一、图片的位置等，到国外著名的电子商务网站浏览，将会发现这些网站结构惊奇的一致，所不同的是色彩或内容。在结构的一致性中，主要要强调网站标志性元素的一致性，即网站或公司名称、网站或企业标志、导航及辅助导航的形式及位置、公司联系信息等，这种方式是目前网站普遍采用的结构，一方面减少设计、开发的工作量，同时更有利于以后的网站维护与更新。

② 色彩的一致性

做到色彩一致的方式是保持站点主体色彩的一致，只改变局部色块，优点是一个独特色彩的网站会给人留下很深刻的印象，因为人的视觉对色彩要比布局更敏感，更容易在大脑中形成记忆符号。在色彩的一致性中，强调的是如果企业有自身的 CI 形象，最好在互联网中沿袭这个形象，给观众网上网下一致的感觉，更有利于企业形象的树立。建议设计时选取一两种主要色彩，几种辅助色彩。

③ 利用导航取得统一

导航是网站的一项重要组成部分，一个出色的富有企业特性的导航将会给人留下深刻的印象，比如将标志的形态寓于导航之中，或将导航设计在整个网站布局之中等，花点力气在导航上，会设计出一个出色的站点。

④ 特别元素的一致性

在网站设计中，个别具有特色的元素（如标志、象征图形、局部设计等）重复出现，也会给访问者留下深刻印象。比如网站结构在某一点上的变化，由直线变为圆弧、暗色点缀的亮色、色彩中的补色等。

⑤ 利用图像取得统一

网页中的图像在使用上一定要慎之又慎，尤其是一些动画，网页中充斥着各种可有可无的动画，而这些动画根本与本企业内容无关。认真检查网页中的动画，将没用的删掉。这里所说的利用图像取得统一，不是在每页中放置几个动画，而是作为网站结构一部分的局部图像，根据网页内容的不同，配以相应的图像或动画，从而给浏览者形成页面的连续性。

⑥ 利用背景取得统一

从技术上而言，网页背景包括背景色和背景图像两种，一般来说，不提倡使用背景图像，而使用背景色或色块。原因很简单，第一，下载速度，背景色的下载速度忽略不计，而背景图像就得根据图像字节大小下载，这里需要说明的是，如果背景图像比较深，那么最好将背景色置为深色调（默认的背景色是白色），这样在等待浏览器下载背景图片的时候前面的浅色文字可以很容易阅读，因为如果有背景色，浏览器先将其下载，然后下载背景图片；第二，显示效果，经常看到国内一些网站设有背景图像，或者是公司的厂房、办公大楼，或者是产品图片，甚至是某某人物的照片，使得前面的文字很难辨认，给人一种很不舒服的感觉，让人无法停留。有效利用背景取得网站统一和专业化时要注意以下两点：

第一，并不是所有的图片都可以作为背景。

第二，加强与前景的明暗对比，即要么淡化背景，隐隐约约可以看到即可，要么加深背景，而将前面的文字亮化。

（3）色彩搭配

网页中最难处理的也就是色彩搭配的问题。如何运用最简单的色彩表达最丰富的含义，体现企业形象是网页设计人员需要不断学习、探索的课题。

① 运用相同色系色彩

所谓相同色系，是指几种色彩在360°色相环上位置十分相近，大约在45°左右或同一色彩不同明度的几种色彩这种搭配的优点是易于使网页色彩趋于一致，对于网页设计新手有很好的借鉴作用。这种用色方式容易塑造网页和谐统一的氛围，缺点是容易造成页面的单调，因此往往利用局部加入对比色来增加变化，如局部对比色彩的图片等。这种方法不失为一种设计的好方法。

② 运用对比色或互补色

所谓对比色，是指色相环相距较远，大约在100°左右，视觉效果鲜亮、强烈，而互补色则是色相环上相距最远的色彩，即相距180°，其对比关系最强烈、最富有刺激性，往往使画面十分突出，这种用色方式容易塑造活泼、生动的网页效果，特别适合体现轻松、积极的素材的网站，缺点是容易造成色彩的花，使用中注意色彩使用的度。

值得注意的是，以上两种用色方式在实际应用中要注意主体色彩的运用，即以一种或两种色彩为主，其他色彩为辅，不要几种色彩等量使用，以免造成色彩的混乱。

③ 使用过渡色

过渡色能够神奇地将几种不协调的色彩统一起来，在网页中合理地使用过渡色能够使色彩搭配技术更上一层楼。过渡色包括几种形式：两种色彩的中间色调、单色中混入黑、白、灰进行调和以及单色中混入相同色彩进行调和等。

（4）版面布局

一般来说，企业网站首页的布局比较灵活，着重设计，这里的布局主要是指内页的版面布局。中、小型企业网站的内页布局一般比较简单，即内页的一栏式版面布局，从排版布局的角度而言，还可以设计成等分两栏式、三栏式、多栏式，不等分两栏式、三栏式、多栏式等，但因为浏览器宽幅有限，一般不宜设计成三栏以上的布局。

在版面布局中主要是考虑导航、必要信息与正文之间的布局关系。比较多的情况是采用顶部放置必要的信息,如公司名称、标志、广告条以及导航条,或将导航条放在左侧而右侧是正文等,这样的布局结构清晰、易于使用。当然,也可以尝试这些布局的变化形式,如:左右两栏式布局,一半是正文,另一半是形象的图片、导航;或正文不等两栏式布置,通过背景色区分,分别放置图片和文字等。在设计中注意多吸取好的网站设计的精髓。

2. 网站创意的产生

两个网站,当我们说:"这个站点很酷,很有个性。"那么,是什么让你觉得很酷呢?它到底和一般的网站有什么区别呢?如何用最简明的语言来说明呢?

(1) 风格是什么,如何树立网站风格

① 风格是指站点的整体形象给浏览者的综合感受,是抽象的。这个"整体形象"包括站点的 CI(标志,色彩,字体,标语),版面布局,浏览方式,交互性,文字,语气,内容价值,存在意义,站点荣誉等诸多因素。例如:人们觉得网易是平易近人的,迪斯尼是生动活泼的,IBM 是专业严肃的。这些都是网站给人们留下的不同感受。

② 风格是独特的,是站点不同与其他网站的地方。或者色彩,或者技术,或者是交互方式,能让浏览者明确分辨出这是你的网站独有的。例如新世纪网络(www.century.2000c.net)的黑白色,网易壁纸站的特有框架,即使你只看到其中一页,也可以分辨出是哪个网站的。

③ 风格是有个性的,通过网站的外表,内容,文字,交流可以概括出一个站点的个性,情绪。是温文儒雅,是执著热情,还是活泼易变,还是放任不羁。像诗词中的"豪放派"和"婉约派",我们可以用人的性格来比喻站点。

有风格的网站与普通网站的区别在于:普通网站看到的只是堆砌在一起的信息,只能用理性的感受来描述,比如信息量大小,浏览速度快慢。当用户浏览过有风格的网站后能有更深一层的感性认识,比如站点有品位,和蔼可亲。

如何树立网站风格呢?我们可以分这样几个步骤:

第一,确信风格是建立在有价值内容之上的。一个网站有风格而没有内容,就好比绣花枕头一包草,好比一个性格傲慢但却目不识丁的人。因此,首先必须保证内容的质量和价值。

第二,需要彻底搞清楚希望站点给人的印象是什么。可以从这几方面来理清思路:

● 如果只用一句话来描述你的站点,应该是:_____。

参考答案:

有创意,专业,有(技术)实力,有美感,有冲击力。

● 想到你的站点,可以联想到的色彩是:_____。

参考答案：

热情的红色，幻想的天蓝色，聪明的金黄色。
- 想到你的站点，可以联想到的画面是：_____。

参考答案：

一份早报，一辆法拉利跑车，人群拥挤的广场，杂货店。
- 如果网站是一个人，他拥有的个性是：_____。

参考答案：

思想成熟的中年人，狂野奔放的牛仔，自信憨厚的创业者。
- 作为站长，你希望给人的印象是：_____。

参考答案：

敬业，认真投入，有深度，负责，纯真，直爽，淑女。
- 用一种动物来比喻，你的网站最像：_____。

参考答案：

猫（神秘高贵），鹰（目光锐利），兔子（聪明敏感），狮子（自信威严）。
- 浏览者觉得你和其他网站的不同是：_____。

参考答案：

可以信赖，信息最快，交流方便。
- 浏览者和你交流合作的感受是：_____。

参考答案：

师生，同事，朋友，学生。

你可以自己先填写一份答案，然后让其他网友填写。比较后的结果会告诉你：你网站现在的差距，弱点及需要改进的地方。

第三，在明确自己的网站印象后，开始努力建立和加强这种印象。

经过第二步印象的"量化"后，你需要进一步找出其中最有特色特点的东西，就是最能体现网站风格的东西。并以它作为网站的特色加以重点强化，宣传。例如：再次审查网站名称、域名、栏目名称是否符合这种个性，是否易记。审查网站标准色彩是否容易联想到这种特色，是否能体现网站的性格等。

- ◆ 将网站标志 logo，尽可能地出现在每个页面上
- ◆ 突出网站标准色彩。文字的链接色彩，图片的主色彩，背景色，边框等色彩尽量使用与标准色彩一致的色彩
- ◆ 突出网站标准字体。在关键的标题，菜单，图片里使用统一的标准字体

- ◆ 突出宣传标语。把宣传标语做在你的 banner 里，或者放在醒目的位置，告诉大家网站的特色是什么
  - ◆ 使用统一的语气和人称。即使是多个人合作维护，也要让用户觉得是同一个人写的
  - ◆ 使用统一的图片处理效果。比如，阴影效果的方向，厚度，模糊度都必须一样
- 创造一个站点特有的符号或图标。比如在一句链接前的一个点，可以使用☆※〇◇□△→（区位码里自己参看）等。虽然很简单的一个变化，却给人与众不同的感觉（为什么我没有想到呢？）
- 使用自己设计的花边，线条，点
- 展示网站的荣誉和成功作品
- 告诉网友关于网站的真实故事和想法。

风格的形成不是一次到位的，需要在实践中不断强化，调整，修饰。

（2）创意是什么，如何产生创意
- 创意（idea）是网站生存的关键
- 创意是传达信息的一种特别方式
- 创意是将现有的要素重新组合

创意思考的途径最常用的是联想，这里提供了网站创意的 25 种联想线索：

- ◆ 把它颠倒
- ◆ 把它缩小
- ◆ 把颜色换一下
- ◆ 使它更长
- ◆ 使它闪动
- ◆ 把它放进音乐里
- ◆ 结合文字音乐图画
- ◆ 使它成为年轻的
- ◆ 使它重复
- ◆ 使它变成立体
- ◆ 参加竞赛
- ◆ 参加打赌
- ◆ 变更一部分
- ◆ 分裂它
- ◆ 使它罗曼蒂克
- ◆ 使它速度加快
- ◆ 增加香味
- ◆ 使它看起来流行
- ◆ 使它对称
- ◆ 将它向儿童诉求
- ◆ 价格更低
- ◆ 给它起个绰号
- ◆ 把它打包
- ◆ 免费提供
- ◆ 以上各项延伸组合

注意：创意的目的是更好地宣传推广网站。如果创意很好，却对网站发展毫无意义，好比给奶牛穿高跟鞋，那么，我们宁可放弃这个创意。

3. 网站CI形象设计

所谓 CI，是借用的广告术语。CI 是英文 Corporate Identity 的缩写，意思是通过视觉来统一企业的形象。现实生活中的 CI 策划比比皆是，杰出的例子如：可口可乐公司，全球统一的标志，色彩和产品包装，给我们的印象极为深刻。更多的例子如 SONY、三菱、麦当劳等。

一个杰出的网站，和实体公司一样，也需要整体的形象包装和设计。准确的、有创意的 CI 设计，对网站的宣传推广有事半功倍的效果。在网站的主题和名称定下来之后，需要思考的就是网站的 CI 形象。

（1）设计网站的标志（logo）

首先你需要设计制作一个网站的标志（logo）。就如同商标一样，logo 是站点特色和内涵的集中体现，看见 logo 就让大家联想起相应站点。注意：这里的 logo 不是指小图标 banner，而是网站的标志。

标志可以是中文、英文字母，可以是符号、图案，可以是动物或者人物等。比如：soim 是用 soim 的英文作为标志，新浪用字母 sina+眼睛作为标志。标志的设计创意来自网站的名称和内容。

- 网站有代表性的人物，动物，花草，可以用它们作为设计的蓝本，加以卡通化和艺术化，例如迪斯尼的米老鼠，搜狐的卡通狐狸，鲨威体坛的篮球鲨鱼
- 网站是专业性的，可以以本专业有代表的物品作为标志。比如中国银行的铜板标志，奔驰汽车的方向盘标志
- 最常用和最简单的方式是用自己网站的英文名称作标志。采用不同的字体，字母的变形，字母的组合可以很容易制作好自己的标志。

（2）设计网站的标准色彩

网站给人的第一印象来自视觉冲击，因此，确定网站的标准色彩是相当重要的一步。不同的色彩搭配产生不同的效果，并可能影响到访问者的情绪。

"标准色彩"是指能体现网站形象和延伸内涵的色彩。IBM 的深蓝色，肯德基的红色条型，windows 视窗标志上的红蓝黄绿色块，都使我们觉得很贴切、很和谐。如果将 IBM 改用绿色或金黄色，我们会有什么感觉？

一般来说，一个网站的标准色彩不超过 3 种，太多则让人眼花缭乱。标准色彩要用于网站的标志，标题，主菜单和主色块。给人以整体统一的感觉。至于其他色彩也可以使用，只是作为点缀和衬托，绝不能喧宾夺主。

一般来说，适合于网页标准色的颜色有：蓝色、黄/橙色、黑/灰/白色三大系列色。

（3）设计网站的标准字体

和标准色彩一样，标准字体是指用于标志、标题、主菜单的特有字体。一般网页默认的字体是宋体。为了体现站点的"与众不同"和特有风格，可以根据需要选择一些特别字体。例如，为了体现专业可以使用粗仿宋体，体现设计精美可以用广告体，体现亲切随意可以用手写体等。

（4）设计网站的宣传标语

网站的宣传标语也可以说是网站的精神，网站的目标。用一句话甚至一个词来高度概括。类似实际生活中的经典广告语。例如：雀巢的"味道好极了"；麦斯威尔的"好东西和好朋友一起分享"；Intel 的"给你一个奔腾的心"。

以上四方面：标志、色彩、字体、标语，是一个网站树立 CI 形象的关键。

任务四 著名贸易网站介绍

1. 阿里巴巴网站

阿里巴巴网站是目前世界上最大的、基于 Internet 的国际贸易供求交流市场，提供来自全球 200 多个国家（地区）的最新商业机会信息和一个高速发展的商人社区。用户可以获得来自全球范围各行各业的即时商业机会、公司产品展示、信用管理等贸易服务。这里囊括 32 个行业 700 多个产品分类的商业机会，每天 1000 条左右来自全球范围的最新供求信息，会员可以分类订阅，并通过网络建立自己私人的"样品房"，展示产品。如图 3-9 所示。

图 3-9 阿里巴巴网站首页

2. Ecplaza网站

该网站是网络上最早的贸易机会综合网站之一，以服务于韩国、中国等亚洲国家为重心，提供企业目录、免费的网上产品展示，商务新闻等信息；用户也可以查询和发布各类商业机会；同时还提供企业咨询服务、功能社区和与其他国际贸易相关的商务工具。如图 3-10 所示。

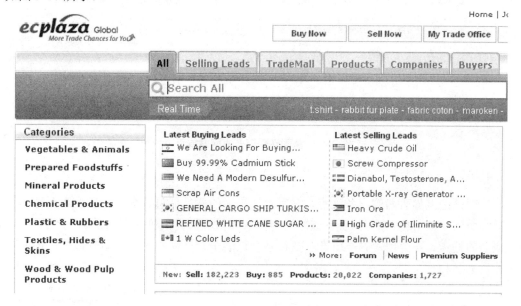

图 3-10　Ecplaza 网站首页

3. 美国环球商务通网站

该网站是美国国际贸易中心所属的，作为美国在线的同盟、美国商业部的合作伙伴，其服务范围涵盖全球的供应商和采购商，遍布世界 202 个国家。每天有将近 17 000 个新的会员加入美国环球商务通，超过 6500 条买卖信息在线发布，16 000 个以上行业的，多达 570 万的企业固定会员，并可提供 500 多万的全球企业名录检索，是名副其实的国际贸易的信息中心。如图 3-11 所示。

图 3-11 美国环球商务通网站首页

4. 环球资源网站

该网站是世界著名的商务站点,它有亚洲最大的商品信息数据库,多达 8 万种商品的详细资料,和 4 200 家供应商。该网站为买家和供应商提供包括产品采购、产品展示、供应商的搜索、展会搜索、市场推广及目录管理的全套产品和服务。同时该公司还出版多种贸易刊物。

图 3-12 环球资源网站首页

5. EC21网站

EC21 是一个全世界范围的电子商务平台。提供商业机会发布、搜索、公司、产品的搜索查询服务，还有相关国家的经济概况、投资环境等的介绍。它主要分为两个板块，一是贸易机会搜索，可按交易类型和关键字来组合搜索；另一个板块是浏览和发布商机，又分为商品需求、供应、商业新闻组、商机发布四部分内容。

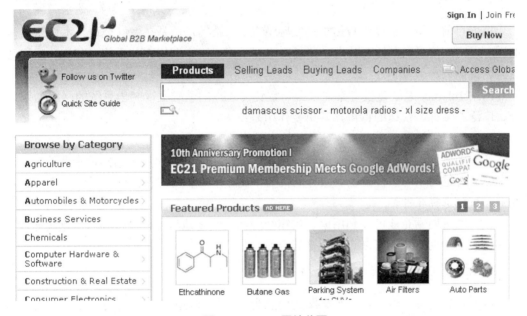

图 3-13　EC21 网站首页

阅读材料：中小型企业网站建设方案模板

一、网站建设方案

1. 引言

互联网作为信息双向交流和通讯的工具，已经成为商家青睐的传播媒介，被称为继广播、报纸、杂志、电视后的第五种媒体——数字媒体。传统媒体的价格昂贵，又受到时间、地区等多方面因素的限定，效果不能令人满意。相比之下，网络宣传的费用低廉，而回报却丝毫不逊色。越来越多的公司、企业单位建立自己的网络站点，使得企业本身已不局限于某个地区，而是直接面向全世界，它的广泛性、高效性为企业带来了不容置疑的效益和效率。是否拥有自己的网站已经成为衡量一个企业综合素质的重要标志。

因特网提供了虚拟的全球性贸易环境，企业面对的是全世界数亿用户，不管企业原来的规模大小如何，企业在因特网上起步是一样的，这对于企业树立企业形象尤为重要。

2. 建站的目的和作用

根据目前信息化建设项目需求的实际情况，网站的目标是在做好公司基本信息宣传的同时，网站信息面向社会公众，开展网络互动形成一个网络宣传系统，有效利用信息资源，提高办事效率。

网站 Internet 系统建设方案在以公司宣传为重点的基础上，突出系统的网络工作安全、广泛、多样、快速的特色，其主要作用是：

（1）通过网站展示企业风采、传播企业文化、树立企业形象、提高企业知名度。

（2）通过网站可以介绍企业的基本情况，使经销商和用户更多的知道企业的存在。

（3）通过网站可以宣传企业服务的优势，让经销商和用户在比较中了解企业、走近企业、直到选择企业。

（4）通过网站企业可以利用电子信箱经济而又快捷地与外界进行各种信息沟通。

（5）通过网站企业可以寻求合资与合作。

3. 网站形象设计说明

（1）设计目标　网站是一个集图文信息为一体的 Internet 站点；网站设有专栏，介绍公司情况、公司发展理念、公司工程案例等信息。

通过建立 Internet 站点，全面为用户和客户提供资讯服务；以独有的资源、独特的视角、快捷的速度，向全球网民宣传公司的形象和工程案例信息，在互联网上开展信息的新天地。

（2）可用性标准　在 Internet 网站项目的实施过程中，应该遵守以下原则：

- Internet 建设要有整体观、全局观。从整体着眼，不能迁就个别而影响全局
- 面向目标的方法。Internet 的根本目标是管理和决策支持，在实施过程中始终不能偏离这一目标
- 坚持"需求拉、技术推"的原则。需求应始终走在技术的前面，技术永远只是辅助、工具的角色。当然，技术也有对需求推动的作用。需求拉动了技术的进步，技术的进步也对需求向更高层次发展有推动的作用。因此，应贯彻用技术

来适应需求的原则，学习和利用技术是以满足用户需求为最高准则
- 操作使用方便的原则。由于用户水平参差不齐，从简单的入手，可以由点到面、由浅入深地引导用户对系统的信赖，并启发他们更广泛、更深入的需求。迅速地推广和深入是为了尽快把技术应用于管理中，否则，需求的变化和技术的发展往往使人们顾此失彼。

（3）界面创意　网站作为一种媒体，首先要吸引人驻足观看。设计良好、美观、清晰、到位的网站整体结构和定位，是令访问者初次浏览即对网站"一见钟情"，进而留下阅读细节内容的保证。色彩的感觉、模块的搭配、流畅的阅览流程、特色内容突出，把网站要表达的内容在第一时间传达给浏览者，这些都需要对网站 CI 有深刻了解的全局设计者分寸把握，从一开始就打下好的网络形象基础。

在商品经济高度发达的信息社会，力图成功的机构组织建设网站时，面对激烈竞争的市场必须注重和强化自身的公众形象，将其综合素质浓缩成鲜明、统一对外的公众风格，再通过网站传播媒介将这种形象系统循序加强、潜移默化地注入公众用户心中，创造品牌形象是网站界面的一种战略性全方位的系统创意。

确立 UI 规范，具体服务内容：
- 网站 CI 设计、系统页面风格
- 标准的图标风格设计，统一的构图布局，统一的色调、对比度、色阶
- 图片风格
- 导航/结构设计
- 提示信息、帮助文档文字表达遵循的开发原则。

4. 网站的栏目版块

主要栏目设定：
（1）董事长致辞、公司介绍、企业文化、企业精神、企业宗旨、机构设置
（2）公司资质　企业法人营业执照、资质证书、设计证书
（3）公司荣誉　荣誉证书、获得奖项
（4）工程展示　工程成功案例介绍、工程图片展示
（5）设计展示　展示设计作品
（6）施工管理　对施工的管理方法、方针的介绍
（7）施工规范　对施工质量标准的介绍
（8）公司团队　对公司重要组成人员个人信息以图文的方式介绍
（9）装饰流程　介绍工程的实施过程
（10）联系我们　提供公司的详细办公地址、电话、传真、E-mail

5. 使用软件、硬件和技术分析说明

（1）软件应用

网站建设中所需软件包括：

① 网页设计：photoshop7.0。

② 网页制作：dreamweaver4.0。

③ 网页动画设计：flash6.0。

④ 网页上传、下载工具：cuteftp5.0.2。

（2）硬件支持

根据建站需求，网站建设的硬件支持采用租用的形式，即租用虚拟空间。

（3）技术分析

网站的建设，应按照网站策划、网站整体设计、网页制作、网站运营测试、网站后期维护的流程进行开发，各个阶段设计合理，紧密结合，采用先进的开发工具。为保障网站的安全性，应采用虚拟空间为 LINUX 操作系统并有企业级防火墙，以 APACHE 作为 WEB 服务器，单用户分权限维护，充分保障其安全性。

6. 制作时间进度表

制作时间进度表如下。

项目名称	工作内容	时间	人员	验收负责人
网站建设方案	根据建站需求，给出可行性建设方案	2 工作日	网络公司项目经理	项目经理
网站详细设计	各个栏目的程序流程界面设计	2 工作日	网络公司项目经理及制作人员和美工	项目经理
网页制作	界面分割 站点设计 页面生成	5 工作日	网络公司网页制作人员	网络公司项目经理
网站测试	单元测试 交叉测试 功能测试	3 工作日	网络公司测试人员	网络公司项目经理

续表

项目名称	工作内容	时间	人员	验收负责人
网站安装调试	系统软件安装调试 网站软件安装调试	2工作日	网络公司项目经理及技术支持两名	网络公司项目经理
网站验收	网站功能测试 最终用户测试 模拟最终用户使用环境进行测试 系统验收	3工作日	网络公司项目经理及测试人员两名 项目经理及测试人员两名以上	主管领导

7. 宣传推广方案

网站的市场推广是网站发展的重要步骤。我们的市场推广策略以网站建设总体思路为主线，即服务于企业。我们计划采用长期和短期结合、全面和重点结合的市场推广策略。

（1）短期内，在网站开通时，采用全面宣传的策略。

① 由网络公司负责，尽快建立与国内外各大搜索引擎的链接，方便浏览者的查找。特别值得强调的优势在于，网络公司是中华网吉林频道的总代理，为今后网站登录著名门户网站进行长期高效的宣传打下雄厚的基础，并对网站的成功推广具备卓越且独特的条件。

② 与相关行业网站建立友情链接。

（2）长期开展针对性强的重点宣传。对象集中于企业相关的客户群体，地域集中在省内地区。采用的方法包括：

① 在公司的宣传手册中或室内外的宣传彩页内，在显著位置标注企业的网址。

② 在行业会议上进行宣传。

8. 维护方案

① 日常网页维护。对需要经常更新的栏目内容，定期维护。

② 虚拟空间维护，对DNS域名解析维护、空间时限管理。

③ WEB服务器维护，定期检查WEB服务器运行情况，提交检查报告。

④ 网页FTP上传管理，由专人负责对上传内容的审核，经企业负责人确认后方可进行更新网页内容。

9. 制作费用

制作费用如下表所示。

（单位：人民币）

序号	项目	说明	单价（元）
1	域名注册	.com	￥100/个/年
2	虚拟空间	100MB 独立网站空间； 50MB 独立企业级邮箱、8MB 邮箱附件； 支持 jsp、php apache web 服务器 免费防火墙服务 操作系统 linux 平台	￥350/年
3	网站制作	首页精美设计　800 元/页 (包括 flash、gif、javascript) 主要栏目页不同 风格设计　　　150 元/页 文字介绍页面　60 元/页	￥2 900
4	网站维护	4 次/年	免费
5	网站推广	在中华网吉林频道(http://jl.china.com)加链接图标	免费
			总计：￥3 350

（资料来源：http://wenku.baidu.com/view/e0f0f98a6529647d272852fe.html）

阅读材料：电子商务网站建设之网站整体策划思路

要建立一个有质量的电子商务网站，需要在科学合理的基础上进行详细的分析和论证，抓住电子商务本身的特点和行业产品流通的特性，充分估计客户群体和交易习惯等，在这么一个复杂的论证过程中企业还要遵循电子商务网站建设的基本理论，下面的理论知识对建设电子商务网站将是一个很好的指导。

企业电子商务网站建设是一项操作性很强的工作，必须围绕企业营销的目标来展开。首先应确定建立网站的主题和目的，确定网站设计的最终目标及总体指导方针。它包括：网站目标定位、网站信息内容确定、网站客户定位、网站盈利模式的设定、网上购物流程的设定、客户付款方式的设定、物流配送作业处理的设定、网络广告促销计划等。

1. 网站目标定位

企业电子商务网站的建立,首先要确定电子商务网站的目的所在,是树立企业形象,宣传企业产品,推广企业服务,进行简单的电子商务业务,还是建立一个完整的电子商务系统,通过网络开展电子商务业务。

2. 网站信息内容确定

如何将网站建设成一个对消费者富有吸引力的电子商务网站,其网站信息内容的确定是成功的关键,与网站的主题相关的信息内容越丰富,登录上网的浏览者就越多。

3. 网站客户定位

在进行网站客户定位时,应该对本网站的竞争对象的站点进行深入和细致的分析,针对访问对象和本网站客户需求进行定位。

4. 网站盈利模式的设定

盈利模式的设定对网站来说十分重要。网站的经营收入目标与企业网站自身的知名度、网站未来的浏览量、网站未来的宣传力度和广告吸引力、上网者的购买行为对本网站的依赖程度等因素有十分密切的关系。

5. 网上购物流程的设定

通过电子商务进行并完成网上购物是一个比较复杂的技术流程,但这一复杂流程应当尽量做到对客户透明,是客户购物操作方便,让客户感到在网上购物与现实世界中的购物流程没有本质的差别和困难。一个好的电子商务网站必须做到:不论购物流程在网站的内部操作是多么复杂,其面对客户的界面必须是简单和操作方便的。

6. 客户付款方式的设定

网站面对的是各种各样的网上客户,企业网站应向客户提供多种可供选择的支付方式。

7. 物流配送作业处理的设定

企业网站对网上销售的商品,必须有相应的后台物流配送作业处理流程的配合,这在网站的建设过程中应同时加以考虑。否则,一旦发生上网者在网站购物并正常完成付款过程后,没有收到或过期才收到所购买的商品,将会由于该网站的服务不佳而产生很不利的后果,进而严重影响企业网站的声誉。

8. 网络广告促销计划

网上的广告收入是每一个网站盈利的重要部分，同时也是在网上树立本企业良好形象的必要手段。企业网站在建立后，若要留住原有的上网者，吸引更多的新上网者，必须针对本网站的业务特点和客户群设计网络广告促销推广计划。

（资料来源：http://www.php-wangzhan.cn）

【训练项目】

1. 调查本地一知名企业网站，总结该网站的信息内容及功能。
2. 参考相关网站的结构模式和设计特点，设计一个你所感兴趣的个人网站，要求包括网站的功能模块、风格、主页及其他页面的布局、色彩搭配、主要链接结构等。

项目四　运用 HTML 编写网页

【知识目标】

掌握 HTML 的基本结构与 HTML 的标签格式；理解超文本的内涵，并能根据要求设置不同的链接；掌握 HTML 文字版面及图片编辑的基本方法。

【能力目标】

能用文本编辑器或者 HTML 编辑器设计简单网站，在学习 Dreamweaver 8 设计网站时，基本能看懂 Dreamweaver 8 代码界面的 HTML 代码。

项 目 概 述

HTML 是一种在 Web 上使用的通用标记语言，HTML 允许格式化文本，添加图片，创建链接、输入表单、框架和表格等，HTML 的关键是标签，其作用是指示将出现的内容。可以用文本编辑器（或者 HTML 编辑器）来编写 HTML 代码并将之存为文本文件，然后把文本文件的扩展名改为.html 或者.htm 就可以在浏览器中浏览。

任务一　HTML 入门

【能力要求】

掌握 HTML 的基本结构与 HTML 的标签格式，理解实例代码与实例效果图的对应关系，并能完成简单 HTML 网页的设计。

【实例导入】

设计如图 4-1 所示页面。

图 4-1 HTML 网页实例

操作步骤:

第一步:启动记事本或写字板。

第二步:键入以下文本(图 4-1 的 HTML 代码)

```
<html>
<head><title>页面的标题</title></head>
<body><p>这是我的第一个页面。<b>这是粗体文本。</b></p></body>
</html>
```

第三步:文件保存为"onepage.html"(也可以先保存为文本文件 onepage.txt,再改名为 onepage.html)。

第四步:找到文件"onepage.html"并双击就可以在浏览器中显示这个页面。

1. HTML 概述与基本结构

(1) HTML 概述

HTML 是:Hypertext Marked Language 的缩写,即超文本标记语言,是一种用来制作超文本文档的简单标记语言。所谓超文本,是因为它可以加入图片、声音、动画、影视等内容,事实上每一个 HTML 文档都是一种静态的网页文件,这个文件里面包含了 HTML 指令代码,这些指令代码并不是一种程序语言,它只是一种排版网页中资料显示位置的标记结构语言,易学易懂,非常简单。如下所示:

通过 HTML 可以表现出丰富多彩的设计风格:

图片调用:`<IMG SRC="文件名">`
文字格式:`<FONT SIZE="+5 " COLOR="#00FFFF">文字</FONT>`

通过 HTML 可以实现页面之间的跳转：

   页面跳转：〈A HREF="文件路径/文件名"></A>

通过 HTML 可以展现多媒体的效果：

   声频：<EMBED SRC="音乐地址" AUTOSTART=true>
   视频：<EMBED SRC="视频地址" AUTOSTART=true>

  HTML 只是一个纯文本文件。创建一个 HTML 文档，只需要两个工具，一个是 HTML 编辑器，一个 WEB 浏览器。HTML 编辑器是用于生成和保存 HTML 文档的应用程序。WEB 浏览器是用来打开 WEB 网页文件，提供用以查看 WEB 资源的客户端程序。

（2）HTML 的基本结构：

```
<HTML> ----------------------------------------        开始标签
<HEAD>  ---------------------------------------
<TITLE>一个简单的 HTML 示例 </TITLE>         |         头部标签
</HEAD> ---------------------------------------
<BODY> ----------------------------------------
<CENTER>                                       |
<H1>欢迎光临我的主页</H1>                      |
<BR>                                           |
<HR>                                           |         文件主体
<FONT SIZE= 6 COLOR= red>                      |
<p align=left>2010 年上海世博会主题 </p>       |
<p align=right>---城市，让生活更美好！</p>     |
</FONT>                                        |
</CENTER>                                      |
</BODY> ---------------------------------------
</HTML> ---------------------------------------        结尾标签
```

  HTML 文件中的第一个标签是 <HTML>。这个标签告诉浏览器这个 HTML 文件的开始点。文件中最后一个标签是 </HTML>。这个标签告诉浏览器，这是 HTML 文件的结束点。

  位于 <HEAD> 标签和 </HEAD> 标签之间的文本是头信息，头信息不会显示在浏览器窗口中。

  <TITLE> 标签中的文本是文件的标题。标题会显示在浏览器的标题栏。

  <BODY> 标签中的文本是将被浏览器显示出来的文本。

请在记事本中输入上述代码,并将文件保存为 mypage1.html。文件预览效果如图 4-2。

图 4-2　mypage1.html 网页效果

2. HTML 的标签与属性

HTML 的标签分单标签和成对标签两种。成对标签是由首标签<标签名> 和尾标签</标签名>组成的,成对标签的作用域只作用于这对标签中的文档。单独标签的格式<标签名>,单独标签在相应的位置插入元素就可以了,大多数标签都有自己的一些属性,属性要写在始标签内,属性用于进一步改变显示的效果,各属性之间无先后次序,属性是可选的,属性也可以省略而采用默认值,其格式如下:

    <标签名字 属性1 属性2 属性3 … >内容</标签名字>

作为一般的原则,大多数属性值不用加双引号。但是包括空格、％号、＃号等特殊字符的属性值必须加入双引号。为了好的习惯,提倡全部对属性值加双引号。如:

    <font color="#ff00ff" face="宋体" size="30">字体设置</font>

3. HTML 主体标签及属性、颜色的设定

HTML 的主体标签是<body>,在<body>和</body>中放置的是页面中所有的内容,如图片、文字、表格、表单、超链接等设置。

说明：<body>标签有自己的属性，设置 <body>标签内的属性，可控制整个页面的显示方式。

① <body>标签的属性(属性描述)（见表 4-1）
② <body>标签的格式：

```
<body text="#000000" link="#000000" alink="#000000" vlink="#000000" background="gifnam.gif" bgcolor="#000000" leftmargin=3 topmargin=2 bgproperties="fixed">
```

③ 颜色的设定

白色的组成是 red=ff, green=ff, blue= ff, RGB 值即为 ffffff
红色的组成是 red=ff, green= 00, blue= 00, RGB 值即为 ff0000
绿色的组成是 red=00, green=ff, blue= 00, RGB 值即为 00ff00
蓝色的组成是 red=00, green= 00, blue= ff, RGB 值即为 0000ff
黑色的组成是 red=00, green=00, blue=00, RGB 值即为 000000

应用时常在每个 RGB 值之前加上"# "，如：bgcolor="#336699" 用英文名字表示颜色时直接写名字。如 bgcolor=green

表 4-1 HTML 主体标签属性描述

link	设定页面默认的连接颜色
alink	设定鼠标正在单击时的连接颜色
vlink	设定访问后连接文字的颜色
background	设定页面背景图像
bgcolor	设定页面背景颜色
leftmargin	设定页面的左边距
topmargin	设定页面的上边距
bgproperties	设定页面背景图像为固定,不随页面的滚动而滚动
text	设定页面文字的颜色

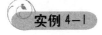
实例 4-1 设计如图 4-3 所示的网页效果。

```
<html>
<head><title>bady 的属性实例</title></head>
```

```
<body bgcolor="#FFFFE7" text="#ff0000" link="#3300FF" alink="#FF00FF" vlink="#9900FF">
<center>
<h2>设定不同的连接颜色</h2>
测试 body 标签<p>
<a href="http://www.baidu.com/">默认的连接颜色</a>
<p>
<a href="http://www.sina.com.cn">正在按下的连接颜色,</a>
<p>
<a href="http://www.sohu.com/">访问过后的连接颜色,</a>
<P>
<a href="#" onClick="javascript:window.history.back()">返回</a>
</conter>
</body>
</html>
```

图 4-3　4-1.html 网页效果

【训练项目】

完成一个简单的网页设计，文件名为 shanghai.html。

1. 网页标题

设置网页标题为：上海世博会五个精彩看点。

2. 网页正文

2010年上海世博会的精彩看点可以用 5 个"看"来概括：看中华、看世界、看未来、看科技、看文化。

看中华：中国馆是我们上海世博会上代表中国参展的场馆。上海世博会期间，中国馆将在"城市，让生活更美好"的主题下，展示"城市发展中的中华智慧"，展示中国各民族的不同风采。

看世界：上海世博会预计有 200 多个国家和国际组织参展，目前已经有不少参展国汇聚了各自精英设计力量，开始进行展馆的主题概念设计和展馆的规划策划，相信千姿百态的各国展馆，将让我们领略到世界各国人民的智慧结晶。

看未来：主题馆和城市最佳实践区将着重反映当今世界快速城市化和城市人口加速增长背景下的地球、城市、人三个有机系统之间的关联和互动，展示人们对未来城市的美好设想，引发人们创造美好城市、美好生活的愿望。

看科技：上海世博会邀请了来自海内外的著名企业前来参展，各个企业馆将通过令人炫目的高科技成果来演绎世博会主题，从而成为世博会上引人注目的亮点。

看文化：世博会期间，还将举行各种层次的论坛和数以万计的活动，丰富的文化内涵也是本届世博会夺人眼球的看点。

任务二 运用 HTML 布局页面

【能力要求】

掌握 HTML 页面布局的基本方法，理解实例代码与实例效果图的对应关系，并能对网页文本进行版面编辑。

【实例导入】

设计如图 4-4 所示网页。

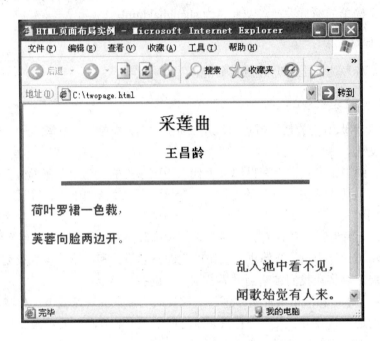

图 4-4　HTML 网页实例

实例代码：

```
<html>
<head>
<title>HTML 页面布局实例</title>
</head>
<body bgcolor="#FFFFE7" >
<center>
<h2>采莲曲 </h2>
<h3>王昌龄 </h3>
<hr size="6" width="80%"color="#4455ff">
</center>
<p align="left"><font face=黑体 size=4 color="red" >荷叶罗裙一色裁，</font> </p>
<p align="left"><font face=黑体 size=4 color="red" >芙蓉向脸两边开。</font> </p>
```

```
        <p align="right"><font face=隶书 size=4 color="red" ><b>乱入池中看不见,
</b></font> </p>
        <p align="right"><font face=隶书 size=4 color="red" ><b>闻歌始觉有人来。
</b></font> </p>
        </body>
        </html>
```

1. 文字版面的编辑

（1）换行标签

换行标签是个单标签，也叫空标签，不包含任何内容，在 html 文件中的任何位置只要使用了
标签，当文件显示在浏览器中时，该标签之后的内容将显示下一行。

请看实例 4-2。

实例 4-2　　设计如图 4-5 所示网页效果。

```
        <html>
        <head>
        <title>无换行示例</title>
        </head>
        <body>
```
无换行标记：登鹳雀楼　白日依山尽，黄河入海流。欲穷千里目，更上一层楼。

有换行标记:
登鹳雀楼
白日依山尽,
黄河入海流。
欲穷千里目,
更上一层楼。
```
        </body>
        </html>
```

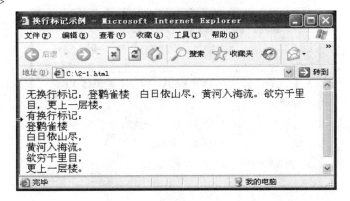

图 4-5　4-2.html 网页效果

（2）换段落标签<p>及属性

由<p>标签所标识的文字，代表同一个段落的文字。不同段落间的间距等于连续加了两个换行符，也就是要隔一行空白行，用以区别文字的不同段落。它可以单独使用，也可以成对使用。单独使用时，下一个<P>的开始就意味着上一个<P>的结束。良好的习惯是成对使用。

格式：

```
<P>
<P ALIGN= 参数>
```

其中，ALIGN 是<p>标签的属性，属性有三个参数：left，center，right。这三个参数设置段落文字的左，中，右位置的对齐方式。

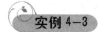 设计如图 4-6 所示网页效果。

```
<html>
<head>
<title>测试分段控制标签</title>
</head>
<body>
<p>花儿什么也没有。它们只有凋谢在风中的轻微、凄楚而又无奈的吟怨，
就像那受到了致命伤害的秋雁，悲哀无助地发出一声声垂死的鸣叫。</p>
<p align="right">或许，这便是花儿那短暂一生最凄凉、最伤感的归宿。</p>
<p align=center>而美丽苦短的花期</p>
<p align="left">却是那最后悲伤的秋风挽歌中的瞬间插曲。</p>
</body>
</html>
```

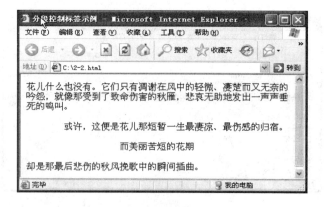

图 4-6　4-3.html 网页效果

（3）居中对齐标签<center>

文本在页面中使用<center>标签进行居中显示，<center>是成对标签，在需要居中的内容部分开头处加<center>，结尾处加</center>。

 设计如图4-7所示网页效果。

```
<HTML>
<HEAD>   <TITLE>居中对齐标签示例 </TITLE>
</HEAD>
<BODY>   <CENTER>
<h2>送别 <p></h2>
王维<p>
下马饮君酒，<br>问君何所之。<br>君言不得意，<br>归卧南山陲。<br>
但去莫复问，<br>白云无尽时。<br></CENTER>
</BODY>   </HTML>
```

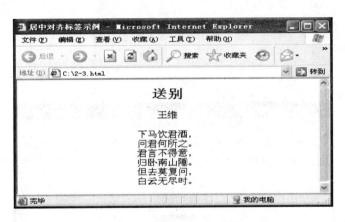

图4-7　2-3.html 网页效果

（4）HTML 空格

通常在网页中插入一个空格的时候可以使用普通的空格。

例如：<p>空 格</p>

上面的示例中空格两个字中间有一个空格，但是如果有多个空格在网页中将显示为一个。可以使用" "表示一个空格。

例如：<p>空   格</p>

上面的代码插入了5个空格。

（5）水平分隔线标签<hr>

<hr>标签是单独使用的标签，是水平线标签，用于段落与段落之间的分隔，使文档结构清晰明了，使文字的编排更整齐。通过设置<hr>标签的属性值，可以控制水平分隔线的样式。

 实例 4-5　设计如图 4-8 所示网页效果。

```
<HTML>
<HEAD><TITLE>水平分隔线标签示例</TITLE></HEAD>
<BODY>
<CENTER>
春　晓        <HR >
春眠不觉晓,   <hr size="6">
处处闻啼鸟。  <hr width="40%">
夜来风雨声,   <hr width="60" align="left">
花落知多少?
<hr size="6" width="30%" align="center"  noshade color=red >
</CENTER>
</BODY>
</HTML>
```

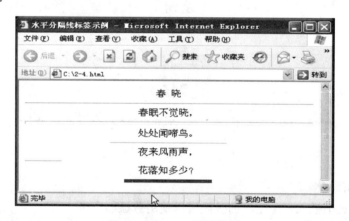

图 4-8　4-5.html 网页效果

（6）文字格式控制标签<font>

<font>标签用于控制文字的字体，大小和颜色。控制方式是利用属性设置得以实现的。

　　格式：<font face=值1 size=值2 color=值3＞文字 </font>

 **实例 4-6** 设计如图 4-9 所示网页效果。

```
<html>
<head><title>控制文字的格式示例</title></head>
<body>
<center>
<font face=黑体 size=5 color="red" >盼望着，盼望着，东风来了，春天脚步近了。</font> <p>
<font face=隶书 size=+3 color="green">
一切都像刚睡醒的样子，欣欣然张开了眼。<p>山朗润起来了，水涨起来了，太阳的脸红起来了。</font><p>
<font face=楷体 size=4 color="#ff00ff">
小草偷偷地从土里钻出来，嫩嫩的，绿绿的。<p>园子里，田野里，瞧去一大片一大片满是的。<p>坐着，躺着，打两个滚，踢几脚球，赛几趟跑，捉几回迷藏。<p>风轻悄悄的，草软绵绵的。
</font>  </center>
</body>  </html>
```

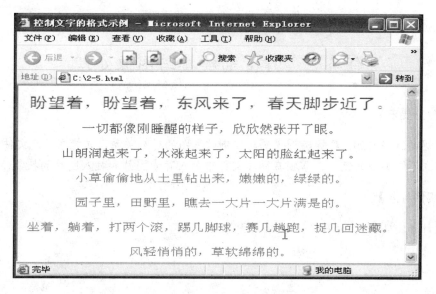

图 4-9　4-6.html 网页效果

【训练项目】

完善任务一训练项目 shanghai.html 的网面设计（效果如 4-10 图）。
（1）网页标题为：上海世博会五个精彩看点。
（2）正文标题为"上海世博会五个精彩看点"，标题设为标题 1，字体为黑体红色，标题居中。
（3）标题下加水平线，大小为 6，没有阴影，蓝色，宽度为 80%，居中。
（4）正文段首空二格，左对齐设置。字体为宋体 4 号字，字体颜色为"4455ff"。

图 4-10　shanghai.html 网页效果

任务三　建立超链接与图像处理

【能力要求】

理解超链接内涵，理解实例代码与实例效果图的对应关系，并能在网页文件中根据要求建立不同类型的链接。掌握在网页文件中加入背景图片和插入图片的技能。

【实例导入】

设计如图 4-11 所示 HTML 链接与图像实例。

图 4-11　HTML 网页实例

实例代码：

```
<html>
<head>
<title>HTML 链接与图像实例</title>
</head>
<body bgcolor="#FFFFE7" >
<center>
<h2>诗歌鉴赏网站 </h2>
<hr size="1" width="80%">
<font face=楷体_gb2312 size=4 color="blue" >
<a href="http://www.xiaoshanwu.com/shu/sc/sc300/" >古诗词赏析</a>
```

```
        
<a href="http://www.shiandci.net/index1.htm" > 唐诗宋词</a></font><p>
<p><img src="6.jpg" ></center></body>
</html>
```

1. 建立超链接

（1）什么是超文本？

标记语言的真正威力在于其收集能力，它可以将收集来的文档组合成一个完整的信息库，并且可以将文档库与世界上的其他文档集合链接起来。

这样，不仅可以完全控制文档在屏幕上的显示，还可以通过超链接来控制浏览信息的顺序。这就是 HTML 和 XHTML 中的"HT"- 超文本（hypertext），就是它将整个 Web 网络连接起来。

（2）超文本的基础知识

超文本的基本特征就是可以超链接文档；可以指向其他位置，该位置可以在当前的文档中、局域网中的其他文档，也可以在因特网上的任何位置的文档中。这些文档组成了一个杂乱的信息网。

超链接可以用于各种效果。超链接可以用在目录和主题列表中。浏览者可以在浏览器屏幕上单击鼠标或在键盘上按下按键，从而选择并自动跳转到文档中自己感兴趣的那个主题，或跳转到世界上某处完全不同的集合中的某个文档。

超链接还可以向浏览者指出有关文档中某个主题的更多信息。例如，"如果您想了解更详细的信息，请参阅某某页面"。作者可以使用超链接来减少重复信息。例如，我们建议创作者在每个文档中都签署上自己的姓名。这样就可以使用一个将名字和另一个包含地址、电话号码等信息的单独文档链接起来的超链接，而不必在每个文档中都包含完整的联系信息。

HTML 文件中最重要的应用之一就是超链接，超链接是一个网站的灵魂。超级链接除了可链接文本外，也可链接各种媒体，如声音、图像、动画，通过它们用户可享受丰富多彩的多媒体世界。

（3）超链接标签

① 超链接格式。

格式为：`<A HREF="资源地址"  TARGET="窗口名称" TITLE="指向连接显示的文字">超链接名称</A>`

HTML 使 `<a>`（锚）标签来创建连接另一个文档的链接。

锚可以指向网络上的任何资源：一张 HTML 页面、一幅图像、一个声音或视频文件等。

href 属性 该属性用于定位需要链接的文档，锚的开始标签和结束标签之间的文字被作为超级链接来显示。

下面这个锚定义了指向新浪的链接：

```
<a href="http://www.sina.com.cn/">新浪</a>
```

target 属性 使用 target 属性，可以定义被链接的文档在何处显示。

下面的这行语句会使新浪网在新窗口打开：

```
<a href="http://www.sina.com.cn /" target="_blank">新浪</a>
```

Name 属性和命名锚 Name 属性用于创建被命名的锚（named anchors），锚的名称可以是任何你喜欢的名字。当使用命名锚（named anchors）时，可以创建直接跳至页面中某个节的链接，这样使用者就无需不停地滚动页面来寻找他们需要的信息。

以下是命名锚的语法：

```
<a name="label">Text to be displayed</a>name
```

② 超链接示例。
- 站内相对链接

    ```
    <a href="3-1.html">超链接元素</a>
    ```

- 外部链接

    ```
    <a href="http://www.pku.edu.cn">北 京 大 学</a>
    ```

- 发送邮件

    ```
    <a href="mailto:E-mali 地址: subject=邮件主题">描述文字</a>
    ```

- 链接 ftp

    ```
    <a href=ftp://ftp.pku.edu.cn>北京大学 ftp 站点</a>
    ```

- 在新的浏览器中打开链接 如果把链接的 target 属性设置为 "_blank"，该链接会在新窗口中打开

    ```
    <a href="http://www.cctv.com" target="_blank">中央电视台</a>
    ```

2. 图像的处理

图像可以使 html 页面美观生动且富有生机。浏览器可以显示的图像格式有 jpeg、bmp、gif。其中 bmp 文件存储空间大，传输慢，不提倡用。jpeg 图像支持数百万种颜色，即使在传输过程中丢失数据，也不会在质量上有明显的不同，占位空间比 gif 大，gif 图像仅包括 265 色彩，虽然质量上没有 jpeg 图像高，但占位储存空间小、下载速度最快、支持动画效果及背景色透明等。因此使用图像美化页面可视情况而决定使用哪种格式。

（1）背景图像的设定

在网页中除了可以用单一的颜色做背景外，还可用图像设置背景。

设置背景图像的格式：　<body background= "image-url">

 设置如图 4-12 所示网页效果。

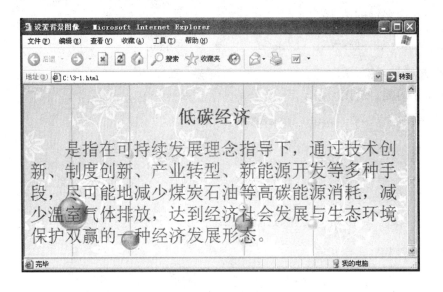

图 4-12　4-7.html 网页效果

```
<html>
<head><title>设置背景图像</title></head>
<body background="1.jpg">
<center>
```

```
<p> </p>
<p> </p>
<h1><font color="#006600">低碳经济</font></h1>
<p> </p>
<p> </p></center>
<p align="left"><font color="#006600" size="6">    
是指在可持续发展理念指导下,通过技术创新、制度创新、产业转型、新能源开发等多种手段,尽可能地减少煤炭石油等高碳能源消耗,减少温室气体排放,达到经济社会发展与生态环境保护双赢的一种经济发展形态。</font></p></body>
</html>
```

(2) 网页中插入图片标签<img>

在网页中插入图片用单标签<img>,当浏览器读取到<img>标签时,就会显示此标签所设定的图像。如果要对插入的图片进行修饰时,仅仅用这一个属性是不够的,还要配合其他属性来完成。<IMG>一般属性设定如表 4-2 所示。

<IMG> 的格式如下:

```
<img src="logo.gif" width=100 height=100 hspace=5 vspace=5 border=2 align="top" alt="Logo of PenPals Garden" lowsrc="pre_logo.gif">
```

表 4-2 属性描述

属 性	描 述
src	图像的 url 的路径
alt	提示文字
width	宽度通常只设为图片的真实大小以免失真,改变图片大小最好用图像工具
height	高度通常只设为图片的真实大小以免失真,改变图片大小最好用图像工具
dynsrc	avi 文件的 url 的路径
loop	设定 avi 文件循环播放的次数
loopdelay	设定 avi 文件循环播放延迟
start	设定 avi 文件的播放方式
lowsrc	设定低分辨率图片,若所加入的是一张很大的图片,可先显示图片
usemap	映象地图

续表

属性	描述
align	图像和文字之间的排列属性
border	边框
hspace	水平间距
vlign	垂直间距

 设计如图 4-13 所示网页效果。

```
<html><head><title>图像大小的设定</title></head>
<body><center> <p>缩小图像<p><img src="4.jpg" width="350" height="200"><p>
原图显示 <p><img src="4.jpg" width="400" height="236"><p>
放大图像 <p><img src="4.jpg" width="500" height="250"></p></center>
</body></html>
```

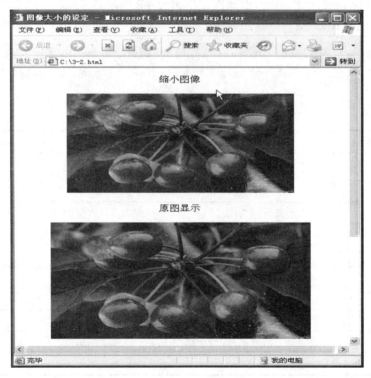

图 4-13　4-8.html 网页效果

【训练项目】

完善任务二训练项目 shanghai.html 的网面设计，效果如图 4-14。

1. 网页标题为：上海世博会五个精彩看点。
2. 正文标题为"上海世博会五个精彩看点"，标题设为标题 1，字体为黑体红色，标题居中。
3. 标题下加水平线，大小为 6，没有阴影，蓝色，宽度为 80%，居中。
4. 上网找世博中国馆的图片，并把图片居中放在水平线的下方。
5. 上网查找合适的背景图片，并给 shanghai.html 网页添加背景图片。
6. 正文段首空二格，左对齐设置。字体为宋体 4 号字。（正文内容见任务一训练项目）

图 4-14　shanghai.html 网页效果

项 目 小 结

1. 什么是 HTML 文件?

HTML 指超文本标签语言。
HTML 文件是包含一些标签的文本文件。
这些标签告诉 WEB 浏览器如何显示页面。
HTML 文件必须使用 htm 或者 html 作为文件扩展名。
HTML 文件可以通过简单的文本编辑器来创建。

2. HTML 标签

HTML 标签是用来标记 HTML 元素的。
HTML 标签被< 和 > 符号包围。
这些包围的符号叫做尖括号。
HTML 标签是成对出现的。例如 <b> 和 </b>。
位于起始标签和终止标签之间的文本是元素的内容。
HTML 标签对大小写不敏感，<b> 和 <B> 的作用相同。

3. 拓展知识（网页头部代码）

以下所有代码全是在<head>…</head>之间，具体内容有：

（1）<title>…</title>
标题元素，帮助用户更好识别文件，有且只有一个。当作为首页或收藏时做文件名。
（2）<link>…</link>
显示本文档和其他文档之间的关系：<link rel="stylesheet" href="s.css" > 和外部样式表的连接。
rel 说明 html 文件和 url 两文档之间的关系，href 说明文档名。
（3）<style>…</style>
可以在文档中包含风格页。文档本身的内部样式。
（4）<base>…</base>
url 格式：通信协议：//主机名/路径/文件名
（5）<script>…</script>
用于包含脚本（一系列脚本语言写的命令）可以是 Javascript 或 VbScript。

（6）<meta>…</meta>

meta 是用来在 HTML 文档中模拟 HTTP 协议的响应头报文。

meta 标签的常见功能：
- 帮助主页被各大搜索引擎登录
- 定义页面的使用语言
- 自动刷新并指向新的页面
- 实现网页转换时的动画效果
- 网页定级评价
- 控制页面缓冲
- 控制网页显示的窗口。

meta 的属性有两种：name 和 http-equiv。

① name 属性

name 属性主要用于描述网页，对应于 content（网页内容），以便于搜索引擎机器人查找、分类（目前几乎所有的搜索引擎都使用网上机器人自动查找 meta 值来给网页分类）。这其中最重要的是 description（站点在搜索引擎上的描述）和 keywords（分类关键词），所以应该给每页加一个 meta 值。

<meta name="Generator" contect="editplus">用以说明生成工具（如 Microsoft FrontPage 4.0）等；

<meta name="KEYWords" contect="webjx,cnrose">向搜索引擎说明你的网页的关键词；

<meta name="Description" contect="webjx's blog">告诉搜索引擎你的站点的主要内容；

<meta name="Author" contect="webjx">告诉搜索引擎你的站点的制作的作者；

<meta name="Robots" contect="all|none|index|noindex|follow|nofollow">

设定为 all：文件将被检索，且页面上的链接可以被查询；
设定为 none：文件将不被检索，且页面上的链接不可以被查询；
设定为 index：文件将被检索；
设定为 follow：页面上的链接可以被查询；
设定为 noindex：文件将不被检索，但页面上的链接可以被查询；
设定为 nofollow：文件将不被检索，页面上的链接可以被查询。

② http-equiv 属性：

<meta http-equiv="Content-Type" contect="text/html";charset=gb_2312-80">
和 <meta http-equiv="Content-Language" contect="zh-CN">用以说明主页制作所使用的文字以及语言；又如英文是 ISO-8859-1 字符集，还有 BIG5、utf-8、shift-Jis、Euc、Koi8-2 等字符集；

`<meta http-equiv="Refresh" content="n; url=http://yourlink">` 定时让网页在指定的时间 n 秒内，跳转到页面 http://yourlink;

`<meta http-equiv="Expires" contect="Mon,12 May 2001 00:20:00 GMT">` 可以用于设定网页的到期时间，一旦过期则必须到服务器上重新调用。需要注意的是必须使用 GMT 时间格式;

`<meta http-equiv="Pragma" contect="no-cache">` 是用于设定禁止浏览器从本地机的缓存中调阅页面内容，设定后一旦离开网页就无法从 Cache 中再调出;

`<meta http-equiv="set-cookie" contect="Mon,12 May 2004 00:20:00 GMT">` cookie 设定，如果网页过期，存盘的 cookie 将被删除。需要注意的也是必须使用 GMT 时间格式;

`<meta http-equiv="Pics-label" contect="">` 网页等级评定，在 IE 的 internet 选项中有一项内容设置，可以防止浏览一些受限制的网站，而网站的限制级别就是通过 meta 属性来设置的;

`<meta http-equiv="windows-Target" contect="_top">` 强制页面在当前窗口中以独立页面显示，可以防止自己的网页被别人当作一个 frame 页调用;

`<meta http-equiv="Page-Enter" contect="revealTrans(duration=10,transtion=50)">` 和 `<meta http-equiv="Page-Exit" contect="revealTrans(duration=20，transtion=6)">` 设定进入和离开页面时的特殊效果。

（资料来源：http://www.knowsky.com/538093.html）

思 考 练 习

1．单项选择题

（1）HTML 是指超文本链接标识语言。它主要告诉浏览器什么？（　　）
　　A．什么是网页　　　　　　　B．有哪些浏览资源
　　C．资源存放的位置　　　　　D．网址是什么

（2）下列程序不能编辑 HTML 文件的是（　　）。
　　A．记事本　　　　　　　　　B．写字板
　　C．计算器　　　　　　　　　D．Word

（3）网页文件的扩展名可以是（　　）。
　　A．.htm　　　　　　　　　　B．.doc
　　C．.bat　　　　　　　　　　D．.html

（4）超级链接的标识符是（　　）。
　　A．`<a  href='' ''>`　　　　　B．`<a  src='' ''>`
　　C．`<a  href='' ''></a>`　　　D．`<src ></src>`

（5）如果想把文本居中，该用什么标识符（　　）。
  A．<p　align=left>　　　　　　B．<p　align=middle>
  C．<p　align=right>　　　　　 D．<p　align=center>

（6）分段标志符是（　　）。
  A．<p>　　　　　　　　　　　B．<a>
  C．
　　　　　　　　　　　D．<I>

（7）字体加粗的标识符是（　　）。
  A．<b></b>　　　　　　　　　B．<i></i>
  C．<hr></hr>　　　　　　　　D．<L></L>

（8）注释符的作用描述正确的是（　　）。
  A．可以从浏览器中显示出来　　B．没有什么作用
  C．能对代码作出一些解释　　　D．对为网页留出一些空白

（9）放置图片的标识符是（　　）。
  A．<img></img>　　　　　　　B．<img src=''''></img>
  C．<img src=''''>　　　　　　 D．<img src=>

（10）在 HTML 中，表示页面背景的是（　　）。
  A．< body bgcolor= >　　　　　B．< body bkcolor= >
  C．< body agcolor= >　　　　　D．< body color= >

2．填空题

（1）标签是 HTML 中的主要语法，分_____标签和_____标签两种。大多数标签是_____出现的，由_____标签和_____标签组成。

（2）我们把 HTML 文档分为_____和_____两部分。_____部分就是我们在 Web 浏览器窗口的用户区内看到的内容，而_____部分用来规定该文档的标题（出现在 Web 浏览器窗口的标题栏中）和文档的一些属性。

（3）<body>标签中的 bgcolor 属性用于指定 HTML 文档的_____，TEXT 属性用于指定 HTML 文档中_____的颜色，_____属性用于指定 HTML 文档的背景文件。

（4）当<p>和</P>标签_____使用时，可以添加 align 属性，用以标识段落在浏览器中的_____。align 属性的参数值为_____、_____和_____之一，分别表示<P></P>标签所括起的段落位于浏览器窗口的左侧、中间和右侧。

（5）运行 HTML 文档时，<B>和</B>之间的内容将显示为_____文字，<I>和</I>之间的内容将显示为_____文字，<U>和</U>之间的内容将显示为_____文字。

项目五 "宁月"网站界面设计

【知识目标】

掌握 Fireworks 基本工具的使用和操作,熟悉他们的功能和作用,从而为更好地进行矢量图形的创作、图像的处理以及网页界面的设计打好基础。

【能力目标】

熟悉 Fireworks 的工作环境;能利用 Fireworks 中的基本工具制作网页 Logo 和 Banner,并能对图像和文本进行适当的美化处理,进而能完美实现网页界面的设计;能利用 Fireworks 中的切片工具裁切设计的网页界面,为后续网页制作提供图片素材。

项 目 概 述

Fireworks 是一个专业化的 Web 图像设计程序。它是第一个专门针对 Web 而开发的图像设计软件,使用它既可以编辑 Web 图像,又可以编辑 Web 动画,它的一个很大优势就在于它将位图处理和矢量处理功能合二为一。换句话说,它既是一个优秀的位图图像处理程序,又是一个矢量图像处理程序,这使得它的应用更加广泛。

本项目利用 Fireworks 软件为"宁月"网站进行界面设计。

任务一 网页导航栏制作

【能力要求】

熟悉 Fireworks 8 的操作界面,能合理利用工具箱中的基本图形工具制作网页导航栏。

【实例导入】

制作如图 5-1 所示网络导航栏。

| 首页 | 产品文化 | 宁月新闻 | 宁月产品 | 店铺地址 | 联系方式 |

图 5-1 网络导航栏

操作步骤：

第一步：启动 Fireworks，新建文档，在弹出的对话框中设置文档大小为 1000*30。

第二步：选择工具箱中的【矩形工具】（ ▭ ），并在属性面板中将其【描边】设为无，【填充】设置为线性渐变，如图 5-2 所示。

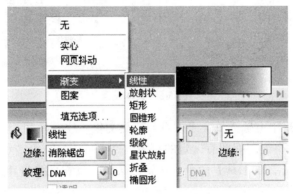

图 5-2　矩形属性设置

第三步：调整渐变的颜色为：#e6191a—#9e1415—#e6191a，如图 5-3 所示。

图 5-3　渐变颜色设置

第四步：绘制一个 1000*30 的矩形，并通过渐变调整句柄调整渐变的方向，如图 5-4 所示。

图 5-4　绘制导航

第五步：选择工具箱中的【文本工具】（A），在属性面板中设置文字为白色、宋体、14px、不消除锯齿，如图 5-5 所示。

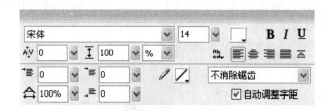

图 5-5　文本设置

第六步：在矩形上方输入文字"首页　产品文化　宁乐新闻　宁乐产品　店铺地址　联系方式"，注意每个词之间留有一定的空隙。

第七步：选择【直线工具】命令，在属性面板中设置直线为 1 像素、#666666，如图 5-6 所示。

第八步：绘制 1 条 1*28 的直线，放在"首页"与"产品文化"之间以作分隔，如图 5-7 所示。

图 5-6　设置直线属性　　　　　　　　图 5-7　制作分割线

第九步：复制多条分隔线，作为栏目之间的分割线，最终效果如图 5-1 所示。

1. Fireworks 8 简介

Firework 8 是 Macromedia 开发的网页图形处理软件，它与 Dreamweaver 8 和 Flash 8 有网页梦幻组合之称。通过使用它可以创建和编辑位图、矢量图形，还可以非常轻松地做出各种网页设计中常见的效果，比如翻转图像，下拉菜单等。设计完成以后，如果需要在网页设计中使用，可以将它输出为 html 文件，还能输出为可以在 Photoshop、Illustrator 和 Flash 等软件中编辑的格式。随着 Fireworks 版本的不断升级，其功能也在不断增强，也使其越来越受到多媒体和网页制作的专业人员以及电脑爱好者的宠爱。

2. Fireworks 8的操作界面

启动 Fireworks 后进入 Fireworks 启动界面,新建 Fireworks 文件后便,便进入 Fireworks 的工作界面,如图 5-8 所示。

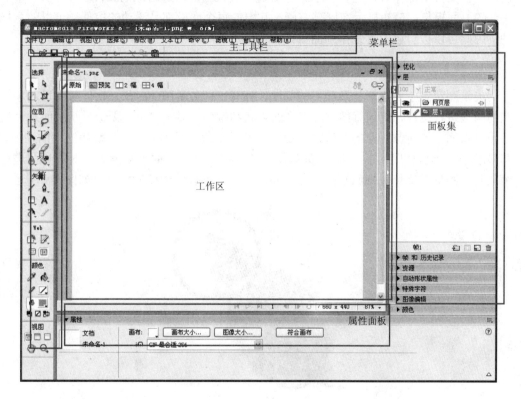

图 5-8　Fireworks 工作界面

Fireworks 主界面中,包括标题栏、菜单栏、主工具栏、工具箱、工作区(文档窗口)、属性面板和面板集等。

(1)工具箱:位于屏幕左侧,包含 6 个带标签的类别:选择、位图、矢量、网页、颜色和视图。"选择"区域中的工具用于选择、变形、裁剪编辑窗口中的对象。"位图"区域中的工具用于创建或编辑位图。"矢量"区域中集中了所有的矢量图绘制和编辑工具。"Web"区域中的工具用于网页编辑,即对效果图进行划块、完成交互功能的切片和热点工具。"颜色"区域的工具用于取色、填充颜色以及设置笔触线和填充颜色,与其他图像软件相应工具的功能相似。可以使用"视图"区域中的不同视图模式查看图像效果,也可以通过手形图标移动观看,或放大镜放大显示图像。其中的每个工具选项的具体使用方法将在后面章节中详细介绍。

(2)属性面板:默认情况下出现在屏幕下方,即文档的底部,它最初显示文档的属性,当在文档中操作时,它将显示新近所选工具或当前所选对象的属性。

(3)面板集:最初显示在屏幕右侧,其中的每个面板都是浮动的控件,可以随意拖动,因此可以按自己的喜爱排列面板。

3. 矢量图形简介

矢量图纪录了元素形状及颜色的算法,打开一副矢量图的时候,软件对图形对象对应的函数进行运算,将运算结果(图形的形状和颜色)显示出来。无论显示画面是大还是小,画面上的对象对应的算法是不变的,所以,即使对画面进行倍数相当大的缩放,其显示效果仍然相同(不失真)。矢量图的清晰度与分辨率的大小无关,对矢量图进行缩放时,图形对象仍保持原有的清晰度和光滑度,不会发生任何偏差,如图5-9所示。

图 5-9 矢量图

4. 矢量图形制作

图像的绘制是一种复杂的、具有强烈艺术性的创作。Fireworks 将矢量图形的绘制和位图处理有机地结合起来,大大简化了图形的绘制和修改操作,提高了工作效率,为图形创作者提供了一片更美好和广阔的天地。

对象是 Fireworks 中的核心内容,运用 Fireworks 创作的图形其实是由许多对象构成的,这些对象包括直线、矩形、多边形等。绘制矢量对象的工具全部位于工具箱的"矢量"栏中。

（1）绘制基本几何图形

在 Fireworks 中绘制直线、矩形、多边形等基本几何图形极其简单，但也需要细心学习和总结，为完成更复杂的操作打下扎实的基础。

① 绘制直线（ ）。选择工具箱中的【直线工具】命令，然后在画布上拖动到合适的位置后松开鼠标，直线绘制完成。通过工具箱的颜色部分可以选择绘图颜色，如图 5-11 所示。

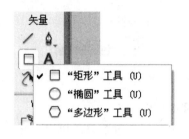

图 5-10　基本图形　　　　　　　　图 5-11　工具箱颜色部分

颜色主要分为描边色 （无色）和填充色 （黑色）。

 ：使用默认描边色和填充色，即描边使用黑色，填充使用白色。

 ：没有描边色或填充色，都使用透明色。

 ：快速交换描边色和填充色。

提示：在使用直线工具的时候，按住 Shift 键，可以保证绘制的方向保持水平，垂直或 45 度夹角方向。

② 绘制矩形（ ）。选择工具箱中基本绘图部分的【矩形工具】命令，在画布中按下鼠标左键，拖动鼠标绘制一个矩形，松开鼠标，一个矩形便生成了。按照此方法可以绘制多个矩形。

提示：

● 如果绘制的矩形尺寸不理想，可以用工具箱中的【缩放工具】调节（ ），如果位置不合适可以用【指针工具】（ ）选取后移动到合适的位置。

● 按住 Shift 键绘制出的矩形是正方形；按下 Alt 键可以从指定中心点绘制矩形；按下 Shift＋Alt 可以从指定中心绘制正方形。

③ 绘制椭圆（ ）。选择工具箱中基本绘图部分的【椭圆工具】，在画布中按下鼠标左键，拖动鼠标绘制一个椭圆，松开鼠标，一个椭圆便生成了。按照此方法可以绘制多个椭圆。

提示：绘制正圆的方法和绘制矩形的方法是相似的。

④ 绘制多边形（⬡）。选择工具箱中基本绘图部分的【多边形工具】，在画布中按下鼠标左键，拖动鼠标绘制一个多边形，松开鼠标，一个多边形便生成了。按照此方法可以绘制多个多边形。

提示：通过设置边数可以绘制出各种多边形包括三角形、矩形、五边形、六边形等，通过改变形状还可以绘制出各种星形，如图 5-12 所示。

图 5-12 属性设置

⑤ 绘制扩展图形。Fireworks 中提供了一组扩展矢量工具，可以用它们绘制更多的集合图形。如箭头、斜角矩形、倒角矩形、圆角矩形、连接线、圆环、L 形、饼图、智能多边形、螺旋形、星型等。通过对它们控制点的位置的调整可以改变它们的属性，如图 5-13 所示。

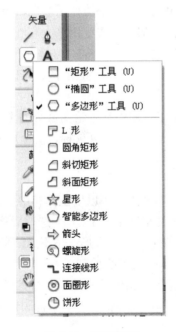

图 5-13 扩展图形

（2）绘制不规则图形

① 关于路径。在 Fireworks 中，无论图形外观如何复杂，它的轮廓均是由被称为"路径"的曲线构成。路径就是使用绘图工具创建的贝塞尔曲线。

② 绘制路径。绘制路径可采用工具箱中的【钢笔工具】（ ）命令。

绘制直线路径：选择工具箱中的【钢笔工具】，在画布上单击，然后再确定下一个点的位置即可。若要封闭路径，可在确定重点时单击绘制的第一个点。如图 5-14 所示。

绘制曲线路径：选择【钢笔工具】在画布上单击以放置第一个角点，然后再将钢笔移动到下一个点位置，单击并拖动以产生一个曲线点即可。若需要继续绘制，则只需重复前述后部分操作即可。如图 5-14 所示。

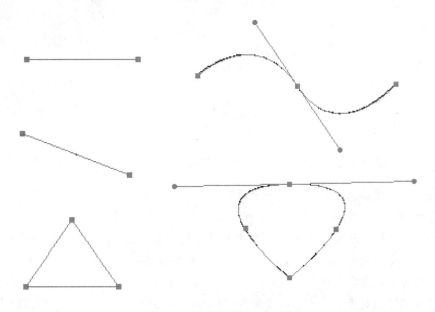

图 5-14　直线路径和曲线路径

③ 修改路径。通过【钢笔工具】可以增加锚点，来调节路径达到满意的效果。增加锚点只需在选中【钢笔工具】的状态下单击路径上没有点的任何位置即可。删除锚点只需在【钢笔工具】状态下单击要删除的锚点即可。

要将曲线点换成角点，可以在工具箱中选择【钢笔工具】，将鼠标移至要转换的点上，待光标发生变化时单击鼠标即可。将角点换成曲线点的操作类似。

 **实例 5-1** 绘制圆柱体。

操作步骤：

第一步：启动 Fireworks，新建文档，设置大小为 180*320。

第二步：用【椭圆工具】绘制一个椭圆，笔触无，填充颜色＃99cc00。复制该椭圆，并调整位置到第一个椭圆的下方位置，如图 5-15 所示。

图 5-15　绘制上下椭圆　　　图 5-16　绘制矩形　　　图 5-17　联合矩形和下椭圆

第三步：用【矩形工具】绘制一个矩形，矩形的宽度与椭圆的直径相同。笔触无，填充颜色＃99cc00，如图 5-16 所示。

第四步：按住 shift 键，选择【矩形】和【下椭圆】，选择【修改】菜单→【组合路径】→【联合】，将两个图形合成一个图形，如图 5-17 所示。

（3）设置笔触颜色和填充颜色

笔触和填充是对象最基本的两个属性。笔触附着在路径上，而填充则处在路径内部。

① 设置笔触。

内置笔触类型：在笔刷类别下拉列表中，可以选择各种内置笔触。如图 5-18 所示。

笔触纹理：在纹理下拉列表中可以设置，调节后面的纹理填充度，可以使纹理变得明显或淡化。如图 5-19 所示。

笔触选项：通过笔触选项可以色花枝笔触的透明度，笔触是实线还是虚线，笔触形状。如图 5-20 所示。

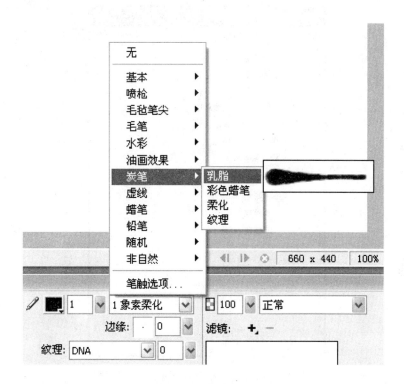

图 5-18 笔触类型

图 5-19 笔触纹理

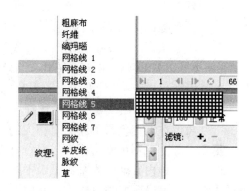

图 5-20 笔触选项

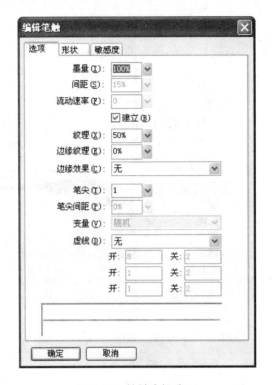

图 5-21　笔触高级选项

② 设置填充。
- 使用单色填充：选中要使用填充效果的对象后，在属性面板上的填充类别下拉列表中选择【实心】命令，再在填充颜色指示器中选择填充颜色。或者在工具箱的颜色填充工具中选择填充颜色。
- 图案填充：可以用位图图案对象填充。选择要填充的对象，在属性面板中选择【图案】选项，出现子菜单，选择要填充的图案即可。
- 渐变色填充：选择要填充的对象，在属性面板上的填充类别下拉列表中选择【渐变】填充，出现子菜单，选择渐变的类型。当使用渐变色彩填充时，若选中对象，在渐变色彩上便会有相应的、可供调节渐变位置和形状的调节手柄。

提示：渐变色彩填充类型可以自行开发。方法如下：

选中某一种内置渐变为基础，水平推动颜色样本滑块，可以改变颜色坡面；双击颜色样本滑块，可以改变颜色样本；要增加颜色样本滑块，将鼠标移至颜色坡面下方，当鼠标指针变为黑色带加号箭头时，单击鼠标左键即可；要删除颜色样本，将颜色样本滑块拖出颜色坡面即可，如图 5-22 所示。

项目五 "宁月"网站界面设计   89

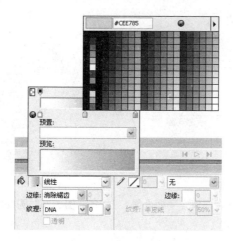

图 5-22 编辑渐变颜色

实例 5-2 绘制圆柱体（2）。

操作步骤：绘制圆柱体（1）的基础上继续。

第一步：选中【上椭圆】右击，在弹出的快捷菜单中选择【排列】→【上移一层】命令。

第二步：用渐变色填充【上椭圆】，渐变填充为条状，颜色为白色到绿色（#99cc00）过渡如图 5-23 所示，并用渐变填充控制手柄做适当的调整，如图 5-24 所示。

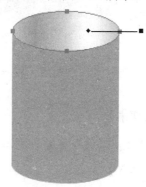

图 5-23 条状渐变颜色设置　　　　　　图 5-24 【上椭圆】填充手柄设置

第三步：【矩形】和【下椭圆】的联合体，并用第二步的方法填充渐变色，并适当调整渐变填充控制手柄，如图 5-25 所示。

最终效果如图 5-26 所示。

图 5-25　联合体填充手柄设置　　　图 5-26　圆柱体

【训练项目】

项目提出：现有一个做照明灯具以及照明景观的公司——兹诺公司（提示本公司为虚拟公司）需要为其设计首页。

要求：为兹诺公司首页设计如图 5-27 所示的导航条。

说明：

1．导航条大小为 980*35。
2．用到的颜色：#FF6600、黑色。
3．字体：宋体、加粗、14px、不消除锯齿。

图 5-27　兹诺公司导航条

任务二　网站 logo 制作

【能力要求】

能合理运用工具箱中的文本工具制作网站 logo。

【实例导入】

制作如图 5-28 所示网站 logo。

图 5-28　网站 logo

操作步骤：

准备阶段：

选择【开始】→【设置】→【控制面板】命令，打开【字体】文件夹，将字体【beatmygu】和【方正粗倩_GBK】复制到该文件夹。

制作阶段：

第一步：启动 Fireworks，新建文档，文档大小为 421*74。

第二步：选择工具箱中的【文本工具】，并在属性面板将其字体设置为【Beat My Guest】、48px，颜色暂定为黑色，平滑消除锯齿，如图 5-29 所示。

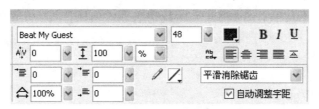

图 5-29　文本属性设置

第三步：在画布中输入文本【Silent moon】，并将其中的每个字母的颜色重新设置为【S】：#b1d947；【i】：#b547d9；【l】：#e2b343；【e】：#d94747；【n】：#8377c0；【t】：#47c3d9；【m】：#dcec28；【o】：#ea92ed，如图 5-30 所示。

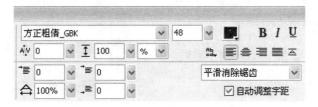

图 5-30　修改字体颜色后的文字

第四步：选择工具箱中的【文本工具】，并在属性面板将其字体设置为【方正粗倩_GBK】、48px，颜色为黑色，平滑消除锯齿，在画布中输入文本"宁 月"，如图 5-31 所示。

图 5-31　文本属性设置

第五步：选择工具箱中的【文本工具】，并在属性面板将其字体设置为【宋体】、12px，颜色为#666666，不消除锯齿，在画布中输入文本"乐"，如图5-32所示。

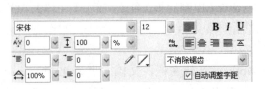

图5-32 文本属性设置

第六步：选择工具箱中的【椭圆工具】，并在属性面板将其填充设为无，描边设为1像素、#666666，如图5-33所示。

图5-33 椭圆属性设置　　　　　图5-34 绘制椭圆

第七步：绘制一个正圆使其能正好将文字"乐"包住，如图5-34所示。

第八步：选择文本【宁 月】，添加滤镜效果【投影】，如图5-35所示，并设置投影属性如图5-36所示，同样的方法设置文本【Silent moon】，最终效果如图5-28所示。

 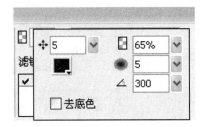

图5-35 投影滤镜　　　　　　　图5-36 投影属性设置

1. 文本的使用

在丰富多彩的 Internet 世界中，文本扮演着十分重要的角色，虽然图像具有丰富的表现力，但在信息传递方面，仍不能取代文本表词达意的重要功能。而 Fireworks 充分考虑到了文本的重要功能，提供了强大的文本处理工具，将文本与图像处理巧妙地结合起来。

（1）创建文本

① 输入文本（ A ）。选择工具箱中的【文本工具】，然后在画布上单击则创建了一个空白文本框，然后在文本框中输入需要输入的文本内容。

② 导入文本。选择【文件】菜单→【导入】，打开【导入】对话框，在底端的文件类型处选择：ASCII 文本（*.txt），选择需要导入的文本文件后点击【确定】按钮，最后在画布上要导入文本的位置单击鼠标左键即可导入文本。

（2）编辑文本

与矢量对象、位图对象一样，在 Fireworks 中文本也是一种对象。因此一般的对象编辑工具，如选取工具、变形工具等都对文本起作用，但由于文本对象本身的特殊性，Fireworks 提供了专门用于文本编辑的一组工具，使用户可以像在一般的文字处理软件里编辑文字那样编辑文本对象。

① 移动文本对象。文本的移动和矢量对象、位图对象的移动一样，切换选择工具箱中的【指针工具】，选择要移动的对象，按住鼠标拖拽到要移动的位置后松开鼠标即可。

② 设置文本属性。通过"属性"面板可以方便、快捷地设置文本对象的字体、字号、字间距等属性。

图 5-37　设置文字属性

2. 文本与路径

（1）把文本附加到路径上

通过将文本附加到路径，可以使文本沿着路径的方向排列，且仍具可编辑性。

 制作如图 5-38 所示的文本效果。

图 5-38 文本附加到路径最终效果　　　　　图 5-39 文字附加到路径

操作步骤：

第一步：在画布中输入文本【Fireworks】，字体：Arial，字号：60。

第二步：选择【椭圆工具】绘制一个描边为 1 像素黑色、填充为无色的正圆。

第三步：按住【shift】键，选择文字和正圆，选择【文本】菜单→【附加到路径】，即可看到文字已经沿着圆周排列好了，如图 5-39 所示。

第四步：在属性面板中调整字距（ ）的值到如图 5-38 所示效果。

（2）改变文本方向

将文本附加到路径上后可能还无法达到预期的效果，这就需要对文本继续进行编辑，如改变文本的方向。

 改变文本方向，如图 5-40 所示。

图 5-40 改变文本方向效果

操作步骤：在实例 5-3 基础上进行
第一步：选中附加到路径上的文本对象 Fireworks。
第二步：选择【文本】菜单→【方向】→【垂直】。
（3）改变文本的初始位置
一般情况下，文本附加到路径上时，是以路径的起点为初始位置的，当然也可以改变文本附加到路径上的起始位置。

实例 5-5 改变文本的初始位置，如图 5-41 所示。

操作步骤：在实例 5-4 基础上进行
第一步：选中附加到路径上的文本对象 Fireworks。
第二步：在属性面板的【文本偏移】文本框 文本偏移：120 中输入一个整数值后按回车，则文本对象会根据偏移值自动移动一段距离。

图 5-41 改变文本的初始位置

（4）将文本转化为路径
Fireworks 提高了十分强大的路径编辑功能，如果需要对文本进行复杂细腻的编辑处理，可以先将文本转换为路径，然后借助路径编辑功能编辑文本，以达到预期的效果。

实例 5-6 对文字"F"进行加工，如图 5-42 所示。

图 5-42 文本转换为路径效果　　　　　　图 5-43 对路径进行修改

操作步骤：

第一步：在画布中输入文本"F"，字体：Arial，字号：60。

第二步：选择文本"F"，选择【文本】菜单→【转换为路径】。

第三步：使用【钢笔工具】和【部分选取工具】修改文字路径，如图 5-43 所示。

【训练项目】

项目提出：现有一个做照明灯具以及照明景观的公司——兹诺公司（提示本公司为虚拟公司）需要为其设计首页。

要求：为兹诺公司首页设计如图 5-44 所示的 logo。

说明：

1. logo 大小为 230*90。
2. 用到的字体：DS Platte（54px、#333333、平滑消除锯齿）、微软雅黑（20px、#000000、平滑消除锯齿）。
3. 用到的颜色：#FF9900，#99CC00。
4. 直线长度为 220px。

图 5-44　兹诺公司 logo

任务三　网页 Banner 制作

【能力要求】

对图片进行加工处理完成 Banner 的制作。

【实例导入】

制作如图 5-45 所示网页 Banner。

图 5-45　网页 Banner

操作步骤：

准备阶段：

选择【开始】→【设置】→【控制面板】命令，打开【字体】文件夹，将字体【方正静蕾简体】复制到该文件夹。

制作阶段：

第一步：启动 Fireworks，新建文档，文档大小为 1000*220。

第二步：选择【文件】→【导入】，导入图片 0533.jpg。

第三步：选中图片，选择【滤镜】菜单→【调整颜色】→【色相/饱和度…】，弹出【色相/饱和度】对话框。调整饱和度的值为-100，确定，如图 5-46 所示，设置好后图片效果如图 5-47 所示。

第四步：选择工具箱中的【椭圆工具】，在属性面板中设置填充为黑色，描边为无，如图 5-48 所示。在图片 0533 左侧绘制一个较大的椭圆，如图 5-49 所示。

第五步：选择工具箱中的【矩形工具】，在椭圆上方绘制一个 1000*220 的黑色矩形，按住 Shift 键，同时选择"椭圆"和"矩形"如图 5-50 所示。

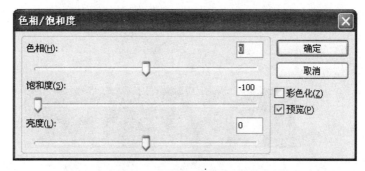

图 5-46　色相/饱和度设置

图 5-47　修饰图片前后对比

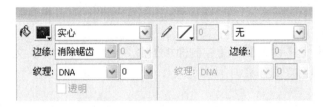

图 5-48 椭圆属性设置

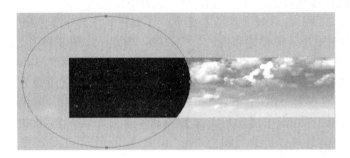

图 5-49 绘制黑色椭圆

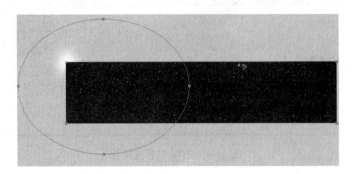

图 5-50 同时选中矩形和椭圆

第六步：选择【修改】菜单→【组合路径】→【交集】，如图 5-51 所示。

图 5-51 设置成交集后的图形

第七步：制作如图 5-52 所示的填充色为#D61818 的图形，方法同上面黑色图形。

图 5-52 绘制红色椭圆

第八步：选择工具箱中的【文本工具】，在属性面板上将其设置为"方正静蕾简体"、48px、#D61818、平滑消除锯齿，如图 5-53 所示，在画布中输入文本"心临其境　尽在指尖"。

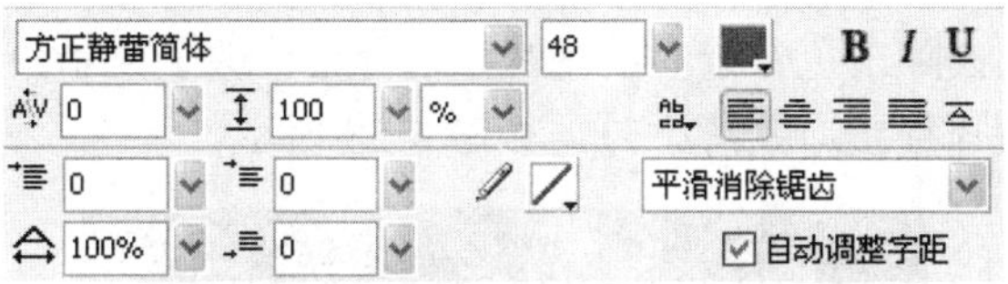

图 5-53 文本属性设置

第九步：选中文本"心临其境　尽在指尖"，添加滤镜效果【发光】，并设置投影属性如图 5-54 所示，最终效果如图 5-55 所示。

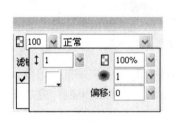

图 5-54 发光属性设置　　　　　　　图 5-55 文字效果

第十步：选择【文件】→【导入】命令，导入图片 0535.jpg。

第十一步：选中图片，选择工具箱中的【魔术棒工具】，设置容差为 20，边缘为消除锯齿，如图 5-56 所示。

图 5-56 魔术棒属性设置

第十二步：用设置好的【魔术棒工具】选择图片 0533.jpg 的白色背景，按 Delete 键将其删除，如图 5-57 所示。

图 5-57　去除白色背景后的图片

第十三步：复制去除白色背景后的图片，选择【修改】菜单→【变形】→【垂直翻转】命令，并将该图片移至原图片下方，如图 5-58 所示。

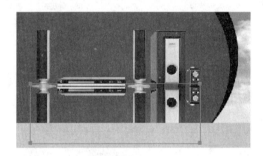

图 5-58　图片复制翻转后的效果

第十四步：选择垂直翻转后的图片，选择【矩形选取框】选项，并将其边缘设置为【羽化】，值为 40，选取如图 5-59 所示区域并按下 Delete 键，投影效果制作完成，最终效果如图 5-45 所示。

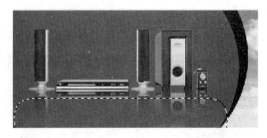

图 5-59　图片投影效果

1. 位图简介

位图，也叫做点阵图、删格图像、像素图，位图图像是由像素构成的，像素的多少将决定位图图像的显示质量和文件大小，位图图像的分辨率越高，其显示越清晰，文件所占的空间也就越大。位图就像用小方块合起来的拼图，从远处看时可以看出一个整体的画面效果，如果走近细看就会发现每个小方块的颜色属性都有所不同，处理位图实际上就是处理每个小方块。位图图像的清晰度与分辨率有关。对位图图像进行放大时，放大的只是像素点，位图图像的四周会出现锯齿状。如图 5-60 所示。

图 5-60　位图图像

2. 图像处理

Fireworks 集成了以前只在矢量图形处理软件中出现的工具与位图图像处理软件中的丰富的艺术处理手段。因此，也可以用它来编辑位图图像中像素区域中的独立像素。

（1）创建位图

① 导入位图：选择【文件】菜单→【导入】，鼠标为"Γ"状，在文档任意位置单击鼠标即可将位图导入文档。

② 插入空白位图：选择【编辑】菜单→【插入】→【空位图】，此时，Fireworks 会自动进入位图编辑模式，这样就是利用位图工具绘制所需要的位图图形了。

③ 使用"层"面板创建空白位图：选择【窗口】菜单→【层】，在【层】面板的右下方按钮栏中单击【新建位图图像】按钮（▣），则【层】面板中会出现一个【位图】图层。

④ 将现有像素转换为新位图：利用位图工具中的选取工具在位图中选取部分像素，右击选择【通过复制新建位图】，再用选择工具将新位图从原位置移开。

⑤ 将矢量图形转换为位图：选择已绘制好的矢量图形，右击选择【平面化所选】即可。

（2）选取位图

位图选取是位图操作中的一项基本操作，许多其他的位图操作如添色、变形等都需要事先选择操作的像素，然后才能继续进行，因此熟练掌握位图像素的选取方法是很重要的基本技能。

① 选取框工具（▯）。【选取框工具】主要用来选取位图中的像素。用矩形和椭圆两种形状。通过设置【选取框工具】的【属性】面板来完成。

样式中设定了选取区域的大小。边缘中用于设置选择区域的边缘，不同的边缘风格会导致选择的像素区域呈现不同的边缘效果。如图 5-61 和图 5-62 所示。

图 5-61　矩形选取和椭圆选取

图 5-62　消除边缘效果和羽化效果

② 套索工具（ ）。【套索工具】主要用于选取不规则的区域。包括【套索工具】和【多边形套索工具】两种。

【多边形套索工具】是通过设置关键点来选取像素区域的。在文档窗口中每单击鼠标左键一次，就创建了一个关键点，而 Fireworks 会自动用直线连接这些关键点，直到回到起点位置构成一个闭合的选取为止。

③ 魔术棒工具（ ）。【魔术棒工具】主要用来选取位图中颜色值相同或相近的区域。通过【属性】面板上的容差可以调整【魔术棒工具】选择的像素范围，容差值越大，选取的区域就越大。

此外通过 Shift 键可以增加魔术棒选择的区域。通过 Alt 键可以减少选择的区域。

④ 调整选择区域。

● 组合选择区域

在选择图像像素的过程中，很难一次就选取到合适的像素区域，往往需要对已选择的区域进行多次调整，才能最终选择全部需要的像素。可以通过 Shift 键来组合选择区域。通过 Alt 键来取消选择区域。如图 5-63 和 5-64 所示。

图 5-63　增加选择区域　　　　　图 5-64　减少选择区域

● 扩展和收缩边界

选中某一区域后，可以扩展或收缩选择区域的边界，而且可以指定扩展或收缩的具体像素值。

方法：在文档中建立选区，选择【选择】菜单→【扩展选取框】，在弹出的对话框中输入需要扩展的像素值，按【确定】键。

● 反向选取像素区域

有时需要选取的图像颜色比较复杂，但其背景是单一的或简单的颜色，这时可以利用反相选取像素的方法，方便、快捷地选取需要的像素区域。如图 5-65 所示。

图 5-65　反向选取对比

- 平滑选取区域

使用"魔术棒"工具选取像素区域时，往往选择的区域很不规则，其边缘有很多棱角锯齿。此时可以通过平滑功能对选取进行平滑处理。如图 5-66 所示。

图 5-66　平滑选取对比

- 选取边框区域

使用选取工具选中的是位于整个虚线框内的所有像素，其实也可以只选取边缘一定范围的像素。如图 5-67 所示。

图 5-67　选取边框对比

（3）编辑位图

位图编辑主要包括对位图的绘制、填充、复制、剪裁等一系列操作。

① 刷子工具（✎）。【刷子】工具是一个非常有用的工具，通过指定描边颜色框中的

颜色，再选择绘制不同的笔刷笔触，即可绘制出各种不同的效果。

② 铅笔工具（ ）。与【刷子】工具一样，【铅笔】工具也是一种绘制位图边框的工具，不同的是【铅笔】工具主要用来绘制较细的位图边框，用法和刷子工具一样。不过在使用鼠标的情况下，手绘往往会显得力不从心。因而在铅笔工具这种手绘工具时，往往需要成倍的耐心。

③ 橡皮工具（ ）。使用【橡皮】工具擦除位图中的像素可以达到修改位图图像的目的。

④ 修饰工具。制作精美的图像往往不是一次就能成型的，需要经过多次修改、润色和修饰，为此 Fireworks 为用户提供了一组专门用来修饰位图图像的工具。

● 橡皮图章（ ）

【橡皮图章】工具可以将图像的一个区域复制或克隆到另一个区域中。因为这个工具就好像是日常生活中的图章一样，而原图像中的像素被作为印泥。

方法：先用【橡皮图章】工具单击原始图像建立取样点和范围，然后在文档的任何位置按下左键并拖动鼠标进行绘制。如图 5-68 所示。

图 5-68　利用图章复制图像

● 替换颜色（ ）

使用替换颜色工具可以方便地将图像中地颜色替换成新的颜色。

方法：第一步：选择工具箱中的【替换颜色】工具，在属性面板中设置替换颜色的属性，如图 5-69 所示。

图 5-69　替换颜色属性

第二步：在原图像上吸取颜色后，调整好笔刷的大小、强调，在图像上涂抹，形成新的颜色。如图 5-70 所示。

图 5-70　替换颜色前后对比

- 红眼消除（ ）

【红眼消除】工具主要是为了使 Fireworks 能处理时下流行的数码相片的工作。

方法：第一步：选定确实有红眼效果的点阵图。

第二步：选择【红眼消除】工具，在影像显示的红眼效果区域中用红眼消除工具单击。如图 5-71 所示。

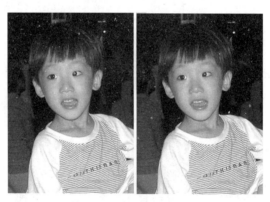

图 5-71　移除红眼前后对比

- 照片修整
  - ◆ 模糊（ ）：使鼠标绘制处的图像效果变得模糊。如图 5-72 所示。

图 5-72　模糊效果对比

◆ 锐化（ ）：对修复扫描问题或聚焦不准的照片很有用，使涂抹过的地方变得清晰。如图 5-73 所示。

图 5-73　锐化效果对比

◆ 涂抹（ ）：像创建图像倒影时那样逐渐将颜色混合起来，就好像真的用手在画纸上涂抹一样。如图 5-74 所示。

图 5-74 涂抹效果对比

◆ 减淡（ ）和加深（ ）：减淡或加深图像的局部。这类似于给照片加强光线或挡住光线的暗室技术。如图 5-75 所示。

图 5-75 减淡、加深效果对比

 制作如图 5-76 所示效果的宣传图片。

图 5-76　宣传图片

操作步骤：

准备阶段：图片：0531.jpg、0532.jpg，字体：简毡笔黑。

制作阶段：

第一步：新建文档，文档大小为 455*174

第二步：用圆角矩形工具绘制一个矩形：451*170，描边颜色为＃959494，填充颜色为无。

第三步：调整圆角矩形中黄色菱形的句柄到如图 5-77 所示位置。

图 5-77　调整圆角大小

第四步：选择【文件】菜单→【导入】，将图片 0531.jpg 导入到画布中。

第五步：选择工具箱中的【缩放工具】，将图片缩小到 297*220。

第六步：选择【魔术棒工具】，将容差设为 20，选取图片的白色背景，最后按 Delete 键将背景删除。

第七步：选中图片，按住 Alt 键拖动图片，复制出该图片。

第八步：执行【修改】菜单→【变形】→【垂直翻转】，将复制的图片翻转如图 5-78 所示。

图 5-78　复制并垂直翻转图片

第九步：选择垂直翻转后的图片，选择【矩形选取框】，并将其边缘设置为【羽化】，值为 30，选取如图 5-79 所示区域并按下 Delete 键，即可看到投影效果。

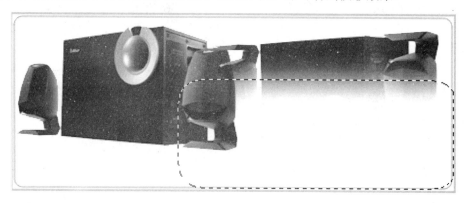

图 5-79　制作投影效果

第十步：选择设置羽化效果的图片，右击在弹出的快捷菜单中选择【排列】→【下移一层】，并将调整图片的位置如下图如图 5-80 所示。

第十一步：选择【文件】菜单→【导入】，将图片 0532.jpg 导入到画布中。

第十二步：选择工具箱中的【缩放工具】，将图片缩小到 160*160，并调整位置到如图 5-81 所示位置。

图 5-80　调整阴影图片位置

图 5-81　导入图片

第十三步：选择【文本】工具，设置文字为：简毡黑笔，16px，白色，输入文本"听觉的艺术"。

第十四步：选择工具箱中的【缩放】工具，调整文字的方向，即完成宣传图片的制作，如图 5-78 所示。

3．图像特效应用

动态效果是 Fireworks 对图形进行美化修饰的主要方式之一。Fireworks 中的动态效果也就是滤镜的使用，在前面的学习中已经对它们有所运用。滤镜可以改善并增强图像的效果。在 Firworks 中常用的滤镜可以提供对图像进行色阶、色调、对比度、亮度等的调节命令，还有模糊、投影、锐化以及第三方滤镜。

（1）使用内置动态效果

① 优化图像颜色。优化图像颜色可以通过调整图像的色阶、色调、对比度、亮度等来实现。某些图片由于受到来源的限制，可能并不适合使用，因此在文档中应用时，

需要对其进行调整,在对图像颜色进行了一定的处理后,图片看上去的效果会更好。

② 模糊。模糊滤镜用户柔化、修饰一幅影像或一个选区,通过转化像素的方法平滑处理影像中生硬的部分,能使图像中对比强烈的像素柔和过渡,或者在图像中必要的像素区域添加适当的阴影,能使整个图像看起来更加柔和。

③ 杂色。添加杂色将随机像素应用于图像,模拟在高速胶片上的拍照效果。添加杂色滤镜也可用于减少羽化选区或渐进填充中的带宽,或使经过重大修饰的区域看起来更真实。

④ 锐化。锐化的操作可以产生与柔化的相反作用。但是产生的效果不会像高斯模糊那样大。

⑤ 其他。其他滤镜包括 Covert to Alpha(转换为透明)和 Find Edges(查找边缘)两款滤镜效果。

⑥ 第三方滤镜。很多第三方厂商为 Photoshop 开发了丰富多彩的滤镜效果,这些滤镜效果大大增强了图像特效的处理能力。其中 Eye Candy 最为著名。

(2)应用特效

① 斜角与浮雕。斜面特效主要产生一种边缘倒角凸出效果。浮雕特效使得图片有凹下和凸起的视觉效果。

② 阴影与发光。

实例 5-8 制作如图 5-82 所示撕裂效果。

图 5-82 撕裂效果

操作步骤：

第一步：新建文档，文档大小为。

第二步：选择【文件】菜单→【导入】，将图片 0536.jpg 导入到画布中。

第三步：选择【套索工具】在图像上随意画线，切记线条要棱角分明，不能够表现的过于圆滑，另外，一定要使线条的起始点和终结点回合，形成圈选。

第四步：完成圈选后，剪切被选部分并粘贴。

第五步：然后【缩放工具】将粘贴上的图像进行微小的旋转。

第六步：全选场景中图像，然后打开效果面板，在效果列表中选择【阴影与光晕】选项中的外阴影命令对两个图像同时进行阴影设置。设置如图 5-83 所示。

第七步：调节一下两图像间的距离，完成制作。

（3）使用样式

样式是对象一系属性的集合，使用样式，便可以对多个对象应用一样的描边、填充、特效等属性。如图 5-84 所示。

要运用样式，只要打开样式面板，选中对象后单击所需样式即可。双击样式可以对它进行编辑。对于不需要的样式可以将它从样式面板中删去。

图 5-83　阴影设置

图 5-84　使用样式前后对比

【训练项目】

项目提出：现有一个做照明灯具以及照明景观的公司——兹诺公司（提示本公司为虚拟公司）需要为其设计首页。

要求：为兹诺公司首页设计如图 5-85 所示的 Banner。

图 5-85　兹诺公司 Banner

说明：

1. Banner 大小为 980*224。
2. 用到的字体：微软雅黑（28px、#FFFFFF、平滑消除锯齿、字距 38）。
3. 用到的颜色：#FF9900。
4. 用到的图片：banner2.jpg、map.jpg。

任务四　网页页面编排

【能力要求】

综合运用 Fireworks 工具箱中的工具，进行网页页面的编排，会灵活使用图层及图层文件夹。

【实例导入】

制作如图 5-86 所示网页首页。

图 5-86　网页首页

操作步骤：

第一步：启动 Fireworks，新建文档，文档大小为 1000*1000。

第二步：选择【文件】菜单→【导入】，导入已制作好的网页 logo 文件（logo.png），放置在画布的左上端。

第三步：选择层面板中的"层 1"双击，在弹出的层名称对话框中，将其改名为 logo，如图 5-87 所示。

图 5-87　修改层名

第四步：点击层面板右下角的【新建/重置层】按钮（　），创建一个新层，并改名为 Banner。

第五步：选择【文件】菜单→【导入】，导入已制作好的之前网页 Banner 文件（Banner.png），放置在已导入的 logo 的下方，则导入的 Banner 文件中的图层自动存放在命名为 Banner 的新层中。

第六步：新建【导航】层，用同样的方法将导航栏导入到 Banner 的下方，具体如图 5-88 所示。

第七步：点击层面板右下角的【新建/重置层】按钮（　），创建一个新层，并改名为"左"。

第八步：选择工具箱中的【矩形】工具，在属性面板中设置其填充为实心、白色，描边为 1 像素、#959494，在导航条左下方绘制一个 200*530 的矩形。

图 5-88　导入已制作好的网页部分

第九步：重新设置【矩形】工具的属性，描边为 1 像素、#959494，填充为线性渐变，渐变色为：【#f1f0f0】到【#c8c8c8】，如图 5-89 所示。

第十步：在刚绘制的矩形顶端处，绘制一个 220*35 的矩形，并调整其渐变方向，如图 5-90 所示。

图 5-89　设置渐变色　　　　　　　　图 5-90　绘制有渐变的矩形

第十一步：选择工具箱中的【矩形】工具，在属性面板中将其描边设为无，填充色设为#E51919，在有渐变的矩形上方绘制一个 11*11 的正方形。

第十二步：选择工具箱中的【文本】工具，在属性面板中设置其字体为"微软雅黑"，字号为 14px，颜色为#666666，平滑消除锯齿，然后在红色正方形右侧输入文本"产品分类"，如图 5-91 所示。

图 5-91　【产品分类】栏目效果

第十三步：重新设置【文本】工具的属性，字体为宋体，字号为 12px，加粗，颜色为黑色，不消除锯齿，字顶距为 36px，然后在【产品分类】下方输入文本"高品质耳机　多媒体音箱　笔记本音箱　家庭影院　iPod 音响　汽车音响　专业音响　其他产品　历史产品"，具体如图 5-94 所示。

第十四步：选择工具箱中的【矩形工具】，在属性面板中设置其描边为无，填充色为黑色，实心，然后在文字"高品质耳机"前绘制一个 4*14 的矩形。

第十五步：重新设置【矩形工具】的属性，描边为无，填充色为#666666，实心，然后在黑色矩形上端绘制一个 2*2 的正方形，这样一个图标就制作完成，具体如图 5-92 所示。

第十六步：按住 Shift 键，选择黑色矩形和灰色正方形（即刚制作好的小图标），并复制多个该图标，然后将其移到每个产品分类名前面，具体如图 5-92 所示。

第十七步：选择【文件】菜单→【导入】，导入图片 lx.gif，同样的方法导入图片 email.gif，调整其位置，如图 5-93 所示。

图 5-92　【产品分类】列表效果　　　　图 5-93　导入图片

第十八步：点击层面板右下角的【新建/重置层】按钮（ ），创建一个新层，并改名为"中上"。

第十九步：选择【文件】菜单→【导入】，导入已制作好的之前宣传图片文件（宣传图片.png），放置在已导入的【产品分类】的右侧，则导入的文件中的图层自动存放在命名为"中上"的新层中。

第二十步：点击层面板右下角的【新建/重置层】按钮（ ），创建一个新层，并改名为"中下"。

第二十一步：按住 Shift 键选择红色矩形图标和文本【产品分类】，复制，再选择"中下"图层后粘贴，调整其位置到【宣传图片】的下方，并将文本"产品分类"修改为"最新产品"。

第二十二步：选择工具箱中的【直线工具】，在属性面板中设置其描边为 1 像素，#959494，并在【最新产品】下方绘制一条长为 455px 的直线。

第二十三步：选择【文件】菜单→【导入】，导入图片 FC260.jpg，同样的方法导入图片 FC361.jpg、FC530U.jpg、FD-100.jpg、FD-200.jpg、H11.jpg，调整其位置，如图 5-94 所示。

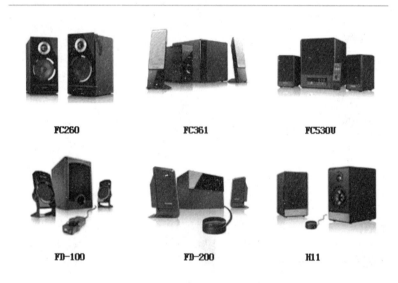

图 5-94　【最新产品】效果

第二十四步：选择工具箱中的【文本工具】，在属性面板中设置其字体为宋体，字号为 12px，加粗，颜色为黑色，不消除锯齿，并在每个产品下面输入对应的产品型号，具体如图 5-96 所示。

第二十五步：点击层面板右下角的【新建/重置层】按钮（　），创建一个新层，并改名为"右"。

第二十六步：选择工具箱中的【直线工具】，在属性面板中设置其描边为 1 像素，#959494，并在"宣传图片"右侧绘制一条高为 530px 的直线以作分隔。

第二十七步：参照第二十一步和二十二步的操作，完成【最新动态】栏目的制作，如图 5-95 所示。

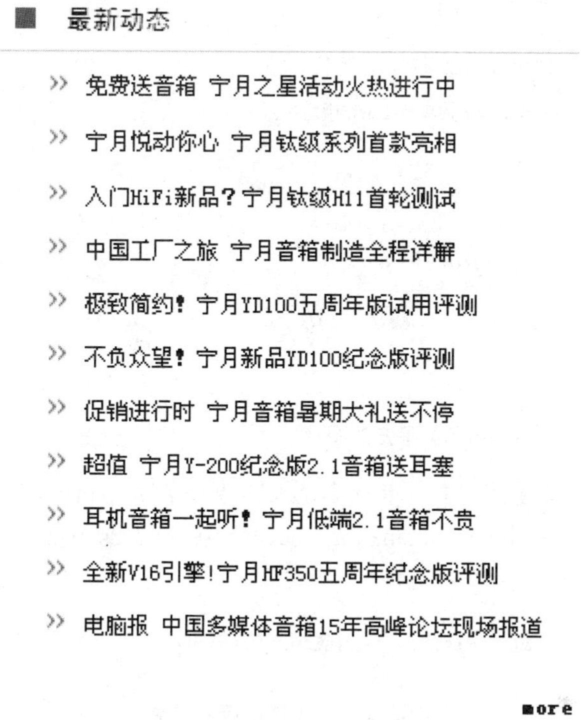

■ 最新动态

》 免费送音箱 宁月之星活动火热进行中

》 宁月悦动你心 宁月钛级系列首款亮相

》 入门HiFi新品？宁月钛级H11首轮测试

》 中国工厂之旅 宁月音箱制造全程详解

》 极致简约！宁月YD100五周年版试用评测

》 不负众望！宁月新品YD100纪念版评测

》 促销进行时 宁月音箱暑期大礼送不停

》 超值 宁月Y-200纪念版2.1音箱送耳塞

》 耳机音箱一起听！宁月低端2.1音箱不贵

》 全新V16引擎！宁月HF350五周年纪念版评测

》 电脑报 中国多媒体音箱15年高峰论坛现场报道

more

图 5-95 【最新动态】栏目效果

第二十八步：选择工具箱中的【文本工具】，在属性面板中设置其字体为宋体，字号为 12px，颜色为黑色，不消除锯齿，字顶距为 32px，并在【最新动态】下方输入新闻信息，具体如图 5-95 所示。

第二十九步：选择工具箱中的【文本工具】，在属性面板中设置其字体为宋体，字号为 12px，颜色为黑色，加粗，不消除锯齿，字顶距为 32px，并在【新闻信息】左侧输入 ">>"，在【新闻信息】右下方输入 more，具体如图 5-95 所示。

第三十步：选择【文件】菜单→【导入】，导入图片 pic1.gif，放置在【新闻信息】的下方，如图 5-96 所示。

第三十一步：点击层面板右下角的【新建/重置层】按钮（ ），创建一个新层，并改名为"底"。

第三十二步：选择工具箱中的【圆角矩形工具】，在属性面板中设置其描边为 1 像素，#CCCCCC，填充为无，绘制一个 992*62 的圆角矩形，调整圆角矩形中黄色菱形的句柄到如图 5-97 所示位置。

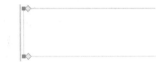

图 5-96　【新闻信息】下方的图片　　　　图 5-97　调整圆角大小

第三十三步：选择【文件】菜单→【导入】，导入图片 panasonic.jpg，同样的方法导入图片 spirit.jpg、tannoy.jpg、yamaha.jpg、accuphase.jpg、dsppa.jpg，调整其位置，如图 5-98 所示。

图 5-98　【友情链接】效果

第三十四步：选择工具箱中的【直线工具】，在属性面板中设置其描边为 1 像素，#D94747，粗细为 3px，在【友情链接】下方绘制一条长为 1000 的直线。

第三十五步：选择工具箱中的【文本工具】，在属性面板中设置其字体为宋体，字号为 12px，颜色为黑色，加粗，不消除锯齿，并在直线下方输入文本"Copyright 2011-2012 Silent moon Technology Co., Ltd. All rights reserved. 宁乐电器 版权所有"，首页制作完成，最终效果如图 5-86 所示。

1．页面的编排

所谓编排就是将文字、插图、照片、图案、记号等平面造型的构成要素，给予视觉上的塑理与配置，使其成为具有最大诉求效果的构成技术。编排的工作是处理这些不同作用的构成要素，做出均衡、调和、动态、视线诱导、空白版面、结构、比例等的关系设计，使其成为一个强有力的组织构成，给消费者提供正确而明快的信息。

原则上，一个 HTML 网页页面的配置，能够加强设计者所企图表达的概念与目的。页面上的每一个元素，都会影响访问者对页面上其他元素的解读，在看一个页面时，我们应该把整个组合看做是一个统一的整体，而非许多小单位的集合。在进行版面配置时，应把焦点放在版面的平衡与留白空间的处理，设计者应该根据图像与背景的关系、对比的关系、类似的原理以及比例的关系，将整个空间以最有效的方式加以分配、组织。

网页布局元素一般包括：网站名称（logo）、广告区（banner）、导航区（menu）、新闻（what's new）、搜索（search）、友情链接（links）、版权（copyright）等。

对网页元素的布局排版决定着网页页面的美观与否和实用性。我们常见的布局结构有以下几种："T"字型结构布局、"同"字型结构布局、"国"字型布局结构、"匡"字型结构布局、自由式结构布局、左右（上下）对称布局、"三"型布局，除了以上介绍的几种常见布局结构以外，我们还可以见到诸如"川"字形布局、封面型布局、Flash布局、标题文本型布局、框架型布局和变化型布局等布局的网页，它们也都具备各自不同的特点。网站设计者可以根据自己网站的主题以及要实现的功能项目来选择使用的布局结构。

2．图层

Fireworks 中的图层，就像一张张透明的纸，每一个位于图层上的图像，都是相对独立的，当在一个图层上编辑图像时，并不会影响其他图层对象形态的变化。

（1）认识图层

① 单击【窗口】菜单→【层】打开如图 5-99 所示的【层】面板。

图 5-99 【层】面板

② 单击【编辑】菜单→【插入】→【层】或者直接单击【层】面板下的【新建/重置层】按钮（ ），可创建一个新层。

③ 选中某个层，单击【层】面板下的【删除所选】按钮（ ），即可删除该图层。

（2）操作图层

① 激活图层：在【层】面板上，单击该图层的名称，或在文档窗口中选中某一个对象，则此时该对象所在的图层也将被激活。

② 移动图层：在【层】面板上，单击鼠标左键选中该图层，并按住鼠标左键不放，拖动鼠标至另一个位置松开鼠标左键即可。

③ 复制图层：在【层】面板中，将所要复制的图层选中，并将其拖动到【新建/重置层】按钮（ ）上，即可复制一个图层，图层中所有的对象也将被复制。

④ 显示或隐藏图层：单击【层】面板中的【眼睛】图标（ ），此时眼睛消失表示该图层被隐藏；再次单击【层】面板中【眼睛】图标所在位置，【眼睛】图标显现，则该图层被显示。

⑤ 锁定图层：在对某个图层的操作中，当希望不会影响到其他图层则可对其他图层进行锁定。单击【层】面板中图层作左方的第二个方格，此时该方格内将会出现一个锁形图标（ ），表示该图层被锁定不能够在编辑。再次单击锁形图标（ ），锁形图标消失，则该图层解除锁定，可重新进行编辑。

【训练项目】

项目提出：现有一个做照明灯具以及照明景观的公司——兹诺公司（提示本公司为虚拟公司）需要为其设计首页。

要求：完善兹诺公司的首页如下图 5-100 所示。

说明：

1. 首页的大小为 980*1000。

2. 用到的字体：微软雅黑（16px+18px、平滑消除锯齿、黑色+白色）、Arial（16px、#666666）、宋体（12px、#000000、不消除锯齿、字顶距根据实际需要而定）。

3. 用到的颜色：#FF6600、#CCCCCC、#666666、#999999、渐变色（#FF6600——#FFFFFF）。

4. 用到的图片：lamp2.jpg、email.jpg、jg.jpg。

图 5-100 模仿效果图

任务五　网页切片

【能力要求】

熟练掌握切片的创建、优化与导出技能，以及熟练掌握切片在网页中的应用技巧。

【实例导入】

制作如图 5-101 所示效果图。

图 5-101　切片效果图

操作步骤：

第一步：在 Fireworks 中打开已设计完成的网页首页。

第二步：单击工具箱中的【切片工具】按钮（ ），在制作好的首页上绘制如图 5-102 所示的切片。

第三步：选择左上角第一张切片（logo），按 F6 键打开优化面板，将其设置为：GIF、最适合、256，如图 5-103 所示。

图 5-102　切片 1 优化面板　　　　图 5-103　切片 2 优化面板

第四步：选择左上角第二张切片（banner），在优化面板中设置其为【JPEG-较高品质】，如图 5-104 所示。仿照上述方法，可以将所有要优化的图片进行优化。

第五步：选中要导出的切片并右击，在弹出的快捷菜单中选择【导出所选切片】命令，得到如图 5-104 所示的【导出】对话框。

第六步：其设置如图 5-104 所示，单击【保存】按钮完成切片的导出。

仿照上述相同的方法，可以完成其他每个小切片的导出。

图 5-104 【导出】对话框

1. 基本概念

切片是 Fireworks 中用于创建具有交互性功能的基本构造块。切片是最终以 HTML 代码的形式出现的网页对象，而不是以图像形式存在。

切片的功能是将图像划分为多个小区域，用户可以为每个区域分别赋予 URL 和动作以及创建翻转图效果。所有的切片全部位于 Fireworks 自动创建的网页层中，并位于所有的层之上，因此也可以将切片看做是覆盖在原图像上的透明图片。

切片的优点：
（1）优化图像：通过对图片的分割，可以减少占用的空间，从而保证快速的下载。
（2）交互式功能：对于分割为小图片的切片可以分配各自的动作、创建鼠标响应区域。
（3）更新部分网页：将网页中经常更改的部分划分为一个切片，则可以轻松的更新切片中的内容而不必更改整个网页。

2. 创建切片

（1）自动创建

自动创建切片适用于图形对象较多或对切片的形状要求不高，允许直接根据对象的区域来创建切片的情况。

方法：选中要用于创建切片的多个对象，选择【编辑】菜单→【插入】→【切片】命令。

（2）手工创建

如果需要更加精确地划分切片或不按照对象的边界来划分切片，则需要通过手工方法来创建。可以用【切片工具】（ ）或【多边形切片工具】（ ）来创建。

3. 编辑切片

（1）编辑切片形状

由于切片与图像不相关，因此如果在创建切片后对图像进行了修改，也需要对切片外形做相应的修改。

方法：用【指针工具】选中要编辑的切片，拖动切片到适当的位置。

提示：

① 如果是矩形切片，则将鼠标指针放置于切片辅助线上，待鼠标指针变为双向箭头形状时进行拖动。如果时多边形切片，则直接用鼠标拖动位于各顶点上的用于确定切片形状的手柄。

② 若需要对切片进行扭曲、自由变形，则可以选择【修改】→【变形】子菜单中的命令。

（2）控制切片显示

在缺省情况下，切片始终是位于图像上方的半透明绿色区域，这在编辑图像时不利于观察图像本身的效果，因此需要控制切片的显示。对切片显示的控制不仅包括隐藏和显示切片，也包括改变切片对象和辅助线的颜色。

① 隐藏和显示特定的切片对象：通过层面板的眼睛图标（ ）。

② 隐藏和显示所有切片及辅助线：单击工具箱上的【隐藏切片和热点】（▣）或【显示切片和热点】（▣）。

③ 更改切片对象的颜色：通过属性面板修改。如图 5-105 所示。

④ 控制切片辅助线的显示：通过【视图】菜单→【辅助线】→【编辑辅助线】实现。

（3）指定链接

在选中切片后，可以通过属性面板中的【链接】下拉列表框为切片指定链接。

说明： 在 Alt 文本框中输入图像替换文字，当下载速度较慢时，图像下载完毕前可以显示该文字。

目标下拉列表框中选择打开链接网页的方式：

无： 不添加链接

_blank： 在新窗口中打开目标网页

_self： 在当前页面窗口中打开目标网页

_parent： 在当前页面窗口的父窗口中打开目标网页

_top： 在页面所在的窗口中展开页面

① 命名切片。选择要重命名的切片，在属性面板中重新输入新的切片名称，如图 5-106 所示。

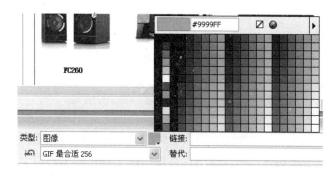

图 5-105　修改切片颜色

图 5-106　重命名切片

② 创建文本切片。文本切片包含图像像素，用于指定文本在浏览器中的位置，在网页制作中通常用于经常需要更新的文字信息。

方法：

- 使用【切片工具】创建一个矩形切片。
- 在属性面板的【类型】下拉列表中选择 html 选项，单击【编辑】按钮，输入：
  `<font color=red>文字</font>`。

③ 导出切片。切片将整个图像分割为多个小区域，在为每个切片进行命名、添加链接或行为等操作之后，就可以将图像连同切片一起导出。导出之前可以对每个图像类型的切片指定不同的图像格式，以分别保存各个切片图形。

方法：选中切片，在属性面板的【切片导出设置】下拉列表框中选择相应的图像格式。全部设置完毕后，导出切片：选中要导出的切片，【文件】→【导出】，指定保存的文件夹。

说明：切片下拉列表中的选项

- 无：不为每个切片生成单独的切片文件，而将整个文档导出为一个图像文件。
- 导出切片：设置是否导出所选的切片以及是否导出无切片区域等。
- 沿辅助线切片：按照文档中的切片辅助线导出切片。但使用该选项生成的文件无法保留在切片对象中设置的行为。

【训练项目】

项目提出：现有一个做照明灯具以及照明景观的公司——兹诺公司（提示本公司为虚拟公司）需要为其设计首页。

要求：请为已设计好的兹诺公司首页进行切片。

项 目 小 结

Fireworks 是一款专门针对 Web 开发的图像设计软件，使用它既可以编辑 Web 图像，又可以编辑 Web 动画。本项目围绕【宁月】网站首页界面设计展开，通过导航栏、logo、banner 的制作到整体页面的实现以及最终的切片，熟悉了 Fireworks 中常用的基本功能，如图层的使用、矢量图形的绘制、图片的处理等，也为后面网页制作的学习提供了必须的铺垫。

思 考 练 习

1. 单项选择题

（1）如何将各个所选对象组合起来，然后将它们作为单个对象处理？（　　）
  A. 选择编辑→组合　　　　　　　　B. 选择修改→组合
  C. 选择编辑→取消组合　　　　　　D. 选择修改→取消组合

（2）以下哪一种图像格式适合用于扫描的照片、图片或带有过渡色彩梯度的各类图像。（ ）

    A. GIF   B. JPEG

    C. BMP   D. PNG

（3）Fireworks 中调入 Styles 面板的默认快捷方式是？（ ）

    A. Shift+F9   B. Shift+F10

    C. Shift+F11   D. Shift+F12

（4）在使用 Fireworks 的矩形工具时，按住 Alt 键将会出现什么样的效果？（ ）

    A. 画出的是非直角的平行四边形   B. 画出的是正方形

    C. 画出的矩形由中心向四周发展   D. 画出实心矩形

（5）对于在 Fireworks 中的矢量图像和位图图像，如果执行放大图像的操作，则：（ ）

    A. 矢量图像放大后质量没有变化，位图图像放大后质量没有变化

    B. 矢量图像放大后质量没有变化，位图图像放大后出现马赛克

    C. 矢量图像放大后出现马赛克，位图图像放大后质量没有变化

    D. 矢量图像和位图图像放大后都出现马赛克

（6）在 Fireworks 中，下列哪一个选项的信息没有包括在信息面板中。（ ）

    A. 当前光标的颜色值   B. 当前选定对象的位置

    C. 当前选定对象的尺寸   D. 当前选定对象的所在的层

（7）矢量图形的形状由什么确定？（ ）

    A. 路径上的点   B. 像素

    C. 像素和路径   D. 矢量手柄

（8）如要连续使用选取工具使选取范围扩大，需要（ ）

    A. 按住 Alt 键   B. 按住 Shift 键

    C. 按住 Ctrl 键   D. 按住 Ctrl+Shfit 键

（9）使用 Line Tool 时同时按住 Shift 键，绘制出来的将是（ ）

    A. 45 度直线   B. 30 度直线

    C. 180 度直线   D. 弧形

（10）Firework 中 PNG 是什么意思？（ ）

    A. 可移植的网络图形   B. 设计主页图形

    C. 三维图形   D. 平面图形

2. 填空题

（1）Fireworks 画布的颜色定义有三种方式：白色、透明和_____。

（2）Fireworks 可以自由地导入各种图像，它默认的存储文件格式为_____。

（3）Fireworks 是一种专门针对_____设计而开发的图像设计程序。

（4）在 Fireworks 中文本转换为路径以后，需要经过_____操作，才能编辑其中的节点。

（5）在 Fireworks 中，如果选择某一像素包括的区域，应选择使用的工具是_____。

项目六 "宁月"网站动画制作

【知识目标】

熟悉 Flash 的基本工具和界面,理解区别各类基本动画的基本原理,从而为制作出各类适合于网页需求的 Flash 动画打好基础。

【能力目标】

熟悉 Flash 的基本工具和界面,掌握基本动画如逐帧动画、形状补间动画、运动补间动画、遮罩动画、引导线动画的制作。能掌握简单的 Action Script 代码,利用 Action Script 代码完成网页中 Flash 元素的制作。

项 目 概 述

Flash 是美国 Macromedia 公司出品的矢量图形编辑和动画创作的软件,由 Adobe 公司收购,它与 Dreamweaver 和 Fireworks 组成了网页制作的 Dreamteam,在国内称其为网页设计"三剑客",而 Flash 则被誉为"闪客"。网页设计者使用 Flash 可以创作出既漂亮又可改变尺寸的导航界面以及其他奇特的效果。

任务一 打字效果逐帧动画制作

【能力要求】

理解逐帧动画原理,熟练掌握常用帧操作,合理组织时间轴。

【实例导入】

制作如图 6-1 所示打字效果逐帧动画。

图 6-1 打字效果逐帧动画

操作步骤：

准备阶段：

选择【开始】→【设置】→【控制面板】，打开【字体】文件夹，将字体【方正粗活意简体】复制到该文件夹。

制作阶段：

第一步：启动 Flash，新建一个新的 Flash 文件，保存为 ch6-1.fla。

第二步：选择【文件】→【导入】→【导入到库（L）...】菜单命令，打开【导入到库】对话框（如图 6-2 所示），选择图片 0611.jpg，单击【打开】按钮，图片将自动载入到 Flash 8 的库中。

第三步：执行【修改】菜单→【文档】或选择属性面板中【大小】后面的按钮 550 x 400 像素 （如图 6-3 所示），出现如图 6-4 所示的【文档属性】对话框，并将其中的尺寸改为导入图片的大小，本例应改为：300 px（宽），109 px（高）。

图 6-2 【导入到库】对话框

图 6-3 属性面板

图 6-4 【文档属性】对话框

第四步：执行【窗口】菜单→【库】菜单命令，则在右侧面板区域打开库面板并列出库中的项目（本例即导入到库中的图书图片），如图 6-5 所示。

第五步：选择库中的位图 "0611" 并拖拽到舞台中，在属性面板中将图片的 x、y 轴的值均设为 0，如图 6-6 所示。

图 6-5 库面板

图 6-6 位图属性面板

第六步：选择工具箱中的【文本工具】，在属性面板中设置其字体为【方正粗活意简体】、字号为 18px，颜色为#54463f，选择【编辑格式选项】(¶)，将其行距设为 14px，如图 6-7 所示，然后在画布中输入文本"乐随心动　我心飞扬"，如图 6-8 所示。

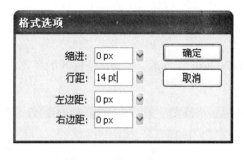

图 6-7　【格式选择】设置　　　　　　　图 6-8　输入文字

第七步：重复 12 次按快捷键【F6】，此时可以在时间轴上看到有 13 个关键帧，如图 6-9 所示。

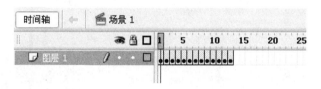

图 6-9　创建多个关键帧

第八步：选择第 2 个关键帧，并将其中的文本修改为【乐随心动　我心飞_】，选择第 3 个关键帧将文本修改为【乐随心动　我心_】，以此类推到第 9 个关键帧为【_】，将第 10、12 关键帧中的文本删除，第 11、13 关键帧中的文本修改为【_】。

第九步：选择第 1 帧到第 13 帧右击，在弹出的菜单中选择【翻转帧】，打字效果的逐帧动画制作完成，最终效果如图 6-1 所示。

第十步：最后单击保存按钮 保存文件。通过 Ctrl+Enter 键可以将其发布为.swf 格式文件并进行效果的预览。

1. Flash 8 简介

Flash 8 是一款非常优秀的网页动画设计软件，具有体积小、兼容性好、直观动感、互动性强大、支持 MP3 音乐等诸多优点。

网页中的 Flash，不但能增加网站的动态效果，还能吸引更多的客户去浏览网站。一个精彩的 Flash，常常能让那些看到的用户流连忘返，迫不及待地去发觉它有什么妙用。通过 Flash,我们能做动感、绮丽、精彩至极的网站,也能做简单、单一的文字图片等动态效果。复杂点的,更能做小到几十 KB 的单机简单小游戏,大到能遍及全国,有数十万玩家的网络游戏。总之,越来越精彩的网络离不开 Flash,而 Flash 也更能让网络越来越精彩。

2. Flash 8 的操作界面

启动 Flash 后进入 Flash 的启动界面,新建 Flash 文件后,便进入 Flash 的工作界面,如图 6-10 所示。

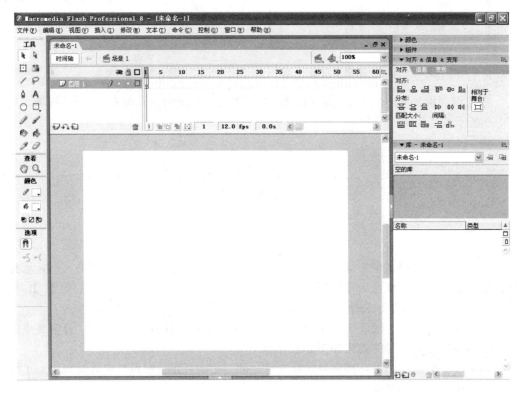

图 6-10　Flash 工作界面

可以看到 Flash 8 的界面主要由以下部分组成:标题栏、菜单栏和工具栏、工具箱、时间轴和层、工作区和舞台、属性面板、各种工具面板(包括经常使用的符号库和动作脚本面板)。

（1）菜单栏

Flash 8 的菜单栏与其他通用软件的菜单栏相似，每个菜单中有相关的设置指令，包含了 Flash 中的所有功能设置，如图 6-11 所示。

（2）工具栏

工具栏包含了 Flash 8 的常用命令，它们的使用频率很高，通过这些工具按钮可以更方便、快捷地进行动画操作。

通过选择【窗口】→【工具栏】→【主要工具栏】命令可以显示或隐藏该工具栏。如图 6-12 所示。

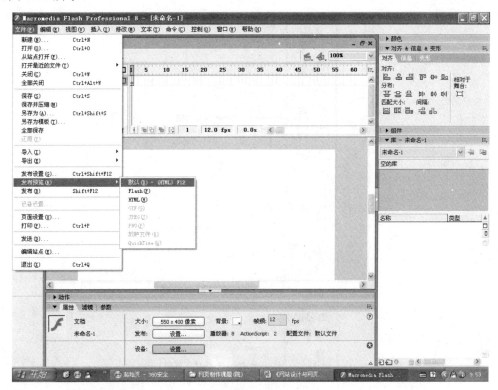

图 6-11　菜单栏

图 6-12　常用工具栏

（3）工具箱

Flash 的工具箱中提供了图形绘制和修饰的各种工具，分成四大类：

① 主工具栏：用于绘制各类矢量图形。

② 查看工具栏：用于画布大小的缩放和画布位置的调整。

③ 颜色工具栏：用于设置绘制图形的填充色和描边颜色。

④ 选项工具栏：选择不同的主工具栏中的工具，在选择面板中就会有其对应的不同的选择进行设置，如选择【指针工具】（ ），则在选项工具栏中可以设置其是否【紧贴至对象】（ ），如图 6-13 所示。

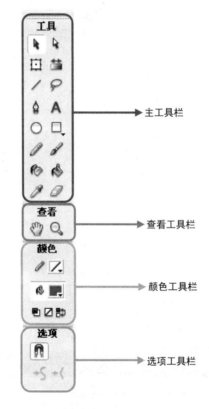

图 6-13　工具箱

（4）图层

图层就相当于完全重合在一起的透明纸，可以任意地选择其中一个图层绘制图形、修改图形、定义图形。每一个层之间相互独立，都有自己的时间轴，包含自己独立的多个帧，而不会受到其他层上图形的影响。在相应的图层上进行绘制和添加图形，再给每个图层一个名称作为标识（双击图层名能重命名），然后重叠起来就是一幅完整的动画了。

（5）时间轴

时间轴列出了场景或组件地图层、帧设置。时间轴上的每一小格代表一帧，制作和编辑动画实际上就是对连续的帧进行操作的过程。对帧的操作实际就是对动画的操作。帧可以分为空白帧、关键帧、空白关键帧、普通帧、过渡帧，如图 6-14 所示。

① 空白帧：帧中不含任何 Flash 对象，相当于一张空白的影片。在 Flash 8 中除了第一帧外其余的帧均为空白帧。

② 关键帧：显示为实心的圆圈，是有关键内容的帧。用来定义动画变化、更改状态的帧，即编辑舞台上存在实例对象并可对其进行编辑的帧，快捷键为 F6。

③ 空白关键帧：显示为空心的圆圈，空白关键帧是没有包含舞台上的实例内容的关键帧。可以随时添加实例内容，当添加了实例内容后，空白关键帧就自动转换为关键帧，快捷键为 F7。

④ 普通帧：显示灰色方格，普通帧是用于延续关键帧的内容，也称为延长帧。在普通帧上绘画和在前面关键帧上绘画的效果是一样的，用一个空白的矩形框表示结束，快捷键为 F5。

⑤ 过渡帧：是将过渡帧前后的两个关键帧进行计算得到，它所包含的元素属性的变化是计算得来的。包括形状渐变帧和运动渐变帧，如果过渡帧制作不成功则还会有不可渐变帧。

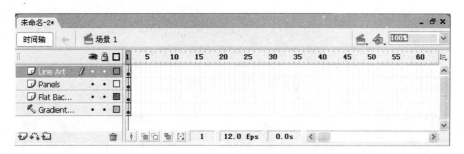

图 6-14　时间轴面板

（6）工作区

工作区包括舞台及其周围的灰色区域。舞台用来表现 Flash 动画，灰色区域通常用作设定动画的开始和结束点。

（7）属性面板

属性面板显示目前所编辑对象的相关设置。如图 6-15 所示，为矩形工具的属性面板。

图 6-15　矩形工具属性面板

（8）集成面板

集成面板中的所有面板均可以自由浮动，位于右侧。在窗口菜单中可以将需要打开的面板打开。如图 6-16 所示，为处理对象颜色面板。

图 6-16　处理对象颜色面板

3. Flash 逐帧动画

逐帧动画是由位于时间线上同一动画轨道上的一个连续的关键帧序列组成的。对于动画帧序列的每一帧中的内容都可以单独进行编辑，使得各帧展示的内容不完全相同，在作品播放时，由各帧顺序播放产生动画效果。由于是一帧一帧的画，所以逐帧动画具有非常大的灵活性，几乎可以表现任何想表现的内容。

逐帧动画在时间轴上的表现为连续的关键帧，如图 6-17 所示。

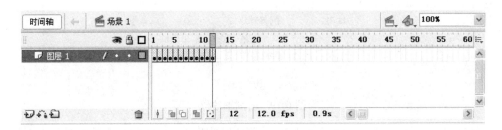

图 6-17　逐帧动画的时间轴显示效果

（1）创建逐帧动画

逐帧动画可以通过用鼠标在场景中一帧帧地画出每帧的内容来实现，也可以通过导入静态图片来建立逐帧动画，如把 JPG、PNG 等格式的静态图片连续导入 Flash 中，建立一段逐帧动画。

实例 6-1　制作一个 Enter 图标，保存为 Enter.gif 文件。如图 6-18 所示。

操作步骤：

第一步：启动 Flash，新建一个 Flash 文件，保存为 Enter.fla。

第二步：执行【修改】菜单→【文档】或选择属性面板中【大小】后面的按钮 550×400像素 ，在出现的【文档属性】对话框中将尺寸改为：50*30px。

第三步：选择工具箱中对应的工具绘制如图 6-18 所示的箭头，并输入文本"Enter"，参数为 Times New Roman、11px、#CCCCCC。

图 6-18　第 1 帧和第 5 帧效果

第四步：选择时间轴中的第 5 帧，按 F6 键插入关键帧。

第五步：选择第 5 帧中的所有对象，并将其适当向右移动一定的距离。

第六步：选择第 5 帧中的文字，并将其颜色改为白色。

第七步：选择时间轴的第 8 帧，按 F5 键插入普通帧，制作完成后的时间轴效果如图 6-19 所示。

图 6-19　时间轴效果

第八步：选择【文件】→【导出】→【导出影片】，在弹出的【导出影片】对话框中选择【保存类型】为 GIF 动画（*.gif），如图 6-20 所示。

图 6-20　保存为 GIF 动画

（2）绘图纸的使用

绘图纸（ ）的功能是帮助定位和编辑动画，对制作逐帧动画特别有用，位于时间轴面板的下端。通常情况下，Flash 工作区中一次只能显示动画序列的单个帧。使用绘图纸功能后，我们就可以在舞台中一次查看两个或多个帧了。

使用绘图纸功能后的场景。当前帧中的内容是以全彩色显示的，而其他帧的内容是以半透明显示的，看起来好像所有帧内容是画在一张半透明的绘图纸上，这些内容相互层叠在一起。此时只能编辑当前帧的内容，而不能编辑其他帧的内容。

项目六 "宁月"网站动画制作

【训练项目】

项目提出：现有一个做照明灯具以及照明景观的公司——兹诺公司（提示本公司为虚拟公司）在前一章中已为其设计好界面，现需为其设计合适的 Flash 动画。

要求：制作一个【更多>>】的 GIF 动画，如图 6-21 所示，具体效果可参考 more.gif。

说明：
1. 文件大小为 18*48。
2. 用到的颜色：黑色。
3. 字体：宋体、12px、位图文本（未消除锯齿）。

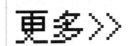 

图 6-21　第 1 帧和第 5 帧效果

任务二　网页 Banner 动画制作

【能力要求】

掌握形状补间动画和动作补间动画的制作和控制方法。

【实例导入】

制作如图 6-22 所示的 Banner 动画。

图 6-22　Banner 制作

操作步骤：

第一步：启动 Flash，新建 Flash 文件，保存为 ch6-2.fla。

第二步：选择【文件】→【导入】→【导入到库（L）…】菜单命令，打开【导入到库】对话框如图 6-23 所示，选择需要用到的图片（banner.jpg），单击【打开】按钮，这些图片将会自动载入到 Flash 8 的库中。

第三步：执行【修改】→【文档】命令，在出现的【文档属性】对话框中将其中的尺寸改为导入图片的大小，本例应改为：1000 px（宽），220 px（高）。

第四步：执行【窗口】→【库】命令，则在右侧面板区域打开库面板并列出库中的项目（本例即导入到库中的图片），如图 6-24 库面板所示。

第五步：选择库中的"banner"并拖拽到舞台中，在属性面板中将图片的 x、y 轴的值均设为 0，如图 6-25 所示。

第六步：选择工具箱中的【文本工具】，在属性面板中设置其字体为【方正静蕾简体】、字号为 48px，颜色为#D61818，动画消除锯齿，然后在画布中输入文本"心临其境　尽在指尖"，如图 6-26 所示。

图 6-23 【导入到库】对话框

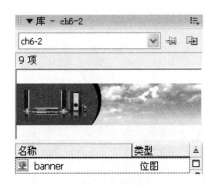

图 6-24　库面板

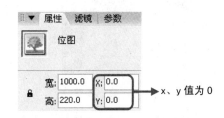

图 6-25　位图属性面板

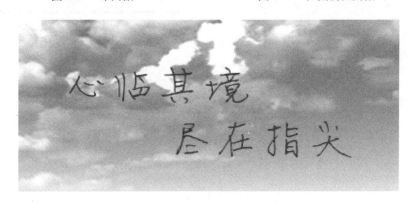

图 6-26　输入文本

第七步：在文本选中状态，按 Ctrl+B 键将文字打散，并右击在弹出的菜单中选择【分散到图层】命令，则文字分别存放到新的图层中去，如图 6-27 所示。

第八步：点击时间轴中的【图层 1】中第二个黑点，将【图层 1】锁定，如图 6-27 所示。

第九步：选择工具箱中的【选择工具】命令，框选中所有文字，按 Ctrl+B 键再次将文字打散，则文字转换成图形。

第十步：执行【修改】→【形状】→【扩展填充】命令，出现如图 6-28 所示的【扩展填充】对话框，设置【距离】为 1px。

第十一步：选择工具箱中的【墨水瓶工具】，在属性面板中设置其颜色为白色，笔触高度为 1px，并给每个文字加上描边，如图 6-29 所示。

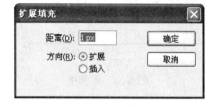

图 6-27 分散到图层并锁定图层 1 后的时间轴　　图 6-28 【扩展填充】对话框

图 6-29 加上白色描边效果的文本

第十二步：选择工具箱中的【选择工具】命令，框选中文字"心"，按 F8 键将其转换为图形元件，名称为"心"，如图 6-30 所示。

依照此方法将其他文字也转换成图形元件，则在库中可以看到所有转换好的元件，如图 6-31 所示。

图 6-30 将文字"心"转换为元件

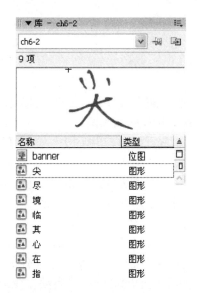

图 6-31 库面板中的元件

第十三步：选择画布中的实例"心"，切换到"心"图层的编辑状态，选择第 10 帧，按 F6 键创建一个关键帧，切换到第 1 帧，执行【修改】→【变形】→【缩放和旋转】命令，将实例"心"放大 200%，右击时间轴在弹出的快捷菜单中选择【创建补间动画】命令，文字"心"的动画效果完成。

第十四步：选择画布中的实例"临"，保持选中状态并将其拖拽到第 5 帧处，接下来仿照第十三步的操作，完成文字"临"的动画效果。

依照上面的操作，完成所有文字显现的动画效果。

第十五步：选择所有图层中的第 54 帧，按 F5 键插入普通帧，最终时间轴如图 6-32 所示。

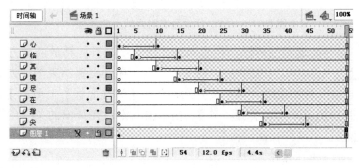

图 6-32 时间轴最终效果图

第十六步：最后单击保存按钮 🖫 保存文件。按 Ctrl+Enter 键可以将其发布为.swf 格式文件并进行效果的预览。

1. Flash动作补间

补间动画是 Flash 中非常重要的表现手法之一，可以运用它制作出奇妙的效果。补间动画一般有动作补间动画和形状补间动画两种。

动作补间动画是 Flash 中非常重要的表现手段之一，动作补间动画的对象必须是"元件"或"成组对象"。

运用动作补间动画，可以设置元件的大小、位置、颜色、透明度、旋转等属性，配合别的手法，甚至能做出令人称奇的仿 3D 的效果。

（1）动作补间动画的概念

① 动作补间动画的概念。在 Flash 的时间帧面板上，在一个时间点（关键帧）放置一个元件，然后在另一个时间点（关键帧）改变这个元件的大小、颜色、位置、透明度等，Flash 根据二者之间的帧的值创建的动画被称为动作变形动画。

② 构成动作补间动画的元素。构成动作补间动画的元素是元件，包括影片剪辑、图形元件、按钮等，除了元件，其他元素包括文本、位图等都不能创建补间动画的，它们都必须要转换成元件才行，只有把形状"组合"或者转换成"元件"后才可以做"动作补间动画"。

③ 动作补间动画在时间帧面板上的表现。动作补间动画建立后，时间帧面板的背景色变为淡紫色，在起始帧和结束帧之间会有一个长长的箭头，如图 6-33 所示。

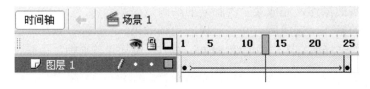

图 6-33　动作补间动画在时间帧上的表现

④ 创建动作补间动画的方法。在时间轴面板上动画开始播放的地方创建或选择一个关键帧并设置一个元件，一帧中只能放一个项目，在动画要结束的地方创建或选择一个关键帧并设置该元件的属性，再单击开始帧，在【属性面板】上单击【补间】旁边的"小三角"，在弹出的菜单中选择【动作】，或单击右键，在弹出的菜单中选择【新建补间动画】，就建立了"动作补间动画"。

（2）认识动作补间动画的属性面板

在时间线"动作补间动画"的起始帧上单击，帧属性面板会变成如图 6-34 所示。

图 6-34　动作补间动画属性面板

① "缓动"选项。在"0"边有个滑动拉杆按钮，单击后上下拉动滑杆或填入具体的数值，补间动作动画效果会以下面的设置作出相应的变化：

在 1 到-100 的负值之间，动画运动的速度从慢到快，朝运动结束的方向加速补间。
在 1 到 100 的正值之间，动画运动的速度从快到慢，朝运动结束的方向减慢补间。
默认情况下，补间帧之间的变化速率是不变的。

② "旋转"选项。该选项有四个选择，选择"无"（默认设置）禁止元件旋转；选择"自动"可以使元件在需要最小动作的方向上旋转对象一次；选择"顺时针"（CW）或"逆时针"（CCW），并在后面输入数字，可使元件在运动时顺时针或逆时针旋转相应的圈数。

③ "调整到路径"。选中该选项将补间元素的基线调整到运动路径，此项功能主要用于引导线运动。

④ "同步"复选框。选中该选项使图形元件实例的动画和主时间轴同步。

⑤ "对齐"选项。选中该选项可以根据其注册点将补间元素附加到运动路径，此项功能主要也用于引导线运动。

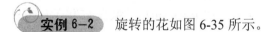　旋转的花如图 6-35 所示。

图 6-35　旋转的花

操作步骤：

第一步：启动 Flash，新建一个 Flash 文件，保存为 flower.fla。

第二步：选择工具箱中的【矩形工具】，设置填充为#FFCC00、描边为 0，绘制一个椭圆。

第三步：选择【任意变形工具】，选中绘制的椭圆，将其中心点移至椭圆外，如图 6-36 所示。

第四步：选择【窗口】→【变形】命令，打开变形面板，设置旋转为【45 度】，单击【复制并运用变形】按钮（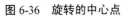）如图 6-37 所示，制作出有 8 片花瓣的花朵。

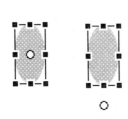

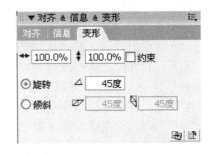

图 6-36　旋转的中心点　　　　　　　　图 6-37　设置旋转角度

第五步：选择花朵，按 F8 键将其转换为图形元件。

第六步：选择第 30 帧，按 F6 键插入关键帧。

第七步：选择第 1 帧，右击在弹出的快捷菜单中选择【创建补间动画】命令，并在属性面板中设置其旋转为"顺时针"、"1"次，动画制作完成。

第八步：最后单击保存按钮 保存文件。按 Ctrl+Enter 键可以将其发布为.swf 格式文件并进行效果预览。

2. 元件与实例

元件是指在 flash 中创建且保存在库中的图形、按钮或影片剪辑，可以自始至终在影片或其他影片中重复使用，是 flash 动画中最基本的元素。

（1）元件的分类

● 图形元件（　）：是可以重复使用的静态图像，或连接到主影片时间轴上的可重复播放的动画片段。图形元件与影片的时间轴同步运行。

● 影片剪辑元件（　）：可以理解为电影中的小电影，可以完全独立于主场景时间轴并且可以重复播放。

- 按钮元件（ ）：实际上是一个只有4帧的影片剪辑，但它的时间轴不能播放，只是根据鼠标指针的动作做出简单的响应，并转到相应的帧。

（2）几种元件的异同点分析

① 相同点：几种元件的相同点是都可以重复使用，且当需要对重复使用的元素进行修改时，只需编辑元件，而不必对所有该元件的实例——进行修改。

② 区别及应用中需注意的问题

- 影片剪辑元件和按钮元件的实例上都可以加入动作语句，图形元件的实例上则不能；影片剪辑里的关键帧上可以加入动作语句，按钮元件和图形元件则不能。
- 影片剪辑元件和按钮元件中都可以加入声音，图形元件则不能。
- 影片剪辑元件的播放不受场景时间线长度的制约，它有元件自身独立的时间线；按钮元件独特的4帧时间线并不自动播放，而只是响应鼠标事件；图形元件的播放完全受制于场景时间线；
- 影片剪辑中可以嵌套另一个影片剪辑，图形元件中也可以嵌套另一个图形元件，但是按钮元件中不能嵌套另一个按钮元件；三种元件可以相互嵌套。

（3）元件与实例

元件存放在库中，通过快捷键Ctrl+L或者F11可以打开库面板，我们可以把库理解为是保存图符的文件夹。通过拖曳操作便可将元件从库中取出，反复加以应用。由于使用元件将不增加文件的尺寸，应尽可能重复利用Flash中的各种元件，减小文件的尺寸。

文件从库拖曳到工作区中之后，应用于影片的元件对象被称之为"实例"。

实例可以称为是位于工作区中的元件的复制品。元件的实例可以多次应用于工作区之中，而且每一个实例都可以有不同的大小以及颜色。设置于实例的属性将不会影响到元件本身，而对元件的修改将反映在每一个实例当中。

（4）元件的创建

舞台上的任何一个元素均可以转化成为元件，只要选中舞台上的对象，按F8键或通过右键菜单均可创建元件，另外也可以通过菜单栏中的【插入】→【新建元件】命令或快捷键Ctrl+F8来创建新的元件。

（5）按钮的制作

按钮是一个特殊元件，只有四帧，分别为弹起、指针经过、按下、点击。制作按钮时，首先要制作与不同的按钮状态相关联的图形，为了使按钮有更好的效果，还可以在其中加入影片剪辑或音效文件。如图6-38所示。

实例 6-3 制作如图 6-39 所示 Play 按钮。

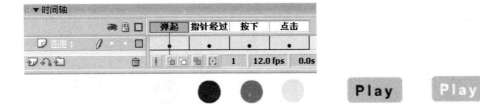

图 6-38 按钮编辑状态　　　　　图 6-39 按钮"弹起"和"指针经过"状态

操作方法：
第一步：启动 Flash，新建一个 Flash 文件，保存为 Play.fla。
第二步：按快捷键 Ctrl+F8，创建一个新元件 play，类型为按钮，如图 6-40 所示。
第三步：进入按钮编辑状态，选择【矩形工具】，设置填充为#FFCC00、描边为 0、边角半径为 5，在【弹起】帧中绘制一个大小为 56*25 的圆角矩形，如图 6-41 所示。
第四步：选择【点击】帧，按 F5 键插入普通帧。
第五步：在【图层 1】上新建一个图层，选择【文本工具】，设置字体为 Arial、黑色、14px、加粗、字母间距为 3、动画消除锯齿，输入文本 Play。

图 6-40 新建元件　　　　　图 6-41 圆角矩形

第六步：选择【指针经过】帧，按 F6 键插入关键帧，并将文字颜色改为白色。
第七步：按钮制作完成，选择【时间轴】上方的【场景 1】按钮（ 场景 1 play ），返回到场景编辑状态。
第八步：按 F11 键打开库面板，将制作的按钮拖曳到舞台，则通过测试即可看到按钮变化的效果了。

【训练项目】

项目提出：现有一个做照明灯具以及照明景观的公司——兹诺公司（提示本公司为虚拟公司）在前一章中已为其设计好界面，现需为其设计合适的 Flash 动画。

要求：为兹诺公司制作一个 Banner，如图 6-36 所示，具体效果可参考 Banner.swf。

说明：

1. 文件大小为 980*269。
2. 字体：微软雅黑、12px、位图文本（未消除锯齿）。
3. 用到的图片：logo.jpg、banner1.jpg、banner2.jpg、banner3.jpg。

图 6-42 兹诺 Banner

任务三 图片切换播放效果制作

【能力要求】

掌握遮罩动画的制作和控制方法。

【实例导入】

制作如图 6-43 所示的图片切换播放效果。

图 6-43 图片切换播放效果

操作步骤：

第一步：启动 Flash，新建 Flash 文件，保存为 ch6-3.fla。

第二步：选择【文件】→【导入】→【导入到库（L）...】菜单命令，打开【导入到库】对话框如图 6-44 所示，选择需要用到的所有图片，单击【打开】按钮，这些图片将会自动载入到 Flash 8 的库中。

第三步：执行【修改】→【文档】命令，在出现的【文档属性】对话框中将其中的尺寸改为导入图片的大小，本例应改为：132 px（宽），100 px（高）。

第四步：执行【窗口】→【库】命令，则在右侧面板区域打开库面板并列出库中的项目（本例即导入到库中的图片），如图 6-45 库面板所示。

第五步：选择库中的【FC260】并拖曳到舞台中，在属性面板中将图片的 x、y 轴的值均设为 0，如图 6-46 所示。

第六步：选择时间轴上的第 150 帧并右击，在弹出的快捷菜单中选择"插入帧"。

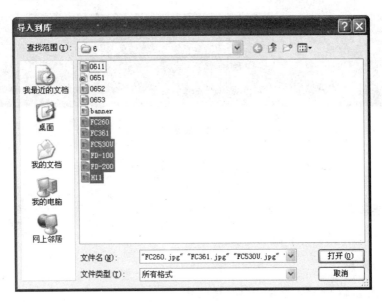

图 6-44 【导入到库】对话框

图 6-45 库面板

图 6-46 位图属性面板

第七步：双击时间轴上的 图层1，弹出图层属性对话框，将名称改为【FC260】后单击"确定"按钮，如图 6-47 所示。

图 6-47　图层【FC260】

第八步：保持"FC260"图层选中状态，单击插入图层按钮 ，则在该图层上方插入一个新图层【图层 2】，并将该图层名改为【FC361】。

第九步：选中【FC361】图层中的第 10 帧并右击，按 F7 键插入空白关键帧。

第十步：打开库面板，选择库中的"FC361"并拖拽到舞台中，调整图片的位置使其能将图片"FC260"覆盖住。

第十一步：选择"FC361"图层中的第 110 帧至第 150 帧并右击，在弹出的快捷菜单中选择【删除帧】命令，如图 6-48 所示。

第十二步：保持"FC361"图层选中状态，单击插入图层按钮 ，在该图层上方插入一个新图层【图层 3】，并将图层名改为"遮罩 1"。

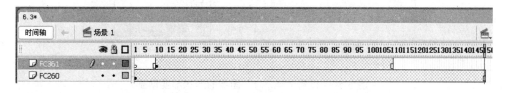

图 6-48　【FC361】图层设置完成后的效果

第十三步：选择"遮罩 1"图层中的第 10 帧并右击，按 F7 键插入空白关键帧。

第十四步：选择工具箱中的【椭圆工具】，设置边线颜色为无，填充色为默认，在舞台中绘制一个椭圆，确保可以将【FC361】覆盖住。

第十五步：选择"遮罩 1"图层中的第 50 帧并右击，按 F6 键插入关键帧。

第十六步：重新选择"遮罩 1"图层中的第 10 帧，将此关键帧处舞台中的椭圆图形移到舞台外的灰色区域，如图 6-49 所示。

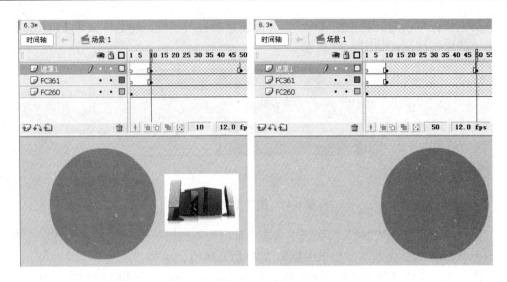

图 6-49 "遮罩 1"中第 10、50 帧效果

第十七步：选择"遮罩 1"图层中第 10 帧到第 49 帧中的任意一帧，在属性面板中设置补间为"形状"，如图 6-50 所示。

图 6-50 设置"遮罩 1"图层的形状渐变动画

第十八步：选择"遮罩 1"图层中的第 110 帧到第 150 帧并右击，在弹出的快捷菜单中选择【删除帧】命令。

第十九步：选择"遮罩 1"图层并右击，在弹出的快捷菜单中选择"遮罩层"，"FC260"到"FC361"的切换效果制作完成，如图 6-51 所示。

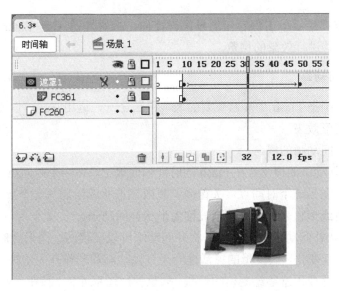

图 6-51 "FC260"到"FC361"的切换效果

第二十步:用同样的方法创建"FC361"到"FC530U"、"FC530U"到"FD-100"、"FD-100"到"FD-200"、"FD-200"到"H11"、"H11"到"FC260"的切换效果,最终时间轴效果如图 6-52 所示。

提示:
- 每一个效果之间的延时为 60 帧。
- 切换的遮罩形状可以任意绘制,如矩形、星形等。

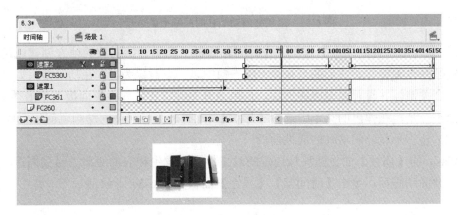

图 6-52 3 张图片切换的效果

第二十一步：最后单击保存按钮■保存文件。按快捷键 Ctrl+Enter 可以将其发布为.swf 格式文件并进行效果的预览。

1. 形状补间动画

形状补间动画是 Flash 中非常重要的表现手法之一，运用它，可以变幻出各种奇妙的不可思议的变形效果。

（1）形状补间动画的概念

① 形状补间动画的概念。在 Flash 的时间帧面板上，在一个时间点（关键帧）绘制一个形状，然后在另一个时间点（关键帧）更改该形状或绘制另一个形状，Flash 根据二者之间帧的值或形状来创建的动画被称为形状补间动画。

② 构成形状补间动画的元素。形状补间动画可以实现两个图形之间颜色、形状、大小、位置的相互变化，其变形的灵活性介于逐帧动画和动作补间动画二者之间，使用的元素多为用鼠标或压感笔绘制出的形状，如果使用图形元件、按钮、文字，则必先"打散"再变形。

③ 形状补间动画在时间帧面板上的表现。形状补间动画建好后，时间帧面板的背景色变为淡绿色，在起始帧和结束帧之间有一个长长的箭头，如图 6-53 所示。

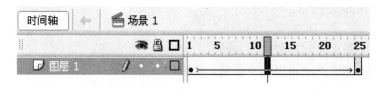

图 6-53 形状补间动画在时间帧上的表现

④ 创建形状补间动画的方法。在时间轴面板上动画开始播放的地方创建或选择一个关键帧并设置要开始变形的形状，一般一帧中以一个对象为好，在动画结束处创建或选择一个关键帧并设置要变成的形状，再单击开始帧，在【属性】面板上单击【补间】旁边的小三角，在弹出的菜单中选择【形状】，此时一个形状补间动画就创建完毕。

（2）认识形状补间动画的属性面板

Flash 的【属性】面板随鼠标选定的对象不同而发生相应的变化。当我们建立了一个形状补间动画后，单击【时间帧】，【属性】面板如图 6-54 所示。

图 6-54 形状补间动画【属性】

① "缓动"选项。在"0"边有个滑动拉杆按钮，单击后上下拉动滑杆或填入具体的数值，形状补间动画会随之发生相应的变化。

在 1 到-100 的负值之间，动画运动的速度从慢到快，朝运动结束的方向加速度补间。

在 1 到 100 的正值之间，动画运动的速度从快到慢，朝运动结束的方向减慢补间。

默认情况下，补间帧之间的变化速率是不变的。

② "混合"选项。

角形：创建的动画中间形状会保留有明显的角和直线，适合于具有锐化转角和直线的混合形状。

"分布式"：创建的动画中间形状比较平滑和不规则。

（3）形状补间动画和动作补间动画的区别

形状补间动画和动作补间动画都属于补间动画。前后都各有一个起始帧和结束帧，二者之间的区别如下表所示。

表 6-1 形状补间动画与动作补间动画之间的区别

区别之处	动作补间动画	形状补间动画
在时间轴上的表现	淡紫色背景加长箭头	淡绿色背景加长箭头
组成元素	影片剪辑、图形元件、按钮	形状，如果使用图形元件、按钮、文字，则必先打散再变形
完成的作用	实现一个元件的大小、位置、颜色、透明等的变化	实现两个形状之间的变化，或一个形状的大小、位置、颜色等的变化

（4）使用形状提示

形状补间动画看似简单，实则不然，Flash 在"计算"2 个关键帧中图形的差异时，远不如我们想象中的"聪明"，尤其前后图形差异较大时，变形结果会显得乱七八糟，这时，"形状提示"功能会大大改善这一情况。

① 形状提示点的作用。在"起始形状"和"结束形状"中添加相对应的"参考点"，使 Flash 在计算变形过渡时依一定的规则进行，从而较有效地控制变形过程。

② 添加形状提示点的方法。先在形状补间动画的开始帧上单击一下，再执行【修改】→【形状】→【添加形状提示】命令，该帧的形状就会增加一个带字母的红色圆圈，相应的，在结束帧形状中也会出现一个"提示圆圈"，用鼠标左键单击并分别按住这 2 个"提示圆圈"，在适当位置安放，安放成功后开始帧上的"提示圆圈"变为黄色，结束帧上的"提示圆圈"变为绿色，安放不成功或不在一条曲线上时，"提示圆圈"颜色不变，如图 6-55 所示。

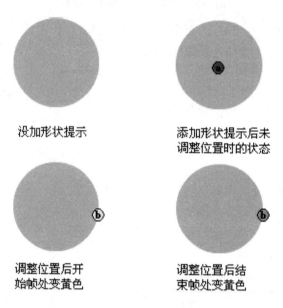

图 6-55　添加形状提示后各帧的变化

③ 添加形状提示点的技巧。"形状提示"可以连续添加，最多能添加 26 个。按逆时针顺序从形状的左上角开始放置形状提示，它们的工作效果最好。确保"形状提示"是符合逻辑的。例如，前后关键帧中有 2 个三角形，我们使用 3 个"形状提示"，那么 2 个三角形中的"形状提示"顺序必须是一致的，而不能第一个形状是 abc，而在第二个形状是 acb，形状提示要在形状的边缘才能起作用，在调整形状提示位置前，要打开工具栏上【选项】下面的【吸附开关】，这样，会自动把"形状提示"吸附到边缘上，如果你发觉"形状提示"仍然无效，则可以用工具栏上的放大工具 单击形状，放大到 2000 倍，以确保"形状提示"位于图形边缘上。另外，要删除所有的形状提示，选择【修改】→【形状】→【删除所有提示】命令即可。要删除单个形状提示，单击右键，在弹出菜单中选择【删除提示】即可。

 **实例 6-4** 添加如图 6-15 所示的形状提示动画。

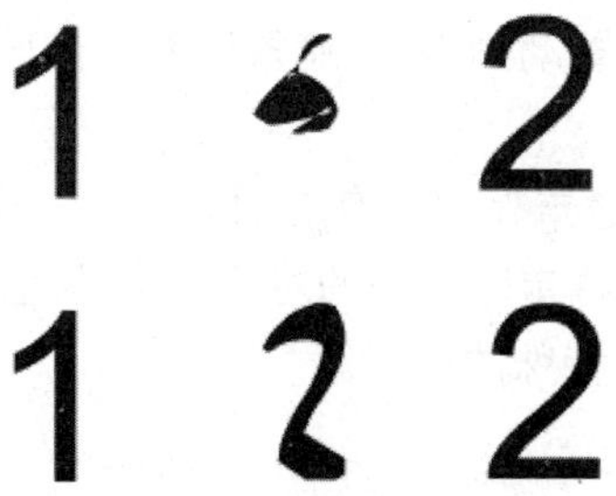

图 6-56　添加形状提示动画 　　　　图 6-57　添加提示的第 1、40 帧

操作方法：

第一步：启动 Flash，新建一个 Flash 文件，保存为 Prompt.fla。

第二步：设置画布大小为 300*200。

第三步：选择工具箱中的【文本工具】，在属性面板上设置字体 Arial、100px、黑色，输入数字为"1"。

第四步：新建一个图层二，在数字"1"的下方再输入一个数字"1"，参数同上。

第五步：在二层各 40 帧的地方按快捷键 F6 添加关键帧，各写入数字"2"，在第 60 帧处加普通帧，使变形后的文字稍做停留。

第六步：逐一选取各层数字的第 1、40 帧，按快捷键 Ctrl+B，把数字打散转为形状。

第七步：选择图层一、二的第 1 帧，在属性面板中设置【补间】为"形状"，建立形状补间动画。

第八步：在图层二的第一帧处，执行【修改】→【形状】→【添加形状提示】命令两次，则图层二中添加了 2 个形状提示点。

第九步：调整图层二中第 1、40 帧处的形状提示如图 6-57 所示，添加形状提示与未添加形状提示的对比动画完成。

第十步：最后单击保存按钮保存文件。通过快捷键 Ctrl+Enter 可以将其发布为.swf 格式文件并进行效果预览。

2. 遮罩动画

在 Flash 8 的作品中，我们常常看到很多眩目神奇的效果，而其中不少就是用最简单的"遮罩"法完成的，如水波、万花筒、百叶窗、放大镜、望远镜等。

（1）遮罩动画的概念

① 什么是遮罩。"遮罩"，顾名思义就是遮挡住下面的对象。

在 Flash 8 中，"遮罩动画"也确实是通过"遮罩层"来达到有选择地显示位于其下方的"被遮罩层"中的内容的目的，在一个遮罩动画中，"遮罩层"只有一个，"被遮罩层"可以有任意一个。

② 遮罩有什么用。在 Flash 8 动画中，"遮罩"主要有 2 种用途，一个作用是用在整个场景或一个特定区域，使场景外的对象或特定区域外的对象不可见，另一个作用是用来遮罩住某一元件的一部分，从而实现一些特殊的效果。

（2）创建遮罩的方法

① 创建遮罩。在 Flash 8 中没有一个专门的按钮来创建遮罩层，遮罩层其实是由普通图层转化的。只要在要某个图层上单击右键，在弹出菜单中把"遮罩"前打个钩，该图层就会生成遮罩层，"层图标"就会从普通层图标 变为遮罩层图标 ，系统会自动把遮罩层下面的一层关联为"被遮罩层"，在缩进的同时图标变为 ，如果想关联更多层被遮罩，只要把这些层拖到被遮罩层下面就行了，如图 6-55 所示。

② 构成遮罩和被遮罩层的元素。遮罩层中的图形对象在播放时是看不到的，遮罩层中的内容可以是按钮、影片剪辑、图形、位图、文字等，但不能使用线条，如果一定要用线条，可以将线条转化为"填充"。

被遮罩层中的对象只能透过遮罩层中的对象被看到。在被遮罩层，可以使用按钮、影片剪辑、图形、位图、文字、线条。

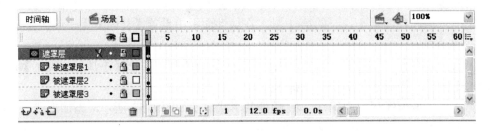

图 6-58 多层遮罩动画

③ 遮罩中可以使用的动画形式。可以在遮罩层、被遮罩层中分别或同时使用形状补间动画、动作补间动画、引导线动画等动画手段，从而使遮罩动画变成一个可以施展无限想象力的创作空间。

本任务的导入案例就是一个遮罩层动画的效果，下面是一个被遮罩层动画的案例。

制作如图 6-59 所示为被遮罩层动画效果。

图 6-59 被遮罩层动画效果

操作步骤：

第一步：启动 Flash，新建一个 Flash 文件，保存为 Mask.fla。

第二步：选择【文件】→【导入】→【导入到库（L）…】菜单命令，将图片 flower.jpg 导入到 Flash 8 的库中。

第三步：执行【修改】→【文档】命令，在出现的【文档属性】对话框中设置画布大小为：400 px（宽），200 px（高）。

第四步：执行【窗口】→【库】命令，选择库中的 Flower 并拖拽到舞台中，保证图片将整个舞台覆盖住。

第五步：选择画布中的图片 Flower，按快捷键 F8 将其转换为元件。

第六步：选择"图层 1"中的第 20 帧，按快捷键 F6 插入关键帧，同样的方法在第 40 帧处插入关键帧。

第七步：适当调整 20 帧中实例元件 Flower 的位置，并创建 1～20 帧以及 21～40 帧处的运动补间动画。

第八步：在"图层 1"上创建"图层 2"，选择工具箱中的【文本工具】，在属性面板中设置字体为 Arial Black、字号 80px、黑色，并在舞台中央输入文本 FLOWER。

第九步：选择"图层 2"名称，右击在弹出的快捷菜单中选择【遮罩层】，则被遮罩层动画制作完成，如图 6-60 所示。

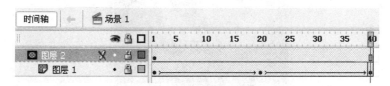

图 6-60 遮罩动画的时间轴

第十步：最后单击保存按钮 保存文件。通过快捷键 Ctrl+Enter 可以将其发布为.swf 格式文件并进行效果预览。

（3）应用遮罩时的技巧

遮罩层的基本原理是：能够透过该图层中的对象看到"被遮罩层"中的对象及其属性（包括它们的变形效果），但是遮罩层中的对象中的许多属性如渐变色、透明度、颜色和线条样式等却是被忽略的。比如，我们不能通过遮罩层的渐变色来实现被遮罩层的渐变色变化。

① 要在场景中显示遮罩效果，可以锁定遮罩层和被遮罩层。

② 可以用"AS"动作语句建立遮罩，但这种情况下只能有一个"被遮罩层"，同时，不能设置_alpha 属性。

③ 不能用一个遮罩层试图遮蔽另一个遮罩层。

④ 遮罩可以应用在 gif 动画上。

⑤ 在制作过程中，遮罩层经常挡住下层的元件，影响视线，无法编辑，可以按下遮罩层时间轴面板的显示图层轮廓按钮■，使之变成■，使遮罩层只显示边框形状，在种情况下，还可以拖动边框调整遮罩图形的外形和位置。

⑥ 在被遮罩层中不能放置动态文本。

【训练项目】

项目提出：现有一个做照明灯具以及照明景观的公司——兹诺公司（提示本公司为虚拟公司）在前一章中已为其设计好界面，现需为其设计合适的 Flash 动画。

要求：制作一个图片播放器动画，如图 6-61 所示，具体效果可参考 show.swf。

说明：

1. 文件大小为 294*296。
2. 用到的图片：lamp1.jpg、lamp2.jpg、lamp3.jpg、bg.jpg。

图 6-61　产品展示播放器效果

任务四　网页 Banner 的完善

【能力要求】

掌握引导线动画的制作和控制方法。

【实例导入】

完善如图 6-62 所示的 Banner 效果。

图 6-62　Banner 效果

操作步骤：

第一步：打开本章任务 2 中的 ch6-2.fla 文件。

第二步：选择"心"图层中的第 55 帧，【F6】插入关键帧。

第三步：选择"心"图层中的第 65 帧，【F6】插入关键帧，选择第 55 帧右击，在弹出的快捷菜单中选择【创建补间动画】。

第四步：右击"心"图层名称，单击【添加引导层】按钮 ，则在"心"图层上方创建一个"引导线"图层，如图 6-63 所示。

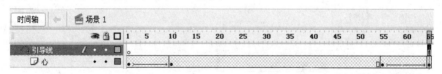

图 6-63　添加"引导线"后的时间轴

第五步：选择"引导线"图层的第 55 帧，按 F7 键插入空白关键帧，并在该帧中绘制一条曲线，保证曲线的一端与文字"心"的中心点相交。

第六步：选择"心"图层的第 65 帧，选择文字"心"将会看到元件中有一个空心圆，鼠标按住空心圆并拖曳至引导线的左侧，当空心圆靠近引导线时其边线会自动变粗，放开鼠标则文字"心"将自动吸附到引导线的一端，并在属性面板中将"心"的 Alpha 设为 0%，通过执行【修改】→【变形】→【缩放和旋转】命令，将实例【心】放缩小至 10%，，如图 6-64 所示。

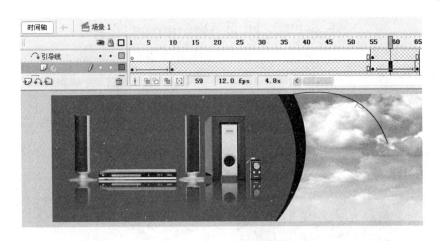

图 6-64 文字【心】动画

依照上面的方法,完成其他文字的引导线动画。

提示:
- 每一个文字引导线动画均开始于上一个文字引导线动画结束时。
- 第一排文字消失在左端的同一个位置,第二排文字消失在右端的同一个位置。

第七步:选择所有图层的第 145 帧,按 F5 键插入普通帧,Banner 制作完成,如图 6-65 所示。

第八步:最后单击保存按钮保存文件。通过快捷键 Ctrl+Enter 可以将其发布为.swf 格式文件并进行效果预览。

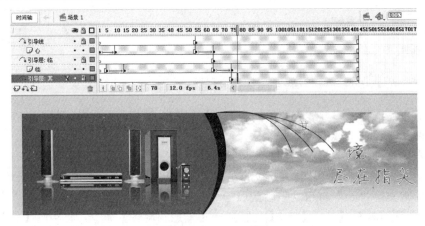

图 6-65 Banner 动画

1. 引导线动画

引导层的作用是限制元件的移动轨迹，利用引导线可以制作出比直线运动更加自然的曲线移动效果。

最基本的引导层动画由两个图层组成，上面一层是引导层，它的图层图标为 ，下面一层是被引导层，图层图标为 。引导层动画也可以由两个以上的图层组成，一个引导层下可以建立一个或多个被引导层。

在普通图层上单击时间轴面板的【添加引导层】按钮 ，该层的上面就会添加一个引导层 ，该普通层就缩进成为被引导层，如图 6-66 所示。引导层中的内容在动画播放时是看不见的，引导层中的内容一般是用铅笔、线条、椭圆工具、矩形工具、画笔工具等绘制出来的线段作为运动轨迹。被引导层中的对象是跟着引导线走的，可以使用影片剪辑、图形元件、按钮、文字等。引导层动画的动画形式是动作补间动画。

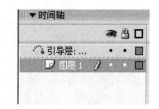

图 6-66　引导线动画时间轴效果

提示：

- 在实现引导线效果时，一定要注意元件与引导线的黏合问题。如果没有黏合，则元件就会按照开始帧和结束帧的位置直线运动。
- 单击工具栏里面的放大镜工具可以放大场景，能更清楚地看到元件中的空圆心，对实现这个效果有极大的帮助。
- 运动引导线在动画发布的时候是看不到的，所以引导线的颜色大家可以随意设置，只要与场景中的主体颜色区分开就可以了。
- 如果没有吸附感，可以单击工具栏中的【选项】→【对齐对象】命令。

2. 图层

图层就相当于完全重合在一起的透明纸，可以任意地选择其中一个图层绘制、修改、定义图形。每一个层之间相互独立，都有自己的时间轴，包含自己独立的多个帧，而不会受到其他层上图形的影响。在相应的图层上进行绘制和添加图形，再给每个图层一个名称作为标识（双击图层名能重命名），然后重叠起来就是一幅完整的动画。如图 6-67 所示。

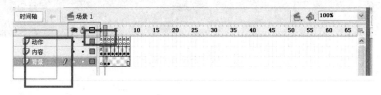

图 6-67　有多个图层的时间轴面板

（1）图层的编辑模式

① 显示/隐藏模式：可以使该图层的图形对象隐藏起来。

② 锁定/解锁模式：锁定图层，使之不能被编辑。

③ 轮廓/轮廓与填充模式：只显示轮廓，便于修改轮廓。

（2）图层的类型：

① 普通层：通常制作动画、安排元素所使用的图层，和 Photoshop 中的层是类似的概念和功能。

② 遮罩层：只用遮罩层的可显示区域来显示被遮罩层的内容，与 Photoshop 的遮罩类似。

③ 运动引导层：运动引导层包含的是一条路径，运动引导线所引导的层的运动过渡动画将会按照这条路径进行运动。

④ 注释说明层：是 Flash MX 以后新增加的一个功能，本质上是一个运动引导层。可以在其中增加一些说明性文字，而输出的时候层中所包含的内容将不被输出。

【训练项目】

项目提出：现有一个做照明灯具以及照明景观的公司——兹诺公司（提示本公司为虚拟公司）在前一章中已为其设计好界面，现需为其设计合适的 Flash 动画。

要求：完善本章任务 2 中的 Banner 练习，如图 6-68 所示，具体效果可参考 Banner.swf。

说明：

1. 用到的字体：DS Platte（54px、#333333、可读性消除锯齿）、微软雅黑（20px、#000000、可读性消除锯齿）。

图 6-68　Banner 效果

任务五　Flash 广告制作

【能力要求】

能够综合运用 Flash 的基本动画制作 Flash 广告，会运用简单的 Actionscript 代码。

【实例导入】

制作如图 6-69 所示的 Flash 广告。

图 6-69　Flash 广告

操作步骤：

第一步：启动 Flash，新建 Flash 文件，保存为 ch6-5.fla。

第二步：选择【文件】→【导入】→【导入到库（L）...】菜单命令，将图片 0651.gif、0652.jpg、0653.jpg、FC361.jpg、FC530U.jpg、FD-100.jpg、FD-200.jpg 导入到库中。

第三步：执行【修改】→【文档】，在出现的【文档属性】对话框中将其中的尺寸改为导入图片的大小，本例应改为：455 px（宽），174 px（高）。

第四步：执行【窗口】→【库】，则在右侧面板区域打开库面板并列出库中的项目（本例即导入到库中的图片）。

第五步：选择工具箱中的【矩形工具】，在属性面板中设置填充为白色，描边为 1px、#999999。选择工具箱【选项】中的【边角半径设置】（ ），设置边角半径为 5px。

第六步：在画布中绘制一个大小为 452*171 的圆角矩形，如图 6-70 所示。

第七步：双击"图层 1"名称并改名为"背景"，将改后图层锁定，如图 6-71 所示。

第八步：新建一个图层，并将其改名为 pic1，将库中的图片 0651 拖拽到舞台中，按 F8 键将其转换为名为 pic1 的图形。

图 6-70　圆角矩形　　　　　　　　　图 6-71　锁定"背景"图层

第九步：选择 pic1 图层的第 20 帧，按 F6 键插入关键帧，选择该图层的第 1 帧中的实例元件 pic1，将其缩小，并设置其 Alpha 值为 0%，右击第 1 帧在弹出的菜单中选择【创建补间动画】命令，如图 6-72 所示。

第十步：在 pic1 上新建一个图层，并将其改名为 pic2，选择 pic2 图层的第 10 帧，按 F6 键插入关键帧，将库中的图片 0652 拖拽到舞台中，按 F8 键将其转换为名为 pic2 的图形元件，并利用【缩放工具】适当调整其大小。

第十一步：选择 pic2 图层的第 30 帧，按 F6 键插入关键帧，选择该图层的第 10 帧中的实例元件【pic1】将其拖放到画布右侧，右击第 1 帧在弹出的菜单中选择【创建补间动画】命令，如图 6-73 所示。

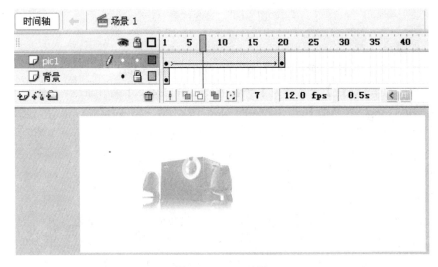

图 6-72　pic1 动画

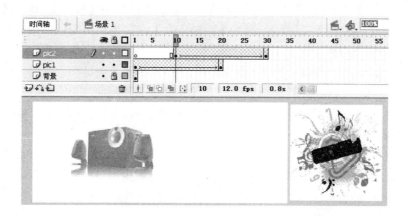

图 6-73 pic2 动画

第十二步：在 pic2 上新建一个图层，并将其改名为"文字 1"，选择"文本 1"图层的第 30 帧，按 F6 键插入关键帧，选择【文本工具】设置其字体为简毡笔黑，16px，白色，输入文本"听觉的艺术"，并利用变形工具调整其方向。

第十三步：选择文本，两次按快捷键 Ctrl+B 将其打散形状，按 F8 键将其转换为名为"听觉的艺术"的图形元件。

第十四步：选择"文本 1"图层的第 40 帧，按 F6 键插入关键帧，选择该图层的第 40 帧中的实例元件"听觉的艺术"并设置其 Alpha 值为 0%，右击第 1 帧在弹出的菜单中选择【创建补间动画】命令，如图 6-74 所示。

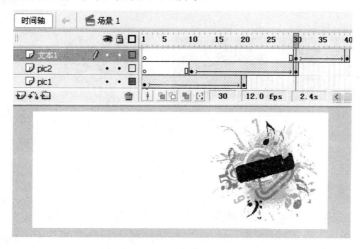

图 6-74 "文本 1"动画

第十五步：在"文本1"上新建一个图层，并将其改名为【遮罩】，选择【遮罩】图层的第60帧，【F6】插入关键帧，选择【矩形工具】设置描边为无色，填充为黑色，并在画布上绘制一个大小为455*174的矩形。

第十六步：选择"遮罩"图层的第80帧，按F6键插入关键帧，将绘制的矩形图形移出画布，选择第1帧在属性面板中设置其【补间】为"形状"。

第十七步：选择图层"遮罩"、"文本1"、pic2、pic1、"背景"的第90帧，按F5键插入普通帧。

第十八步：选择图层"遮罩"名称并右击在弹出的菜单中选择【遮罩层】。

第十九步：将图层"文本1"、pic2、pic1移至遮罩图层下，如图6-75所示。

第二十步：最后点击保存按钮保存文件。通过快捷键 Ctrl+Enter 可以将其发布为.swf格式文件并进行效果预览。

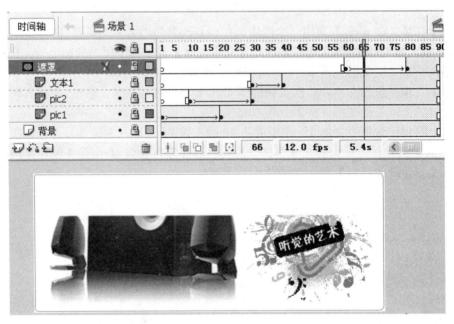

图6-75 设置遮罩

1. Flash广告简介

Flash 广告目前是网络上应用最多，最为优越，最流行的广告形式。而且，很多电视广告也采用 flash 进行设计制作，flash 以独特的技术和特殊的艺术表现，给人们带来了特殊的视觉感受。

Flash 广告形式多样，尺寸多样，目前网络比较流行的形式有：标准广告（468*60）、弹出广告（400*300）、通栏广告（585*140 750*120）、小型广告条（150*150 以内）。

Flash 广告的制作是对 Flash 各基本动画技巧的综合运用，当然需要有不错的创意才能最终达到宣传作用。

实例 6—6 制作如图 6-76 所示网上书店的 Flash 广告。

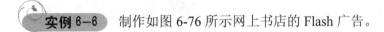

图 6-76　Flash 广告

操作步骤：

第一步：启动 Flash，新建 Flash 文件，保存为 Flashad.fla。

第二步：选择【文件】→【导入】→【导入到库（L）…】菜单命令，0654.jpg 导入到库中。

第三步：选择工具箱中的【矩形工具】，在属性面板中设置其填充色为#2F6300，描边为无，在"图层一"中绘制一个 550*37 的矩形条，其坐标为 x：-550，y：92。

第四步：选择"图层一"中的第 15 帧，按 F6 键插入关键帧，并将矩形条的坐标值修改为 x：0，y：92。

第五步：选择"图层一"的第 1 帧，在属性面板中设置其补间为形状。

第六步：在"图层一"上方新建"图层二"，类似的操作实现该矩形条下方灰色矩形条的【形状补间动画】，灰色矩形条的颜色为#999999，大小为 550*6，运动方向为自右向左，具体可参考 flashad.swf。

第七步：在"图层二"上方新建"图层三"，选择工具箱中的"椭圆工具"，在属性面板中设置其填充色为#2F6300，描边为白色、10px。在画布的略偏右侧灰色区域绘制一个 67*67 的正圆，如图 6-77 所示。

图 6-77　绘制正圆

第八步：选择"图层三"的第 15 帧，按 F6 键插入关键帧，并将正圆调整到如图 6-78 所示的位置，并设置其为【形状补间动画】。

图 6-78　正圆图形最终的位置

第九步：在"图层三"上方新建"图层四"，选择该图层的第 7 帧，按 F7 键插入空白关键帧。

第十步：选择工具箱中的【文本工具】，设置字体为 actionIs，大小为 40px，可读性消除锯齿，在画布的略偏左侧灰色区域输入文本 BOOK SHOP，输入完成后连续两次按快捷键 Ctrl+B 将文字打散为图形，如图 6-79 所示。

图 6-79　BOOK SHOP 的起始位置

第十一步：选中已打散的文字 BOOK SHOP，按 F8 键将其转换为图形元件。

第十二步：在"图层四"的第 15 帧处插入关键帧，并将实例元件 BOOK SHOP 移至如图 6-80 所示的位置。

图 6-80　BOOK SHOP 的结束位置

第十三步：选择"图层四"的第 7 帧，右击在弹出的快捷菜单中选择【创建补间动画】。

第十四步：在"图层四"上方新建图层五，选择该图层的第 15 帧，按 F7 键插入空白关键帧。

第十五步：选择工具箱中的【文本工具】，在属性面板中设置其字体为方正康体繁体，字号为 52，颜色为白色，可读性消除锯齿，在正圆中间输入文本"書"，按快捷键 ctrl+B 将文本打散为图形，按 F8 键将其转换为图形元件。

第十六步：选择"图层五"中的第 21 帧，按 F6 键插入关键帧。

第十七步：选择"图层五"第 15 帧中的实例元件"書"，利用工具箱中的【任意变形工具】将其缩小，并在属性面板中设置其颜色为 Alpha 0%。

第十八步：选择"图层五"第 15 帧，右击在弹出的快捷菜单中选择【创建补间动画】，并在属性面板中设置其【旋转】为【逆时针 1 次】，完成后如图 6-81 所示。

图 6-81　文字"書"的动画

第十九步：在"图层五"上方新建"图层六"，选择该图层的第 18 帧，按 F7 键插入空白关键帧。

第二十步：选择工具箱中的【矩形工具】，在属性面板中设置其填充色为无，描边为#333333、1px，在画布中绘制一个大小为 40*22 的矩形，如图 6-82（a）所示。

第二十一步：选择"图层六"中的第 27 帧，按 F6 键插入关键帧，并将矩形大小调整为 267*151，如图 6-82（b）所示。

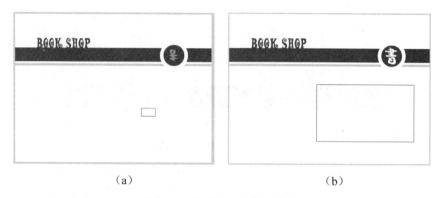

图 6-82　矩形起始和结束位置

第二十二步：选择"图层六"中的第 18 帧，在属性面板中设置其【补间】为"形状"。

第二十三步：在"图层六"上方新建"图层七"，选择该图层的第 27 帧，按 F7 键插入空白关键帧。

第二十四步：将库中的位图 0654 拖曳到画布中，并将其大小设置为 265*149，放在矩形中间，如图 6-83 所示。

图 6-83　位图 0654 的位置

第二十五步：在"图层七"上方新建"图层八"，选择该图层的第 27 帧，按 F7 键插入空白关键帧。

第二十六步：选择工具箱中的"矩形工具"，设置填充色为任意、描边为无，绘制一个 283*170 的矩形，如图 6-84 所示。

第二十七步：选择"图层八"的第 40 帧，按 F6 键插入关键帧，并调整其位置到如图 6-84 所示。

（a）

（b）

图 6-84 矩形起始和结束位置

第二十八步：选择"图层八"名称右击，在弹出的快捷菜单中选择【遮罩层】。

第二十九步：在"图层八"上方新建"图层九"，选择该图层的第 31 帧，按 F7 键插入空白关键帧。

图 6-85 圆形组合体

第三十步：选择工具箱中的【椭圆工具】，在属性面板中设置其填充色为#2F6300，描边为无，在画布的左侧灰色区域绘制如图 6-85 所示的图形组合体。

第三十一步：在选中图形组合体的状态下，打开【混色器】面板，设置其填充色的 Alpha 值为 30%。

第三十二步：选择"图层九"的第 45 帧，按 F6 键插入关键帧，并调整其大小和位置如图 6-86 所示，并设置其为【形状补间动画】。

第三十三步：在"图层九"上方新建"图层十"，选择该图层的第 35 帧，按 F7 键插入空白关键帧。

第三十四步：选择工具箱中的【文本工具】，设置其字体为"方正卡通简体"，字号 30px，可读性消除锯齿，在画布的左下方灰色区域中输入文本"人性化的图书"，连续两次按快捷键 Ctrl+B，将其打散为图形，按 F8 键再将其转换为图形元件。

图 6-86　圆形组合体起始、结束位置和大小

第三十五步：选择"图层十"的第 50 帧，按 F6 键插入关键帧，并将其位置调整到如图 6-87 所示。

图 6-87　文本起始和结束位置

第三十六步：选择"图层十"的第 35 帧，右击在弹出的快捷菜单中选择【创建补间动画】，广告制作完成。

2. 简单 Action Script 的运用

在网站中使用较多的 Flash 动画属于演示类，是单纯的以展示为目的的动画，包括专题片头、网站广告、图片播放器、动态 Banner，Flash 按钮以及部分电子杂志的内页等。

Flash 动画广泛应用于网页设计当中，大部分的网站都或多或少地应用了 Flash 技术。甚至有很多网站是纯 Flash 网站，现在网上已经有成千上万个 Flash 站点，著名的如 Macro Media 专门 Shock Rave 站点，全部采用了 Shock Wave Flash 和 Director。可以说 Flash 已经渐渐成为交互式知量的标准，未来网页的一大主流。

动作脚本是 Flash 的脚本语言，利用动作脚本可以控制 Flash 动画在播放过程中响应用户事件，以及同 Web 服务器之间交换数据。利用动作脚本可以制作出精彩的游戏、窗体、表单以及像聊天室一样的实时交互系统，所以 Flash 在网页的运用中也不可避免地会运用到一些简单的 Action Script 代码。

在 Macro Media Flash Basic 8 或 Macro Media Flash Professional 8 中编写 Action Script 代码时，应使用"动作"面板或"脚本"窗口。"动作"面板和"脚本"窗口包含全功能代码编辑器（称为 Action Script 编辑器），其中包括代码提示和着色、代码格式设置、语法加亮显示、语法检查、调试、行数、自动换行等功能，并在两个不同视图中支持 Unicode。

可以使用以下两个方法中的任意一个在 Flash 中编写 Action Script 代码。一种是编写属于 Flash 文档部分的脚本（即嵌入在 FLA 文件中的脚本），另一种是编写外部脚本（存储在外部文件中的脚本和类），需注意的是不能使用"动作"面板编写外部脚本。

（1）几个常用函数

① stop 函数。

```
stop ( ) : Void
```

功能说明：

停止当前正在播放的 SWF 文件。此动作最通常的用法是用按钮控制影片剪辑。

② on 处理函数。

```
on (mouseEvent:Object) {
 // your statements here
              }
```

功能说明：

指定触发动作的鼠标事件或按键。

参数说明：

- mouseEvent：Object – mouse Event 是一个称为事件的触发器。当事件发生时，执行该事件后面大括号（{ }）中的语句。可以为 mouseEvent 参数指定下面的任一值：

- press：当鼠标指针滑到按钮上时按下鼠标按钮。
- release：当鼠标指针滑到按钮上时释放鼠标按钮。
- release Outside：当鼠标指针滑到按钮上时按下鼠标按钮，然后在释放鼠标按钮前滑出此按钮区域。press 和 drag Out 事件始终在 releaseOutside 事件之前发生。
- roll Out：鼠标指针滑出按钮区域。
- roll Over：鼠标指针滑到按钮上。
- drag Out：当鼠标指针滑到按钮上时按下鼠标按钮，然后滑出此按钮区域。
- drag Over：当鼠标指针滑到按钮上时按下鼠标按钮，然后滑出该按钮区域，接着滑回到该按钮上。
- keyPress："< key >"按下指定的键盘键。对于该参数的 key 部分，请指定一个键常数，如"动作面板"中的代码提示所示。可以使用这个参数来截取某个按键，也就是说，覆盖所指定键的任何内置行为。该按钮可以在您的应用程序中的任何地方，可以在舞台上或不在舞台上。此技术的一个局限是不能在运行时应用 on（）处理函数；您必须在创作时应用它。请确保选择"控制"→"禁用键盘快捷键"，否则在使用"控制"→"测试影片"测试应用程序时某些具有内置行为的键不会被覆盖。

③ gotoAndPlay（）。

```
gotoAndPlay(scene, frame)
```

功能说明：

转到指定场景中指定的帧并从该帧开始播放。如果未指定场景，则播放头将转到当前场景中的指定帧。

参数说明：

- scene：转到的场景的名称。
- frame：转到的帧的编号或标签。

示例：

在下面的示例中，当用户单击已为其分配 gotoAndPlay（）的按钮时，播放头会移动到当前场景中的第 16 帧并开始播放 SWF 文件：

```
on(keyPress "7") {
    gotoAndPlay(16);
}
```

④ gotoAndStop（）。

gotoAndStop(scene, frame)

功能说明：

将播放头转到场景中指定的帧并停止播放。如果未指定场景，则播放头将转到当前场景中的帧。

参数说明：

- scene：转到的场景的名称。
- frame：转到的帧的编号或标签。

示例：

在下面的示例中，当用户单击已为其分配 gotoAndStop（）的按钮时，播放头将转到当前场景中的第 5 帧并且停止播放 SWF 文件：

```
on(keyPress "8") {
    gotoAndStop(5);
}
```

（2）案例

实例 6-7 单击图 6-88 所示小图显示大图动画效果

图 6-88　单击小图显示大图动画效果

操作步骤：

第一步：启动 Flash，新建 Flash 文件，保存为 flashpro.fla。

第二步：选择【文件】→【导入】→【导入到库（L）...】菜单命令，将图片 0653.jpg、FC361.jpg、FC530U.jpg、FD-100.jpg、FD-200.jpg 导入到库中。

第三步：执行【修改】→【文档】命令，在出现的【文档属性】对话框中将其中的尺寸改为导入图片的大小，本例应改为：346 px（宽），140 px（高）。

第四步：选择工具箱中的【矩形工具】，在属性面板中设置填充为白色，描边为1px、#999999。选择工具箱【选项】中的【边角半径设置】（），设置边角半径为5px。

第五步：在画布中绘制一个大小为345*139的圆角矩形，如图6-89所示。

图 6-89　圆角矩形

第六步：按F11键打开库面板，将位图0653拖曳至舞台中，如图6-90所示。

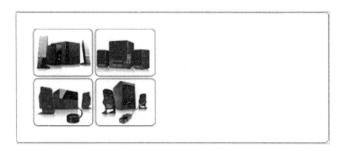

图 6-90　位图0653的位置

第七步：在"图层一"上面新建"图层二"，将位图FC361拖曳至舞台中，如图6-91所示。

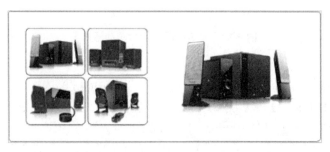

图 6-91　位图FC361的位置

第八步：打开动作面板为"图层二"的第 1 帧添加 Action Script 代码"stop（）;"。

第九步：选择"图层二"的第 2 帧，按 F7 键添加空白关键帧，将位图 FC530U 拖曳至舞台，位置与 FC361 相同。并给该帧添加 ActionScript 代码"stop（）;"。

类似的操作，完成【图层二】第 3 帧、第 4 帧，分别对应的位图是 FD-200、FD-100。

第十步：在"图层二"上面新建"图层三"，【ctrl】+【F8】新建一个按钮元件。

第十一步：选择按钮元件的【点击】帧，按 F7 键插入空白关键帧，选择工具箱中的【矩形工具】，填充色任意，描边为无，绘制一个大小为 68*52 的矩形，如图 6-92 所示。

第十二步：单击时间轴上方的【场景一】 ，切换到场景编辑状态，并将按钮分别拖曳至舞台的四个小图片上方，如图 6-93 所示。

提示： 四个小图片分别对应四个按钮。

图 6-92 【点击】帧中的矩形

图 6-93 按钮在舞台中的位置

第十二步：选择第一个按钮，打开动作面板输入以下代码：

```
on (release) {
   gotoAndStop(1);
}
```

用同样操作分别为其他 3 个按钮在动作面板中添加如下代码：

```
on (release) {
   gotoAndStop (2);
}
on (release) {
   gotoAndStop (3);
}
on (release) {
   gotoAndStop (4);
}
```

第十三步：最后单击保存按钮 💾 保存文件。通过按快捷键 Ctrl+Enter 可以将其发布为.swf 格式文件并进行效果预览。

【训练项目】

项目提出：现有一个做照明灯具以及照明景观的公司——兹诺公司（提示本公司为虚拟公司）在前一章中已为其设计好界面，现需为其设计合适的 Flash 动画。

要求：请为兹诺公司设计一个包含简单 Action Script 代码的 Flash 小广告。

项 目 小 结

Flash 动画在网络中的广泛应用奠定了其在网络中的地位。本项目通过利用 Flash 完成动态网页 Banner、Flash 广告等元素的制作，学习了 Flash 动画基本制作的技能，如逐帧动画的制作、补间动画的制作、遮罩动画的制作、引导线动画的制作等，为后期丰富网页内容准备好素材。

思 考 练 习

1. 单选选择题

（1）Flash 在编辑区域中显示底格辅助线的快捷操作是？（   ）

    A. Ctrl+Alt+T   B. Ctrl+Shift+W

    C. Ctrl+Alt+Shift+R   D. Ctrl+Alt+Shift+G

（2）Flash【修改】菜单中，【排列】→【移至底层】操作表示？（   ）
   A. 将选定编辑对象移动到该层中的最下面
   B. 锁定编辑对象
   C. 解除编辑对象的锁定状态
   D. 进行优化参数设置
（3）Flash 菜单【编辑】→【粘贴】的快捷操作是？（   ）
   A. Ctrl+X   B. Ctrl+C
   C. Ctrl+V   D. Ctrl+Shift+V
（4）Flash 菜单插入【关键帧】的快捷操作是？（   ）
   A. F8   B. F5
   C. Shift+F5   D. F6
（5）Flash【编辑】菜单中，【取消全选】表示？（   ）
   A. 选定编辑窗口中的所有编辑对象
   B. 取消编辑窗口中任何对象的选中状态
   C. 复制选定的帧序列到剪贴板
   D. 将剪贴板中的帧序列
（6）什么是层？（   ）
   A. 用层可以控制不同元素的运动而互不干扰，在 Flash 中，层是动画层
   B. 用层不能控制不同元素的运动，在 Flash 中，层是动画层
   C. 用层可以控制不同元素的运动而进行干扰
   D. 在 Flash 中，层是图片层
（7）Flash 分解（打散）编辑对象的快捷操作是？（   ）
   A. Ctrl+B   B. Ctrl+Shift+P
   C. Ctrl+Shift+B   D. Ctrl+Shift+I
（8）元件和它相应的实例之间的关系是（   ）
   A. 改变元件对相应的实例没有影响
   B. 改变实例则相应的元件一定会改变
   C. 改变元件则相应的实例一定会改变
   D. 改变实例对相应的元件没有影响
（9）添加新元件指令的快捷键是（   ）
   A. Alt+F5   B. F8
   C. Shift+F7   D. Ctrl+F8

（10）以下关于按钮元件的叙述，错误的是（　　）

  A. 按钮元件的第 4 帧定义了按钮的激活区域

  B. 按钮元件是三种元件类型中的一种

  C. 按钮元件里面的时间轴上最多只能放置 4 帧

  D. 它可以显示不同的图像或动画，分别响应不同的鼠标状态

2. 填空题

（1）_____、_____、_____被称为网页设计"三剑客"，而其中的_____或使用它的高手被誉为"闪客"。

（2）Flash 交互是通过_____实现的，它是 Flash 的脚本语言，只有熟练运用它，才算真正掌握了 Flash。

（3）在时间线控制面板中层的上方眼睛形状的为_____按钮、锁状的为_____按钮、方形的为_____按钮。

（4）在编辑按钮时可以看到它由_____、_____、_____、_____四个关键帧组成。

（5）_____是用来存放和组织可以反复使用的动画组件，是放置舞台元素的"仓库"。使用 Flash 可以创建三种类型图库组件，它们分别是_____、_____、_____。

项目七 "宁月"网站制作

【知识目标】

熟练掌握网站制作流程；熟练掌握 Dreamweaver 8 编辑网页的各种方法；掌握网页界面设计中的色彩应用理论；掌握网页界面设计中的布局与版式的应用；掌握各种类型网站的开发方法；初步掌握动态网站的制作思路；掌握网站策划书的书写方法。

【能力目标】

具备收集、处理信息，准备、加工素材的能力；能对网页进行合理的颜色搭配，设计合理的版式；具备开发网站的综合能力；能将代码与界面相融合；强化学生的策划能力；培养学生与社会交往的能力；培养学生的责任感、承受能力。

项目概述

Dreamweaver 是在网页设计与制作领域中用户最多、应用最广、功能最强大的软件，随着 Dreamweaver 8 的发布，更坚定 Dreamweaver 在该领域的地位。它集网页设计、网站开发和站点管理功能于一身，具有可视化、支持多平台和跨浏览器的特性，是目前网站设计、开发、制作的首选工具。

任务一 网站制作基础入门

【能力要求】

了解网页与网站的区别与联系，熟悉网站开发的基本流程，掌握网站目录和文件命名规范，了解各种网页版面布局样式的特点，为以后的学习打下基础。

【实例导入】

制作如图 7-1 所示网站效果。

图 7-1 "宁乐"网站效果图

1. 基础入门与概述

（1）概述

随着网络的发展因特网已成为了人们生活的一部分，这都是网页的功劳。通过网页浏览者可以得到各种信息，可以交换思想可以通过网络进行购物。目前的网页种类繁多，归纳起来可以分成这几种：单纯根据兴趣而制作的个人网页、由具有共同爱好的人所组成的团体制作的网页、以宣传企业为目的的企业用网页、成为因特网商店的大型购物中心以及门户网站等。而那些视觉效果比较好的网站往往会受到浏览者的青睐。那么这些网页是如何制作出来的呢？

在目前市面上众多的网页编辑软件中，有的重视效率，有的强调版面设计，而 Dreamweaver 8 可以很方便地实现这两方面的完美结合。另外，Dreamweaver 8 的网页动态效果与网页排版功能都优于一般同类软件，即使是初学者也能制作出相当水准的网页，所以 Dreamweaver 8 是网页设计者的最佳选择，已成为目前最为流行的网页设计工具。

（2）认清两个名词——网页和网站

在互联网上应用最广的功能应该是网页浏览。浏览器窗口中显示的一个页面被称为一个网页，网页中可以包括文字、图片、动画，还有视频和音频等内容。

那网站呢？网站是众多网页的集合。

不同的网页通过有组织地链接整合到一起，为浏览者提供更丰富的信息。网站同时也是信息服务类企业的代名词。如果某人在网易或者在搜狐工作，那他可能会告诉你，他在一家网站工作。

2. 网站的开发步骤

（1）确定网页主题和名称

在建设网站之前，要对市场进行调查与分析，了解目前 Internet 的发展状况以及同类网站的发展、经营状况，汲取它们的长处，找出自己的优势，确定自己网站的功能，再根据网站功能确定网站应达到的目的和应起的作用，从而明确自己网站的主题，确定网站的名称。

网站的名称很重要，它是网站主题的概括和浓缩，决定着网站是否更容易被人接受。网站主题有以下几类：

- 网上求职
- 网上聊天/即时信息/ICQ
- 网上社区/讨论/邮件列表
- 计算机技术
- 网页/网站开发
- 娱乐网站
- 旅行
- 参考/资讯
- 家庭/教育
- 生活/时尚

(2) 收集网页中所需要的图片和信息（注意对素材的分类）

在做网页之前，我们要尽可能多地收集与网站主题相关的素材（文字、图像、多媒体等素材），再去芜存菁。

① 文字素材。文本内容可以让访问者明白网页要表达的内容。文字素材可以从用户那里获取，也可以通过网络、书本等途径收集，还可以由制作者自己编写相关文字材料，这些文字素材可以制作成 Word 文档或 txt 文档保存到站点下的相关子目录中。

② 图像、多媒体等素材。一个能够吸引访问者眼球的网站仅有文本内容是不够的，还需要添加一些增加视觉效果的素材，比如图像（静态图像或动态图像）、动画、声音、视频等，使网页充满动感和生机，从而吸引更多的访问者。这些素材可以由用户提供现成的，也可以由制作者自己拍摄制作，或通过其他途径获取。将收集整理好的素材存放到站点下的相关子目录中。

(3) 网页布局的构想

① 网站栏目结构。确定网站的栏目并绘制框架结构图：栏目的实质是一个网站的大纲索引，索引应该将网站的主体明确显示出来，如图 7-2 所示。

图 7-2 网站结构图

② 网站目录规范。树型目录：网站的目录是指你建立网站时创建的目录。目录结构的好坏，对于站点本身的上传维护，内容未来的扩充和移植有着重要的影响。

- 合理安排文件的目录，不要将所有文件都存放在根目录下
- 按栏目内容建立子目录
- 在每个一级目录或二级目录下都建立独立的 Images 目录
- 目录的层次不要太多
- 不要使用中文目录
- 使用意义明确的目录文件名

③ 网页版面布局样式及特点。

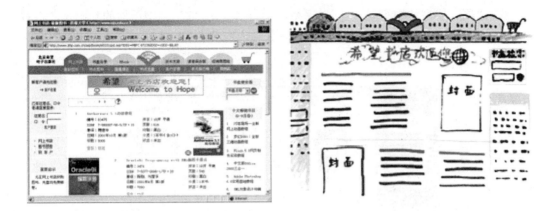

图 7-3　网页设计草图

用笔勾画网页的轮廓草图及布局安排。如图 7-3 所示为某单位 BHP 网站网页设计草图之一。

● "T"字型结构布局。所谓"T"字型结构，就是指页面顶部为一横条（主菜单、网站标志、广告条），下方左侧为二级栏目条，右侧显示具体内容的布局，如图 7-4 所示。

图 7-4　"T"字型

- "同"字型结构布局。"同"字型结构布局是在"T"字型结构的基础上,将右侧设为链接栏目条,屏幕中间显示具体内容的布局,如图7-5所示。

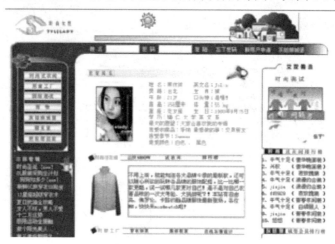

图7-5 "同"字型

- "国"("口")字型布局。国字型布局是在同字型布局基础上演化而来的,在保留同字型的同时,在页面的下方增加一横条状的菜单或广告。还有一种四周空出,中间作窗口,也叫"口"字型布局,如图7-6所示。

图7-6 "口"字型

- 自由式("POP")布局。自由式布局打破了"T"字型、同字型、国字型布局的菜单框架结构,页面布局像一张宣传海报,以一张精美图片作为页面的设计中心,菜单栏目自由地摆放在页面上,常用于时尚类站点。优点是:漂亮、吸引人;缺点就是:显示速度慢、文字信息量少,如图7-7所示。

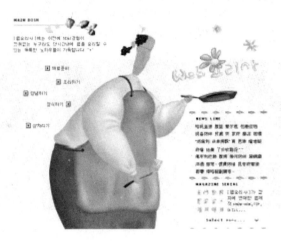

图 7-7 "POP"型

- 左右(上下)对称布局。顾名思义,采取左右(上下)分割屏幕的办法形成的对称布局。在左右部分内,自由安排文字、图像和链接。单击左边的链接时,在右边显示链接的内容,大多用于设计型的网站。它的优点是:既活泼、自由,又可显示较多的文字、图像;视觉冲击力很强。缺点是:将两部分有机的结合比较困难,不适于信息、数据量巨大的网站,如图 7-8 所示。

图 7-8 对称型

- "三"型布局。这种布局多用于国外站点，国内用得不多。特点是页面上横向两条色块，将页面整体分割为三部分，色块中大多放广告条，如图7-9所示。

图7-9 "三"字型

（4）网页的布局元素。

① 标题。

网站的标题很重要，它决定着网站是否更容易被人接受。

② 网站标识（logo）。

网站的标志是站点特色和内涵的集中体现。一个好的logo设计应该是网站文化的浓缩，应该能让人一见到它就能联想到它的网站。

网站的标志赏析，如图7-10所示。logo在网页中的位置，如图7-11所示。

图 7-10 Logo 实例

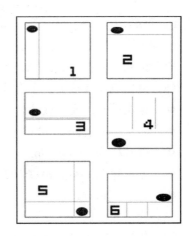

图 7-11 logo 在网页中的位置

③ 导航栏。

导航栏能让我们在浏览时容易地到达不同的页面,所以导航栏一定要清晰、醒目。简单直观的导航不仅能提高网站易用性,而且在方便用户找到所需的信息后,可有助提高用户转化率。如果把主页比作网站门面,那么导航就是通道,这些通道走向网站的每个角落,导航的设计是否合理对于一个网站是具有非常大意义的,如图 7-12 所示。

图 7-12 网站导航

④ 页眉。

页眉指的是页面上端的部分,有的页面划分比较明显,有的页面没有明确地区分或者没有页眉。页眉的注意力值较高,可以在此设置网站宗旨、宣传口号、广告语等,有的则把它设计成广告位出租。

⑤ 页脚。

页脚是页面底端部分，通常用来显示站点所属公司（社团）的名称、地址、版权信息、电子信箱的超链接等。

（5）开始制作（首页、子页并建立他们之间的链接）

- 定义站点：英文或拼音
- 首页名称：index.htm 或 index.html
- 图片格式：jpeg、jpg、gif、png
- 默认宽度：不要超过 1024，一般可在 760~800 之间。
- 路径：相对路径

（6）检查（硬伤和软伤）

网站创建完毕，要发布到 Web 服务器上，才能够让访问者浏览。在上传之前要进行细致周密的测试，以保证上传之后访问者能正常浏览和使用。一般都要测试它的兼容性和链接的有效性。兼容性可以使用 Dreamweaver 的"检查浏览器"功能测试，链接可以使用 Dreamweaver 的"检查整个站点的链接"功能进行测试。这种方法我们将在后续项目中学习，在此不做赘述。

还有一种测试，是把网页上传到 Internet 服务器上去测试链接的有效性、网页的下载速度等。这种测试，只是将网页上传到网上申请的个人空间后，以一名普通浏览者浏览的方式去检验即可。

除此之外，还可以利用专门的测试软件和测试方法测试服务器的稳定性、安全性以及对程序和数据库的测试。

（7）上传（使用 FTP 或利用 DW 的站点管理器上传）

现在上传的工具有很多，可以使用 Dreamweaver 自带的站点管理器中的 FTP 功能上传，也可以使用一些专门的 FTP 软件上传。利用这些 FTP 工具，可以很方便地把网站发布到自己申请的主页存放服务器上。

（8）更新和维护（一般 7 天一次）

一个好的网站，不是一次性制作完美就完成了，日后的更新维护也是极其重要的。就像盖好的一栋房子或者买回的一辆汽车，如果长期搁置无人维护，必然变成朽木或者废铁。网站也是一样，只有不断地更新、管理和维护，才能留住已有的访问者并且吸引新的访问者。

对于任何一个网站来说，如果要始终保持对访问者足够的吸引力，定期进行内容的更新是唯一的途径。如果浏览网站的访问者每次看到的网站都是一样的，那么他们日后就不会再来，几个月甚至一年一成不变的网页是毫无吸引力可言的，那样的结果只能是访问人数的不断下降，同时也会对网站的整体形象造成负面影响。

由于网站的维护是一项专业性较强的工作，需要专业人士来完成。更新维护不仅仅只局限于简单的更换文字稿，还包括网站风格的更新、网站重要页面设计制作、网站系统维护服务等。

【训练项目】

请从下面 10 个网站中挑选 3 个网站，分别从：主题、色彩搭配、网页布局图（首页+子页，共两张网页）、网站逻辑结构图（从首页三层）、网站观后感（至少 100 字）4 个方面进行赏析。

- 通用汽车中国投资有限公司　http://www.gmchina.com/chinese/index.jsp
- 「可口可乐」中国网站　http://www.coca-cola.com.cn/home.htm
- IBM-中国　http://www.ibm.com/cn/zh/
- TASAKI　田崎珠宝　http://www.tasaki.com.cn/
- 蓝山视觉　http://www.blue3.cn/
- 明基中国　http://www.benq.com.cn/
- 华美互动　http://www.168media.com.cn/
- 雀巢咖啡玩上"饮"　http://www1.poco.cn/topic/nescafe/
- 立顿中国　http://www.lipton.com/cn_zh/
- SHOEBOX 鞋柜　http://www.shoebox.com.cn/.

任务二　构建本地站点

【能力要求】

熟悉 Dreamweaver 8 的工作界面，了解 Dreamweaver 8 的功能和特点，掌握站点搭建流程，学会创建和管理本地站点，了解网页的基本属性。

【实例导入】

制作如图 7-13 所示站点结构。

图 7-13 本地站点结构

1. 安装和启动

(1) 安装 Dreamweaver 8

只要会安装 QQ 的同学都会安装 Dreamweaver 8、Flash 8、Fireworks 8。

(2) 启动 Dreamweaver 8

第一次启动 Dreamweaver 时,会弹出一个如图 7-14 所示提示框,提示 Dreamweaver 启动后是采用代码编辑模式还是设计编辑模式,当选择好编辑模式后,单击"确定"按钮,启动 Dreamweaver。启动 Dreamweaver 8 后,结果如图 7-15 所示。

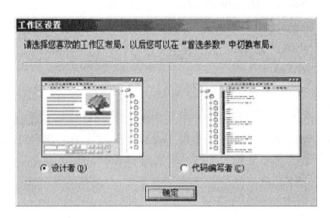

图 7-14 第一次启动 Dreamweaver

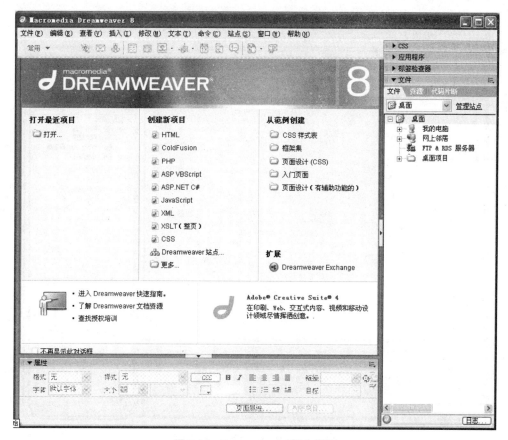

图 7-15　Dreamweaver 基本界面

2. Dreamweaver 8的工作环境

（1）操作界面

启动 Dreamweaver 后，单击起始页面中创建新项目下的 HTML，进入如图 7-16 所示的 Dreamweaver 8 操作界面，其中包含标题栏、菜单栏、工具栏、文档窗口、状态栏属性检查器、面板组等。

图 7-16　Dreamweaver 工作界面

① 标题栏：标题栏中依次显示程序名称、当前编辑窗口中正在编辑文档的标题、文档所在目录及名称。

② 菜单栏：在菜单栏提供实现各种功能的命令，Dreamweaver 8 大部分工作都可以通过菜单命令来完成。

③ 工具栏：它可以显示插入、文档和标准这三组常用命令的快捷面板。要隐藏或显示工具栏中的快捷图标组，可以单击"查看/工具栏"中的对应选项。

④ 文档窗口：它是提供查看和编辑网页元素属性的视窗。Dreamweaver 的编辑窗口有 3 种表现形式，即"代码"、"设计"及"拆分"。代码视图是以代码形式显示和编辑当前网页和网页元素的属性；设计视图提供所见即所得的编辑界面，在设计视图中以最接近于浏览器中的视觉效果显示设计元素；拆分视图将编辑窗口分为上下两部分，一部分显示代码视图，另一部分显示设计视图。

⑤ 状态栏：状态栏中包括文档选择器、标签选择器、窗口尺寸栏、下载时间栏，在状态栏中单击目标标签，可以快速标识容器中的内容。

⑥ 属性检查器：它可以显示对象的各种属性，如大小、位置和颜色等，并可以通过它更改对象的属性设置。

⑦ 面板组：面板是提供某类功能命令的组合。通过面板可以快速完成目标的相关操作。在 Dreamweaver 中可以通过窗口菜单下的对应命令打开或关闭相关面板。

（2）个性化的工作环境

Dreamweaver 8 的操作界面十分富有弹性，每个控制面板都可以自由缩放、移动，甚至可以将多个面板组合成一个面板组。用户可以根据自己的习惯来设置工作环境，以便在使用中更加方便、灵活。

① 显示/隐藏控制面板。

隐藏当前所有处于打开状态下的面板，可以选择"窗口\隐藏面板"命令或直接按 F4 键。再一次选择"窗口\显示面板"命令或按 F4 键，就可以显示所有的隐藏面板。

② 移动面板位置。

③ 调整面板尺寸大小。

④ 自由组合面板。

⑤ 调整主窗口的大小。

通过状态栏上的"窗口大小"列表框（编辑→首选参数→状态栏）可以选择适当的窗口大小。在"窗口大小"列表框中可以定义主窗口的尺寸大小。

3. 站点规划

就像盖房子时需要足够的土地一样，制作网站也需要充分的操作空间。在制作网站之前，首先指定网站的操作空间——本地站点，然后再进入正式的操作阶段。操作者应该养成在开始所有操作之前预先设置本地站点，并保存文档的好习惯。

一开始就对站点进行仔细的规划和组织，将为后期的工作节约时间，可使用设计备注与 Web 小组成员进行沟通。

（1）站点规划的注意点

① 将不同的文件进行分类，分别放置于不同的文件夹中以便管理。

② 命名文件或文件夹注意的点：

- 使用英文和拼音
- 不能包含空格等非法字符
- 要有一定规律，以便日后的管理
- 文件名应该容易理解，看了就知道文件的内容，建议用小写的文件名。

③ 合理分配各种类型的文件。
④ 合理安排文件的目录，不要将所有文件都存放在根目录下。
⑤ 目录的层次不要太深，建议不要超过 3 层，以方便维护管理。
⑥ 不要使用中文目录及过长的目录。

（2）公共文件夹命名约定
- /images　　公共图片
- /styles　　样式表
- /common　　脚本语言
- /ftps　　上传、下载
- /doc　　网站相关文字资料、文档
- /media　　动画、视频多媒体文件
- /backup　　网站数据备份
- /bbs　　论坛文件夹

4. 创建本地站点

（1）使用向导创建站点（初学者使用）

步骤：

① 打开 Dreamweaver 8，选择主菜单【站点】→【管理站点】。出现【管理站点】对话框，如图 7-17 所示。

图 7-17　【管理站点】对话框

② 在【管理站点】对话框中，单击【新建】，然后从弹出式菜单中选择【站点】。出现【站点定义】对话框，如图 7-18 所示。

③ 如果对话框显示的是【高级】选项卡，则单击【基本】选项卡。出现【站点定义向导】的第一个界面，要求您为站点输入一个名称，如图 7-19 所示。

图 7-18　【站点定义】对话框　　　　图 7-19　【站点定义】对话框一

④ 在文本框中，输入一个名称以在 Dreamweaver 8 中标识该站点。该名称可以是任何所需的名称。以案例网站为例，命名为"宁月"。

⑤ 单击【下一步】按钮。出现向导的下一个界面，询问是否要使用服务器技术。选择"否"选项，指示目前该站点是一个静态站点，没有动态，如图 7-20 所示。

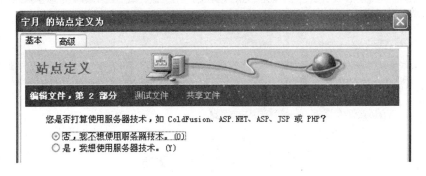

图 7-20　【站点定义】对话框二

⑥ 单击【下一步】按钮。出现向导的下一个界面，询问如何使用文件。选择标有"编辑我的计算机上的本地副本，完成后再上传到服务器（推荐）"的选项。在站点开发过程中有多种处理文件的方式，初学网页制作的朋友请选择此选项。单击文本框旁边的文件夹图标。随即会出现【选择站点的本地根文件夹】对话框，选择站点的本地根文件

夹，如图 7-21 所示。

图 7-21　【站点定义】对话框三

⑦ 单击【下一步】按钮，出现向导的下一个界面，询问如何连接到远程服务器。从弹出式菜单中选择"无"。您可以稍后设置有关远程站点的信息。目前，本地站点信息对于开始创建网页已经足够了，如图 7-22 所示。

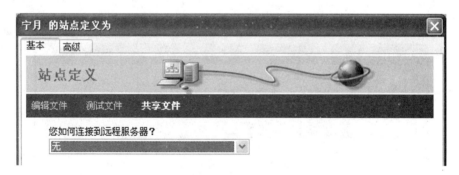

图 7-22　【站点定义】对话框四

⑧ 单击【下一步】按钮，该向导的下一个屏幕将出现，其中显示您的设置概要，如图 7-23 所示。

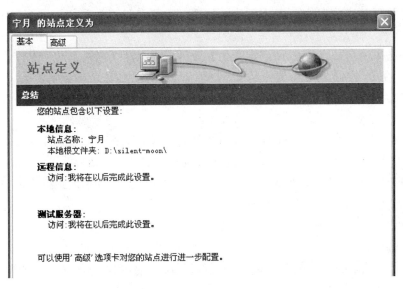

图 7-23 【站点定义】对话框五

⑨ 单击【完成】按钮完成设置。随即出现【管理站点】对话框，显示您的新站点。单击【完成】关闭【管理站点】对话框，如图 7-24 所示。

图 7-24 完成本地站点建立

现在，已经为您的站点定义了一个本地根文件夹。下一步，可以编辑自己的网页了。

（2）使用高级设定搭建站点（熟练者使用）

步骤：

① 打开 Dreamweaver，选择【站点】→【管理站点】，打开【管理站点】对话框，如图 7-17 所示。

② 在管理站点窗口中单击【新建】按钮，选择【站点】项会出现图 7-18 所示对话框。

③ 在【未命名站点 1 的站点定义为】对话框中激活【高级】选项卡，设置新建站点的参数。在【分类】列表中选择是【本地信息】选项。在这个部分中要定义如下信息：

- 站点名称：输入网站名称，如输入：宁月，此时对话框标题自动更新为"宁月的站点定义为"。
- 本地根文件夹：单击右边的文件夹图标浏览，选择文件夹，或在文本区直接输入路径和文件夹名，如，D:\silent-moon。
- 自动刷新本地文件列表：选择"是"每次复制文件到本地站点时都自动更新本地文件夹列表。
- 默认图像文件夹：设定站点默认图片存放文件夹的位置，如，D:\ silent-moon\ images。
- ⑤ 缓存：选择"是"创建一个缓存以提高链接和网站维护任务的速度。

④ 设置完毕，如图 7-25 所示，单击【确定】按钮。此时在站点面板中可以看到刚才新建的站点。

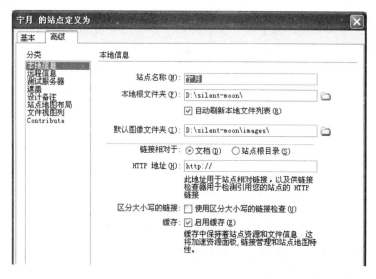

图 7-25　完成本地站点建立

5. 管理本地站点

站点创建好了以后我们会在工作界面右侧的文件面板中显示设定为本地站点的文件夹中的所有文件。通过在文件面板中双击要打开的网页文档的名称，可以在工作界面中打开该文档。

（1）文件管理（和资源管理器类似）

① 如图 7-26 所示，有以下三种方法可以创建新文件。
- 从欢迎屏幕创建空白页面
- 关闭欢迎屏幕时创建空白页面
- 从右侧文件面板处创建空白页面

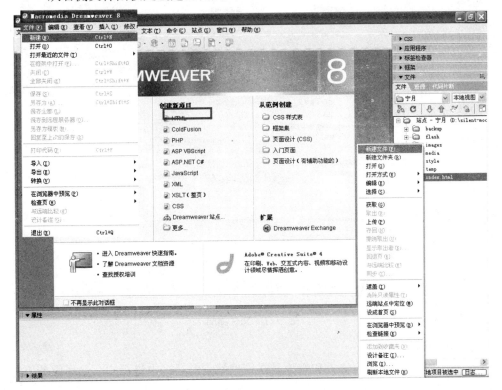

图 7-26 创建新文件

说明：网页的制作一般都是从首页开始的，所以新建的页面可以先把它保存为 index.htm 或 index.html。

② 如图 7-27 所示，有以下两种方法可实现文件的移动、复制和删除
- 使用文件面板完成
- 在 Windows 中通过资源管理器完成

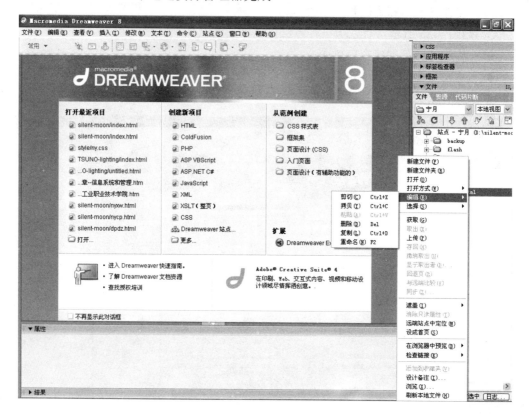

图 7-27 文件编辑

(2) 站点编辑

① 编辑站点。站点的修改和删除是在管理站点对话框中进行的。选择需要修改的站点后会弹出站点创建向导，在需要修正的阶段进行修正就可以了。

② 删除站点。站点的删除也是在管理站点对话框中进行的。

说明：即使删除本地站点，实际的文件夹也不会被删除，而只是从文件面板中删除了该文件夹。

6. 修改页面的基本属性

（1）设定文档的标题

在网上冲浪时可以看到浏览器上端表示网页特征的标题，一般把欢迎词或网页名称作为标题，标题可以在工作界面的【标题】中输入，也可以在页面属性对话框的【标题】中输入，如图 7-28 所示。

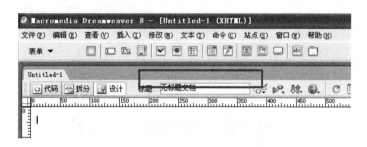

图 7-28　标题设置

（2）指定网页文档的边距

（3）指定背景色和背景图像

在页面属性对话框中可以设置背景色和背景图像，如图 7-29 所示。

说明：背景图片最好选择小的图片，选定的图片将以图案方式反复填充整个网页文档。

① 选择合适的背景色填充网页文档；

② 使用背景图像填充网页文档。

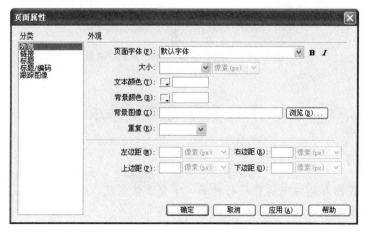

图 7-29　页面属性设置

【训练项目】

项目提出： 为兹诺公司规划创建本地站点，如图 7-30 所示。

要求 1： 根据站点规划的特点与要求，规划"兹诺照明"网站的站点。在本地磁盘"C"盘上新建文件夹，命名为"TSUNO-lighting"，并在该文件夹中新建名为"images"、"temp"、"media"、"backup"的子文件夹，将前期制作整理的图片素材、文本素材、多媒体素材等分别分类存放到相应的子文件夹中。（子文件夹可以根据实际素材情况增减）

要求 2： 创建"兹诺照明"网站的本地站点，站点名称为"兹诺照明"。

要求 3： 在站点根文件夹"TSUNO-lighting"中新建空白网页文档，命名为"index.html"。

图 7-30 "兹诺照明"网站的本地站点

任务三 布局首页表格

【能力要求】

了解表格在网页制作中的作用与特点，学会表格创建、结构调整和美化的方法，学会设置表格和单元格的主要属性，并能利用表格布局网页。

【实例导入】

制作一个如图 7-31 所示布局的网页文档，先创建构造整个布局的表格后，再插入用于输入内容的表格。在各个单元格内插入构成布局的图像，并且图像与单元格边框之间不能有空隙。

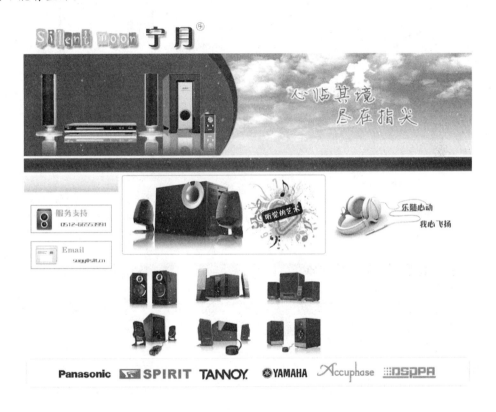

图 7-31　表格布局效果

1. 确认准备工作

在制作网页文档之前，要先用 Fireworks 8 图像软件设计网页效果图，再进行裁剪，整理保存图片，同时整理归类文字、多媒体等素材，创建相应的本地站点，新建网站首页文件（index.htm 或 index.html），如图 7-32 所示。

图 7-32 新建首页文件

在【文件】面板中双击 index.html 文件进入编辑区域,将网页标题设置为"宁月首页",如图 7-33 所示。

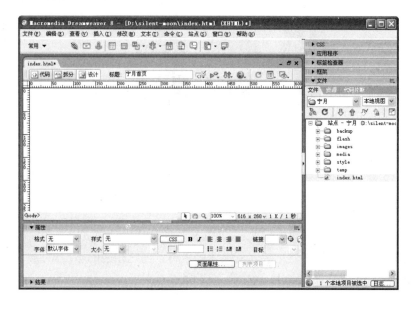

图 7-33 设置网页标题

单击【属性】面板中的【页面属性】,在弹出的【页面属性】对话框中设置【背景颜色】为"#FFFFFF",上、下、左、右的边距均为"0px",如图7-34、7-35所示。

图 7-34　【页面属性】按钮

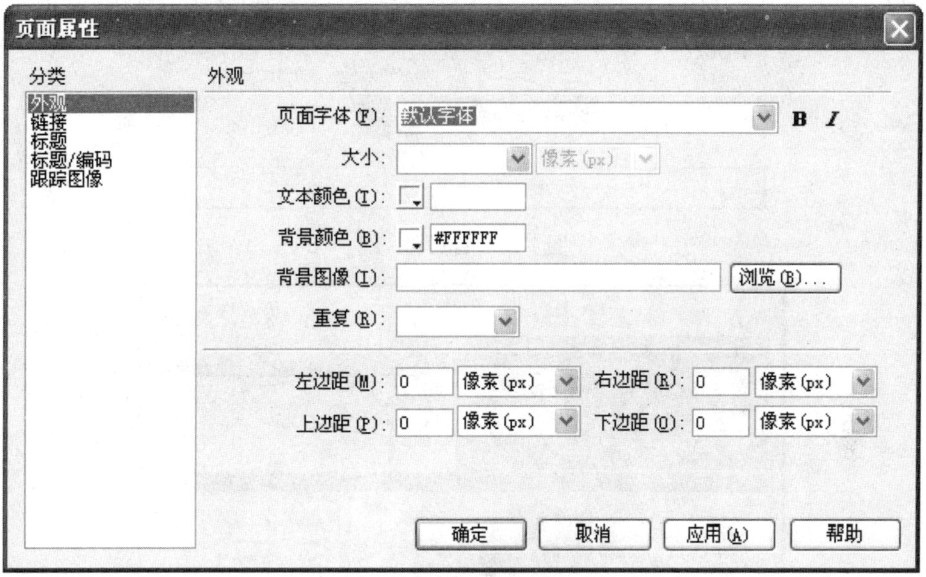

图 7-35　【页面属性】设置

2. 确定布局版式

根据在 Fireworks 8 中的切片效果,确定网页布局版式为"三"字型(即:上—中—下型),将网页各部分分别使用独立的表格布局,如图7-36、7-37所示。

说明:使用独立的表格,相互之间可以互不影响,便于后期的制作与修改。

图 7-36 首页切片图

图 7-37 首页布局版式

3. 表格布局网页

（1）顶部表格布局

① 插入表格。打开 index.html 文档，把鼠标放置到要插入表格的位置上，单击常用快捷栏中的"表格图标"，弹出【表格】对话框，如图 7-38 所示。

图 7-38　常用快捷栏【表格】图标

在【表格】对话框中，根据切片得到的图片设定行列数：3 行 1 列；根据效果图中的图像宽度（单位为像素），设置表格宽度：1000 像素，高度不必设置；边框粗细、单元格边距、单元格间距均设置为：0 像素（表格只用来布局定位，在浏览器中看不见，图像与单元格边框之间没有空隙），如图 7-39 所示。

图 7-39　【表格】对话框

表格插入到文档中后，选中表格，在页面下方的【属性】面板中设置表格的对齐方式为"居中对齐"，如图 7-40 所示。

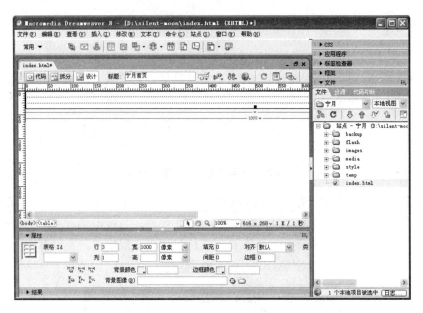

图 7-40 设置表格对齐方式

② 图像填充布局的骨架。前面已经完成了网页文档顶部的基本骨架，下面将在各个单元格中插入对应的图像。

展开【文件】面板中的 images 文件夹，找到需要插入到单元格中的图像，使用鼠标拖拽的方式完成单元格的填充，如图 7-41 所示。

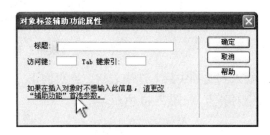

图 7-41 使用文件面板插入图片　　图 7-42 【对象标签辅助功能属性】对话框

选中"logo.gif"图片，按住鼠标左键不松开，将其拖拽至第 1 行对应的单元格内，松开鼠标，弹出【对象标签辅助功能属性】对话框，如图 7-42 所示，直接单击【确定】按钮即可。

用相同的方法将"banner.jpg"图片拖拽至第 2 行对应的单元格内（这里实际是一个动画，现在先以图片代替），顶部表格的图片全部插入后，效果如图 7-43 所示。

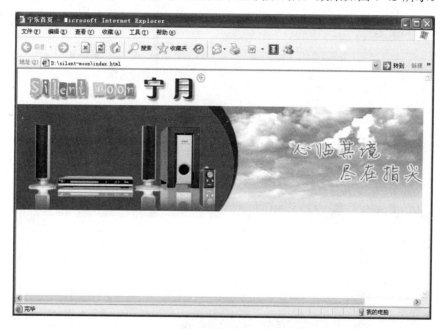

图 7-43 图片插入后的预览效果

说明：插入一个对象后应在浏览器中预览一下，若发现错误，应及时纠正，防止小错误堆积成大错误以至于难以纠正。

选中导航所在的第 3 行单元格对应的<td>标签，在属性面板中设置高度为 41 像素（背景图片高度为 41 像素），如图 7-44 所示。

图 7-44 设置表格行高

最后通过【属性】面板设置该单元格的背景图片。用鼠标左键单击【背景】文本框后面的【指向文件】按钮，不松开鼠标拖至右侧文件面板 images 文件夹下的 nav_bg.gif 图片，【背景】文本框中显示"images/nav_bg.gif"，松开鼠标，如图 7-45 所示（或单击 按钮，通过【选择图像源文件】对话框设置）。

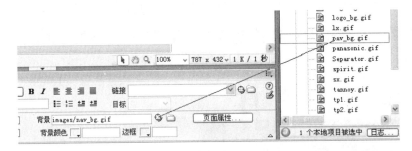

图 7-45　设置单元格背景图片

最终顶部表格在浏览器中的布局效果如图 7-46 所示。

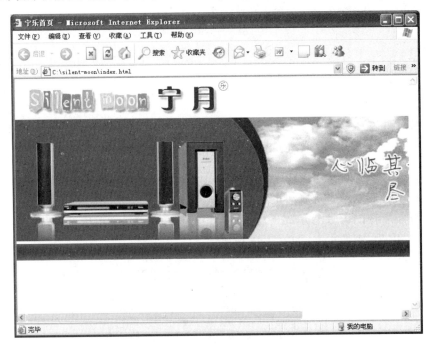

图 7-46　顶部表格布局效果

（2）中部表格布局

中部表格的布局，很多内容与顶部表格一致，这里就不再详细介绍，具体操作可以参照顶部表格中相关内容进行。

首先，根据效果图分析，中部表格大致可以分为左、中、右 3 块，因此可以先插入一个 1 行 3 列，宽度为 1000 像素的表格。

① 插入表格。将光标定位在要插入表格的位置上，即先选中顶部表格对应的 <table> 标签，然后按键盘上的→键或在选中表格右侧空白的地方单击一下，即可在下方插入与之相连的表格。

插入表格后如图 7-47 所示。

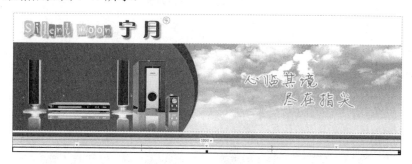

图 7-47　插入中部表格

分别选中第 1 列、第 2 列、第 3 列所在的单元格对应的 <td> 标签，在【属性】面板中设置"列"的"垂直"为"顶端"，如图 7-48 所示。

图 7-48　设置列的"垂直"对齐方式

② 嵌套表格。

● 左侧内嵌表格。

分析中部表格第 1 列，一共放了 4 块内容：产品分类标题、产品分类具体内容、服务支持和 Email。因此在第 1 列的单元格中可以插入一个 4 行 1 列的内嵌表格。

将光标定位在第 1 列所在的单元格内，先在属性面板中设置列宽为 210 像素，再插入表格，4 行 1 列，表格宽度为 100%，如图 7-49 所示。

说明：通常最外层的表格使用像素，内嵌表格使用百分比。

图 7-49 设置第 1 列列宽

内嵌表格的第 1 个单元格放产品分类标题，第 2 个单元格放产品分类具体内容，第 3 个单元格放"服务支持"，第 4 个单元格放"Email"，如图 7-50 所示。

图 7-50 第 1 列中的内嵌表格

选中第 1 个单元格对应的<td>标签，设置单元格的高度为 37 像素，设置背景图片为 fl-bg.gif，如图 7-51 所示。

图 7-51 内嵌表格第 1 个单元格背景设置

在【文件】面板中展开的 images 文件夹下，找到"服务支持"图片 lx.gif 和"Email"图片 email.gif，分别拖拽到第 3、第 4 个单元格中。并选中第 3、第 4 单元格，在【属性】面板中设置单元格水平对齐方式为"居中对齐"，并设置单元格高度为 80 像素，如图 7-52 所示。

图 7-52　单元格对齐方式和行高设置

到这里，左侧单元格内的内嵌表格完成，除文字内容为添加外，单元格内的基本图片均已填充。下面开始设计制作中间一列的内嵌表格。

③ 中部内嵌表格。根据效果图，中间一列嵌套 2 个表格。第 1 个表格为 3 行 1 列，放大图片、"最新产品"标题和一条水平线，第 2 个表格为 2 行 3 列，放产品图片。

将光标定位在中间列中，先设置第 2 列列宽为 470 像素，再插入表格，3 行 1 列，表格宽度为 98%，设置表格对齐方式为居中对齐。在 images 中找到 banner2.jpg 图片，拖拽到第 1 个单元格内，并设置单元格水平"居中对齐"，如图 7-53、7-54 所示。

图 7-53　设置表格对齐方式

图 7-54　中间列第 1 个内嵌表格

选中当前第 1 个内嵌表格对应的<table>标签，然后按键盘上的→键，插入第 2 个内嵌表格，2 行 3 列，表格宽度为 100%。

在【文件】面板的 images 中找到 FC260.jpg、FC361.jpg、FC530U.jpg 图片，分别拖拽到第 1 行的第 1、2、3 单元格内，将 FD-100.jpg、FD-200.jpg、H11.jpg 图片拖拽到第 2 行的第 1、2、3 单元格内。选中所有单元格，在【属性】面板中设置水平对齐方式为"居中对齐"，如图 7-55 所示。

图 7-55　中间列第 2 个内嵌表格

到这里，中间列的两个内嵌表格已经完成，除了文字内容，图片已经基本填充完毕。下面开始右侧第 3 列的内嵌表格设计制作。

④ 右侧内嵌表格。根据效果图，右侧可嵌入一个 4 行 1 列的表格，第 1 行放"最新动态"标题，第 2 行放一条水平线，第 3 行放具体内容，第 4 行放图片。

将光标定位在第 3 列中，插入表格，4 行 1 列，表格宽度为 97%，表格居中对齐。

在【文件】面板的 images 下找到 tp1.gif 图片，拖拽到第 4 个单元格内，设置单元格水平"居中对齐"，如图 7-56 所示。

至此，中间表格布局完成。

（3）底部表格布局

根据效果图的设计和切片的方法，底部表格最简单，是一个 3 行 1 列的表格。第 1 行放友情链接图片，第 2 行一条水平线，第 3 行放版权信息。

将光标定位好，插入表格，3 行 1 列，表格宽度为 1000 像素，表格间距为 4 像素，如图 7-57 所示。

图 7-56 右侧第 3 列内嵌表格

图 7-57 插入底部表格

将表格对齐方式设置为"居中对齐"，第 1 行的行高设置为 62 像素，并设置背景图片为 logo_bg.gif。

在【文件】面板的 images 中找到 panasonic.gif、spirit.gif、tannoy.gif、yamaha.gif、accuphase.jpg、dsppa.gif，拖拽到第 1 行的单元格中，并设置单元格水平"居中对齐"，如图 7-58 所示。

![底部表格布局]

图 7-58 底部表格布局

预览布局好的页面，检查是否有无效标签及时进行清楚，最终布局好的网页效果如图 7-1 所示。

【相关知识】

1. 熟练使用表格和单元格

（1）插入表格。新建网页文档，把鼠标放置到要插入表格的位置上，单击【常用】快捷栏中的"表格图标"，设定行列数。

表格的大小可通过单击表格右下角的边框拖动实现，也可以在表格属性面板中指定表格的大小。表格的大小单位可以是**百分比**或**像素**。如果希望固定表格的大小，使之不受到浏览器大小的影响，应使用像素为单位设定表格的大小，如果希望表格的大小与浏览器大小保持一定的比率关系，则要以百分比为单位设定表格的大小。

（2）选定操作。如果想改变表格的属性或形状，则首先需要选择必要的部分。

选择整个表格：鼠标移动到表格的边框部分单击，或单击表示表格整体大小的表示线上的【表格开头菜单】按钮选择【选择表格】命令。或选择标签<table>。

只选择必要的单元格：单击要选择的单元格内部，【属性】面板会显示与所选单元格相关的属性。拖动鼠标可同时选择多个相邻单元格。按住 Ctrl 键可以同时选择不相邻的多个单元格，出现的红色强调线让选择变得更加容易。或选取标签<td>。

选择指定的行和列：（行）单击左侧边框或选取标签<tr>，（列）单击列上面的宽度表示线。

（3）设置表格的属性。选中一个表格后，可以通过【属性】面板更改表格属性，如图 7-59 所示。

图 7-59 【表格】属性面板

（4）指定单元格的大小。同样可以通过拖动以及在属性面板中指定大小。若单元格的高度没有变成所输入的高度的原因是由于与该单元格相邻的单元格中存在高度比指定高度值更大的单元格，可以选择整个行以后指定它的大小。

（5）排列表格的位置和内容。表格自身的位置是在表格属性面板的对齐列表中进行选择，而表格的内容则是使用单元格属性面板中的"排列图标"来进行排列，如图 7-60、7-61 所示。

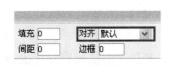

图 7-60　表格对齐方式

图 7-61　单元格内容排版方式

（6）设置表格、单元格、行、列的背景色、背景图。通过表格的属性面板可以对表格、单元格等进行设置，从而美化表格，如图 7-62 所示。

说明：要区分给网页加背景、给表格、单元格等添加背景或背景图后的效果。

图 7-62　单元格背景/背景颜色设置

（7）设定边框和边距。边框粗细：用于设置表格边框的宽度，如果设置为 0，则在浏览时看不到表格的边框。

单元格边距：单元格内容和单元格边界之间的像素数。

单元格间距：单元格之间的像素数。

通过在表格属性面板中可以设定表格边框的粗细、颜色。表格的边距是在调整单元格之间边距的单元格间距和设定边框与内容之间间距的单元格填充中指定，如图 7-63 所示。

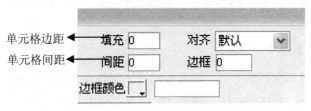

图 7-63　表格边框和边距设置

如果把表格边框设定为 2 个像素以上的宽度，则只有表格的外部边框变化，而内部边框不发生变化。要以同样宽度显示外部边框和内部边框，可以把表格的背景色设定为希望的边框颜色，把所有单元格的背景色指定为网页文档的背景色，然后把表格边框的宽度指定为 0，并且在间距中输入希望的边框宽度，通过这种方法可以使单元格的间隔显示成边框。

2. 添加或删除行或列

创建表格后，可以通过右键快捷菜单在原有表格的基础上添加或删除行或列，如图 7-64 所示。

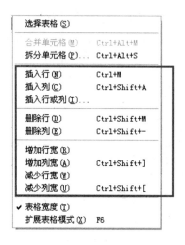

图 7-64 "单元格"快捷方式

3. 单独复制表格的指定部分

在 Dreamweaver 中可以复制单元格并粘贴到表格中，也可以粘贴成独立的表格。选中，复制，粘贴即可。以新表格的形式粘贴单元格，表格的宽度与复制的表格宽度相同。

在 Dreamweaver 中可以在表格内部创建另外的表格，也可以把整个表格插入到单元格中去，即内嵌表格。

4. 制作特殊构造的表格

要想使用表格构造网页文档的布局，则需要把表格制作为需要的形状。通过合并或拆分单元格，可以制作各种形状的表格。合并或删除单元格的功能是在单元格属性面板中进行设定的，是表格中最重要的功能，需要好好掌握，如图 7-65 所示。

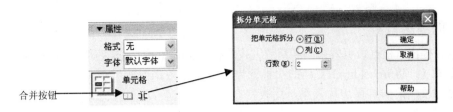

图 7-65　拆分/合并单元格

5. 以像素为单位固定指定的列

如果希望固定指定单元格的大小，则要以像素为单位指定单元格的宽度。如果希望随着界面大小的变化改变单元格大小，则要以百分比为单位指定单元格的宽度。目前大多数的网页都使用表格制作。其中菜单或广告等不能改变大小的单元格，以像素为单位固定。而内容等可以动态变化的部分，则以百分比为单位设定宽度。

6. 单元格不换行和清除列宽功能

在固定的宽度的单元格中输入的内容超过一行时将自动换行，从而改变单元格的高度。单元格不换行功能是通过固定单元格的高度，是单元格宽度发生变化。清除列宽是根据单元格内的内容适当改变表格的宽度和高度，如图 7-66 所示。

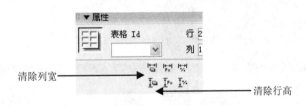

图 7-66　清除行高/列宽

说明：表格的大小可以随意改变。

利用表格构造特殊形状的布局时，单元格的大小有时会随意变化。这种情况时，需要以像素为单位指定构成表格的所有单元格大小。最正确的指定方法是先以像素为单位指定各个单元格大小后，把表格的大小指定为单元格大小之和。例如某个表格由三个单元格构成，这时如果把第一个单元格宽度指定为 100 像素，第二个单元格宽度指定为 200 像素，第三个单元格宽度指定为 300 像素，则表格的大小应设定为 600 像素，如果使用这种精确的数值指定了表格和单元格的大小，则表格的形状不会随意发生变化。

【训练项目】

项目提出：根据首页效果图和切片方式，利用表格实现"兹诺照明"网站的首页布局。
要求1：将 index.html 文档的"标题"设置为"兹诺照明"。
要求2：根据首页切片效果，用表格布局首页。
要求3：将首页上的基本图片插入到相关单元格内。

任务四　插入基本对象

【能力要求】

掌握网页中有关文字部分的基本操作，掌握页面中水平线的添加与设置，学会用整洁的列表管理复杂的内容，掌握版权信息的书写方式，灵活运用各种元素对网页进行布局。

【实例导入】

对"宁月"网站插入基本对象，其最终效果如图 7-67 所示。

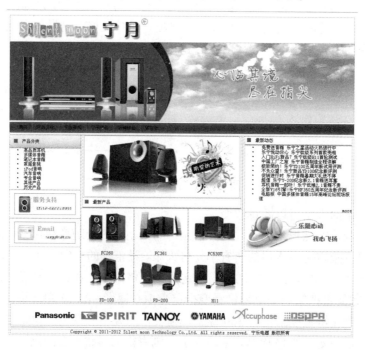

图 7-67　插入首页基本对象后的效果

1. 文本的输入

制作网页文档的基本功能之一是输入文字内容，并将它们根据需要进行分段或者换行。

（1）导航制作

将光标定位在顶部表格导航所在的单元格内，直接输入文本：首页、产品文化、宁乐新闻、宁乐产品、店铺地址、留言板。

"首页"前的四个空格可以通过三个方法输入：方法一，将中文输入法设置为全角状态，直接按空格键输入；方法二，将试图切换到代码试图，在"首页"前直接输入四个 ,即生成四个空格；方法三，将【插入】菜单栏由【常用】切换到【文本】，在【文本】菜单栏中单击"字符"按钮，在下拉菜单中单击"不换行空格"四次，即生成四个空格，如图7-68所示。

图7-68 插入不换行空格

同样的操作在"产品文化"、"宁乐新闻"、"宁乐产品"、"店铺地址"、"留言板"前分别输入四个空格，如图7-69所示。

图7-69 插入空格后的导航

展开【文本】面板下的images文件夹，找到Separator.gif图片，将它拖拽到"首页"和"产品文化"中间，并选中该图片，在【属性】面板中设置图片和文本的对齐方式为"绝对居中"，如图7-70所示。

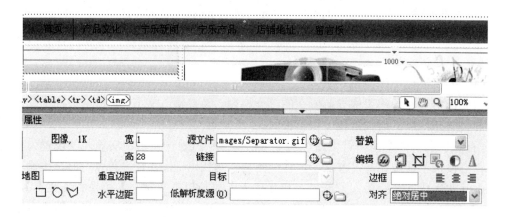

图 7-70 设置图片和文本"绝对居中"

同样的操作,将 Separator.gif 图片拖拽到"产品文化"、"宁乐新闻"、"宁乐产品"、"店铺地址"、"留言板"之间,并设置对齐方式,如图 7-71 所示。

图 7-71 导航制作

(2)中部表格文本图片插入

① 第 1 列文本图片插入。将光标定位在第 1 列内嵌表格的第 1 个单元格内,输入两个空格,展开【文件】面板中的 images 文件夹,找到 icon1.gif 图片,拖拽到空格后,再在图片后输入两个空格,输入文本"产品分类",如图 7-72 所示。

将光标定位在第 2 个单元格内,输入文本:高品质耳机、多媒体音箱、笔记本音箱、家庭影院、iPod 音响、汽车音响、专业音响、其他产品、历史产品,如图 7-73 所示,按回车<Enter>键使每类产品为一个独立的段落,如图 7-74 所示。

图 7-72 "产品分类"标题　　　　图 7-73 输入文本

选中第 2 个单元格内的所有段落，即所有产品类别，在【属性】面板中单击"项目列表"按钮，完成后的效果如图 7-75 所示。

图 7-74　将文本分段

图 7-75　插入项目列表后的效果

② 第 2 列文本图片插入。将光标定位在第 1 个内嵌表格的第 2 个单元格内，输入一个空格，在 images 中找到 icon1.gif 图片，拖拽到空格后，再在图片后输入两个空格，输入文本"最新产品"，如图 7-76 所示。

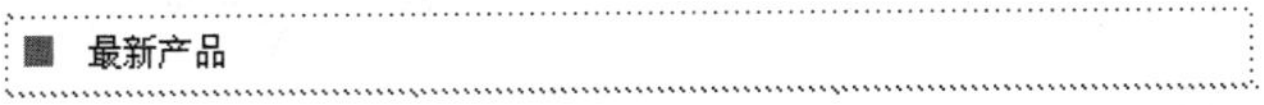

图 7-76　"最新产品"标题

将光标定位在第 2 个内嵌表格中的相应图片后面，按回车键产生新段落，输入图片对应的名称，如图 7-77 所示。

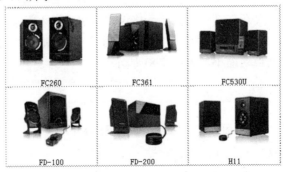

图 7-77　产品名称设置

③ 第 3 列文本图片插入。将光标定位在第 3 列内嵌表格的第 1 个单元格内，按照前面第 1 列中"产品分类"标题的制作方法，插入图片和文本，制作"最新动态"标题，如图 7-78 所示。

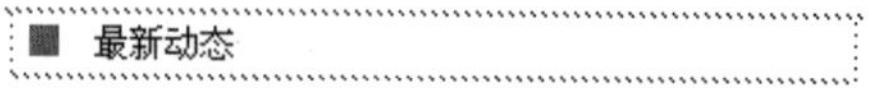

图 7-78 "最新动态"标题

将光标定位在第 3 个单元格内，按照"产品分类"中的制作方法，输入文本，插入项目列表，制作具体的最新动态，如图 7-79 所示。

选中最后的"more"文本，在【属性】面板中选择"右对齐"按钮，完成后的效果如图 7-80 所示。

图 7-79 插入项目列表后的"最新动态" 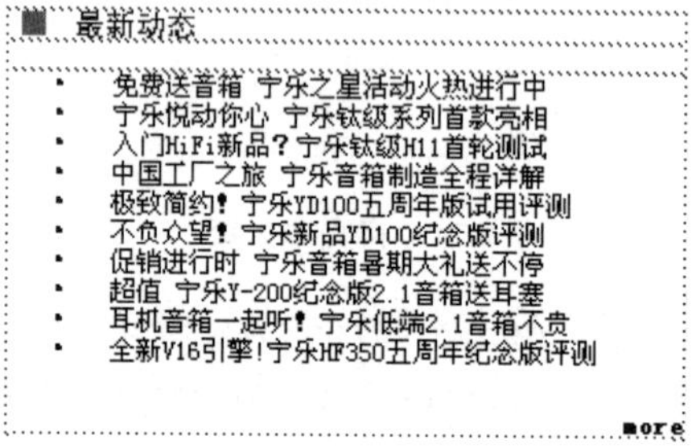   图 7-80 "最新动态"完成后的效果

2. 水平线的插入

在中部表格第 2 列中的"最新产品"下面有一条水平线，以可视方式分隔上下内容，同样在第 3 列的"最新动态"下面也有一条水平线，来分隔标题与具体内容。在底部表格的友情链接图片下面也有一条水平线，用来分隔网页主体与版权信息。

先将光标定位在"最新产品"下的单元格内，再将【插入】菜单栏由【常用】切换到【HTML】，在【HTML】菜单栏中单击"水平线"按钮，此时单元格中插入了一条水平线，单元格高度自动缩小，如图 7-81 所示。

图 7-81 "最新产品"下的水平线

用同样的方法，分别在"最新动态"下的单元格内和底部表格友情链接下面的单元格内插入一条水平线，如图 7-82 所示。

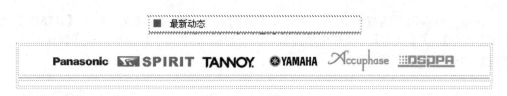

图 7-82 水平线添加

选中底部表格友情链接下面的水平线对应的标签<hr>，右键单击，在弹出的快捷菜单中选择【快速标签编辑器】，出现【编辑标签】框，把光标定位到"hr"后，按空格键，出现下拉列表，选择"color"，设置颜色为"#ff0000"，如图 7-83 所示。

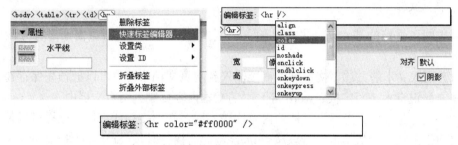

图 7-83 底部水平线颜色设置

3. 版权信息的输入

根据效果图，版权信息上方有一条水平线，用来分隔网页内容。因此，我们要先插入水平线，再输入版权信息。

先将光标定位在底部表格的第 3 个单元格内，在【属性】面板中设置单元格水平"居中对齐"，如图 7-84 所示。

图 7-84 单元格对齐方式

在单元格内输入版权信息，其中版权符号的输入方法为：将菜单栏由【HTML】切换到【文本】，在【文本】菜单栏中单击最后的下拉箭头，在下拉菜单中选择版权符号©，完成后的效果如图 7-85 所示。

Copyright ©2011-2012 Silent moon Technology Co.,Ltd. All rights reserved. 宁乐电器 版权所有

图 7-85　版权信息

【相关知识】

1. 插入文本

制作网页文档的基本功能之一是输入文字内容，并将它们根据需要进行分段或者换行。

（1）插入文本的方法。文本可以直接输入到网页文档中，也可以把预先保存在文本编辑器（如记事本、写字板、word 等）中的文本内容复制到网页文档中。

（2）换行与换段。当网页文档的内容比较多时，必须换行或换段。这样可以使文档内容更便于阅读。一般情况下分段按<Enter>键，而换行时按<Shift>＋<Enter>键。

（3）文本的对齐方式。文本的对齐方式可以利用"排列"图标来实现。"排列"图标可以应用到有光标的文本段落中。例如把标题和内容用<Enter>键区分后，把标题居中对齐，那么只有标题被对齐到中间，其内容保持原样。而用<Shift>＋<Enter>进行分行时，由于它们还属于同一段，如果居中对齐标题，内容也会被一同居中对齐。因此如果想应用不同的排列方式，则必须按<Enter>键分开，如图 7-86 所示。

图 7-86　"排列"图标

（4）更改文字格式。即使只更改文字形状，也可以使得网页文档变得更加完美和整洁，这是最基本也是最重要的功能。

方法：

选择文字，在【属性】面板的【字体】列表中选择合适的字体。一般正文为"宋体"。

在【大小】列表中选择希望的文字大小或者直接输入文字的大小，并在后面的单位列表框中选择合适的单位。一般情况下文字的单位选择像素或点数，如果以点为单位，

则根据浏览器的不同,文字的大小可能会发生变化,但是如果以像素为单位,则在所有浏览器上都以同样的大小显示,如图 7-87 所示。

图 7-87　文字格式设置

如果设定文字的大小、字体、颜色等,则文字的属性将以任意的名称自动保存到 Style 中。在其他文字中也想使用同样的样式时,在【样式】列表中选择相应的样式名称即可。

2. 插入图片

图片是网页文档必不可少的元素之一,图文结合能更好地帮助大家理解。插入图像,具体操作步骤如下:

- 将插入点放置在要显示图像的地方
- 在【插入】面板的【常用】类别中,单击"图像"图标
- 打开【选择图像源文件】对话框进行选择。

(1) 如果图像还暂时没有找到,可以使用图像占位符在网页中预留一下位置。图像占位符是在准备好将最终图形添加到 Web 页面之前使用的图形,具体操作步骤如下:

- 将插入点放置在要显示图像的地方
- 在插入面板的【常用】类别中,单击"图像占位符"图标
- 打开【图像占位符】对话框,设置占位符的大小和颜色,如图 7-88 所示。

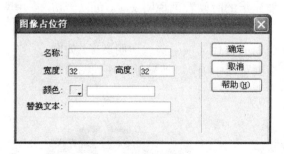

图 7-88　"图像占位符"对话框

(2) 有了最终图像后,替换图像占位符。方法一,双击图像占位符;方法二,单击图像占位符,在【属性】面板中单击【源文件】旁边的文件夹图标(也可以用"指向文件"按钮),如图 7-89 所示。

（3）打开【选择图像源文件】对话框进行相应选择。

图像的对齐设置与文本的对齐设置类似，如图 7-90 所示。

图 7-89　"源文件"设置　　　　图 7-90　对齐方式

如果需要调整图像大小，除了使用专门的图片编辑软件之外，也可以通过图像的属性面板进行更改，要恢复已经更改的图像的原状可通过点击"宽、高"旁边的"恢复图像到原始大小"按钮 。最好使用图像的原样大小，尽量使用图片编辑软件进行大小的编辑，如图 7-91 所示。

图 7-91　图像编辑与恢复

通过在图像周围增加边距来调整图片和其他对象之间的距离，如图 7-92 所示。

有时在网页中会因为种种原因导致图片不能正常显示，因此如果能在图片不能显示的时候看见说明文字，可以给访问者带来很大的方便。

因此可以在属性面板的替代选项中输入说明文字，如图 7-93 所示。按 F12 键在浏览器中确认。把鼠标移动到图像上时将显示说明文字。

图 7-92　图像边距设置

图 7-93　图像说明文字设置

3. 插入水平线

默认情况下，插入的水平线宽度为 3 像素，居中对齐。可以用以下方法改变水平线的颜色。

方法一：选择水平线，在类中选择需要的颜色样式，如图 7-94 所示。

图 7-94 "类"的选择

方法二：通过在水平线的相关标签中直接输入颜色指定标签，<hr align="center" width="95%" size="1" noshade color="#E84FB6">，如图 7-95 所示。水平线的颜色不能在 Dreamweaver 的工作界面中确认，需要按 F12 在浏览器中确认。

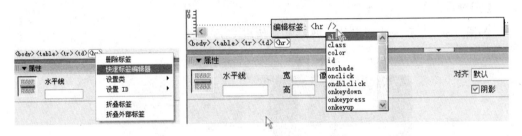

图 7-95 编辑标签

4. 用整洁的列表管理复杂的内容

对于名称、条目等需要排列的内容，使用列表整理，会感觉非常有清晰有层次。如果要应用列表功能，需要把各个单元用<Enter>键区分为不同的段落，如图 7-96 所示。

图 7-96 "列表"图标

【训练项目】

项目提出：根据首页效果图，在"兹诺照明"网站的首页上插入基本对象，完善首页内容。

要求 1：在相应的单元格内输入文本。
要求 2：为相应的文本添加列表。
要求 3：利用属性面板，为相应的单元格设置背景图片。
要求 4：在指定的位置插入"水平线"。

任务五 编辑 CSS 样式

【能力要求】

了解 CSS 概念，熟悉 CSS 样式的标记及样式表的种类，学会创建 CSS 样式表，并对样式属性进行设置，学会应用 CSS 样式表。

【实例导入】

如图 7-97 所示，对"宁月"网站首页使用 CSS 样式。

图 7-97 使用 CSS 样式后的首页

样式表是用于弥补 HTML 缺点的功能。那么，什么是 CSS？

样式表也叫 CSS（Cascading Style sheets，层叠样式表）是一种制作网页的新技术，现在已经为大多数的浏览器所支持，成为网页设计必不可少的工具之一。使用 CSS 能够简化网页的格式代码，可以有效地对页面的布局、字体、颜色、背景和其他效果实现更加精确的控制，可以调整字间距、行间距、取消链接的下划线、固定背景图像等 HTML 标记无法表现的效果，此外在对很多网页文件设置同一种属性时，无需对所有文件反复进行操作，只要应用样式表就可以更加便利、快捷地进行操作。在 Dreamweaver 中只需要单击几次，就可以在字体、链接、表格、图片等构成网页文件的所有元素属性中应用样式表，由此可以加快下载显示的速度，减少需要上传的代码数量，大大减少了重复劳动的工作量。

CSS 的主要优点是容易更新，只要对一处 CSS 规则进行更新，则使用该定义样式的所有文档的格式都会自动更新为新样式。

1. 创建新的 CSS 样式

创建 CSS 样式表的过程，就是对各种 CSS 属性的设置过程，所以了解和掌握属性设置非常重要。在 Dreamweaver 8 的 CSS 样式里包含了 W3C 规范定义的所有 CSS1 的属性，把这些属性分为：类型、背景、区块、方框、边框、列表、定位、扩展等八个部分。

Dreamweaver 8 实现 CSS 属性设置功能是完全可视化的，无需编写代码。

根据网站建设的规范，在站点根目录下新建名为"style"的文件夹，用于存放 CSS 文件，如图 7-98、7-99 所示。

图 7-98 【文件】面板

图 7-99 【CSS】面板

(1) 文本"类型"样式

在 CSS 样式面板中单击【新建 CSS 规则】按钮，弹出【新建 CSS 规则】对话框。

在【新建 CSS 规则】对话框中设【选择器类型】为"类"，在名称框中输入".nav-text"，【定义在】选择"新建样式表文件"，如图 7-100 所示。

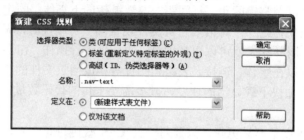

图 7-100 【新建 CSS 规则】对话框

单击【确定】按钮，弹出【保存样式表文件为】对话框，选择保存样式表的位置：style 文件夹，输入文件名为：ny，如图 7-101 所示。

图 7-101 【保存样式表文件为】对话框

单击【保存】按钮，弹出 CSS 规则定义对话框，在【分类】中默认选择为【类型】，设置字体为"宋体"，大小为"12px"，颜色为"#FFFFFF"，其他为默认格式。".nav-text"主要用于导航文本的格式，如图 7-102 所示。

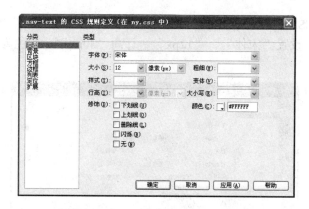

图 7-102 ".nav-text"的"类型"设置

单击【确定】按钮，在 CSS 面板中".nav-text"出现在"ny.css"下，如图 7-103 所示。

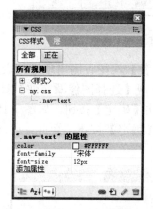 

图 7-103 ".nav-text"规则　　　图 7-104 三条 CSS 规则

用前面的创建方法，在 ny.css 中：
- 新建 CSS 样式规则，名称为".bot-text"，设置"宋体"、"12px"、"粗体"、颜色为"#000000"，主要用于首页中最新产品的名称和版权信息。
- 新建 CSS 样式规则，名称为".bt"，设置"黑体"、"14px"、颜色为"#000000"，主要用于首页标题。

这样，在 CSS 面板中就有三条 CSS 规则存放于 ny.css 样式表中，如图 7-104 所示。

（2）列表样式

首页中"产品分类"和"最新动态"的具体内容都使用了项目列表，为了页面的美观，可以利用 CSS 样式改变列表样式。

用前面创建 CSS 样式规则的方法，在 ny.css 中新建名为".zbt"的样式。

在"类型"中设置"宋体"、"12px"、行高"30px"、颜色为"#000000"，如图 7-105 所示。

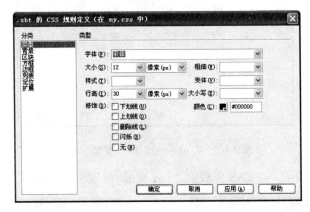

图 7-105　".zbt"的【类型】设置

【类型】设置完后，在左侧列表中单击【列表】，在右侧出现【列表】的设置项。单击【项目符号图像】框后的"浏览"按钮，出现【选择图像源文件】对话框，选择查找范围 images 文件夹，找到 icon2.gif 图片，单击【确定】按钮，如图 7-106 所示，回到 CSS 规则定义界面，如图 7-107 所示，再单击【确定】按钮，至此，".zbt"CSS 样式规则定义完毕。

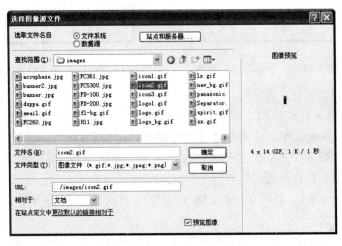

图 7-106　选择项目符号图像

图 7-107 项目符号图像选择完毕

用相同的方法在 ny.css 中新建名为 ".lieb" 的样式。在【类型】中设置 "宋体"、"12px"、行高 "28px"、颜色为 "#000000"。在【列表】中选择【项目符号图像】为 images 中的 icon3.gif 图片。

（3）边框样式

在首页上，中部表格第 1 列中的内容四周有一个边框，如果利用表格的边框来设置，则内外框都有，无法实现只加外框。但用 CSS 就可以实现这样的效果。

首先，在 ny.css 中新建名为 ".bk" 的样式。

在弹出的 CSS 规则定义对话框的【分类】中选择【边框】，在右侧的边框设置中，设置【样式】："全部相同"、"实线"；【宽度】："全部相同"、"1px"；【颜色】："全部相同"、"#989797"，单击【确定】按钮，如图 7-108 所示。

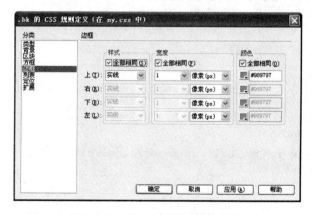

图 7-108 ".bk" 的【边框】设置

至此，首页上主要文本应用的 CSS 样式均创建完毕。其他的样式将在后面的内容中讲解。

对应的 ny.css 文件内容为：

```css
.nav-text {
    font-family:"宋体";
    font-size: 12px;
    color: #FFFFFF;
}
.bot-text {
    font-family:"宋体";
    font-size: 12px;
    font-weight: bold;
    color: #000000;
}
.bt {
    font-family:"黑体";
    font-size: 14px;
    color: #000000;
}
.zbt {
    font-family:"宋体";
    font-size: 12px;
    line-height: 30px;
    color: #000000;
    list-style-image: url(../images/icon2.gif);
}
.lieb {
    font-family:"宋体";
    font-size: 12px;
    line-height: 28px;
    color: #000000;
    list-style-image: url(../images/icon3.gif);
}
.bk {
    border: 1px solid #989797;
}
```

2. 应用 CSS 样式

有了 CSS 样式规则，接下来就要将这些规则应用到首页的相应对象上去。

选中导航文本，在【属性】面板中将【样式】设置为"nav-text"，如图 7-109 所示。

图 7-109　导航文本样式的应用

分别选中"产品分类"、"最新产品"和"最新动态"文本，在【属性】面板中将【样式】设置成"bt"。

选中"产品分类"下的相应文本，将【样式】设置为"zbt"。

选中"最新动态"下的相应文本，将【样式】设置为"lieb"。

分别选中"最新产品"下的"FC260"、"FC361"、"FC530U"、"FD-100"、"FD-200"、"H11"文本，将【样式】设置为"bot-text"。

选中"最新动态"下的"more"文本，将【样式】设置为"bot-text"。

选中页面底部的版权信息，将【样式】设置为"bot-text"。

选中中部表格第 1 列的内嵌表格对应的标签<table>，在【属性】面板中将【类】设置为"bk"，如图 7-110 所示。

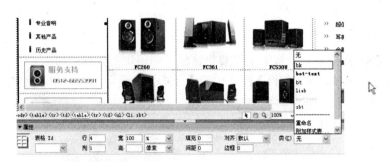

图 7-110　表格边框样式的应用

至此,首页上主要文本格式均已设置完毕,在浏览器中的浏览效果如图 7-97 所示。

【相关知识】

1. 样式表的种类

图 7-111　【新建 CSS 规则】对话框

如图 7-111 所示,Dreamweaver 中提供的样式表可以根据应用范围和应用对象分为不同的类别。

根据应用范围是否只限于当前网页文档内部或可以应用到其他网页文档,可以分为内部样式表和外部样式表。即【新建 CSS 规则】对话框中【定义在】选项的选择。

① 内部样式:只能应用到当前网页文档中

② 外部样式:以文件形式保存到本地站点,可以在其他网页文档中使用

根据样式表的应用对象可以分为用户自定义样式、HTML 标签定义样式、链接样式 3 种。即【新建 CSS 规则】对话框中【选择器类型】选项的选择。

① 用户自定义样式(即类)

用户自定义样式可以在网页文档的任何区域或文本中应用该样式,应用该样式后,会在相应的标签中出现 class 属性,该属性值就是样式的名称。

说明:类名称必须以句点开头,并且可以包含任何字母和数字组合(例如,.mycss)。如果您没有输入开头的句点,Dreamweaver 8 将自动为您输入。

② 标签定义样式（即标签）

标签定义样式是重新定义 HTML 标记的默认格式。在网页文档的指定 html 标签整体上应用样式表，包含相应标签的所有属性将变成设定值。

③ 链接定义样式（即高级）

链接定义样式用于设定已设定了链接的文本的属性；随意设定链接的文本样式。该样式被称为 ID 形式的样式表。

- a:link　　设定正常状态下链接文字的样式
- a:active　　设定鼠标单击时链接文字的样式
- a:visited　　设定访问过的链接文字的样式
- a:hover　　设定鼠标放置在链接文字上时文字的样式

2. CSS样式的标记

（1）内部样式表

内部样式表的内容应该位于 HTML 结构的<head>和</head>之间，定义样式表的部分用<style>和</style>标记来表示。

在 Dreamweaver 中指定字体、字号、文字颜色来定义样式表的时候，在代码视图中出现的 HTML 代码和属性，字体（font-family）或者（font-size）等属性，并且以冒号为间隔设置属性值。属性与属性由分号（；）来区分。

用<!—和-->注释标记来套样式表是因为，样式表是在 IE4.0 以上浏览器才支持的，因此，为了在其他浏览器中忽略通过；

应用样式表的文字包括在和标记之间，如图 7-112 所示。

```
<head>
<meta http-equiv="Content-Type" content="text/html; charset=gb2312" />
<title>宁月首页</title>
<style type="text/css">
<!--
body {
    background-color: #FFFFFF;
    margin-left: 0px;
    margin-top: 0px;
    margin-right: 0px;
    margin-bottom: 0px;
}
-->
</style>
</head>
```

`<span class="bt">最新动态</span>`

图 7-112　内部样式表结构

（2）外部样式表

外部样式表也位于 HTML 结构的<head>和</head>之间，样式表的内容已经在外部定义好，在页面中直接用<link>链接到外部样式表文件即可。

应用样式表的文字也包括在和标记之间，如图 7-113 所示。

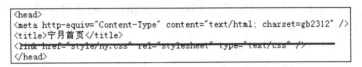

图 7-113　外部样式表结构

3. CSS样式的创建

（1）用户自定义样式（即类）

① 【文本】样式。制作网页时将根据内容把文本制作成不同的样式。把经常使用的文字样式保存为样式表，则可以在以后有需要时再使用。

在【CSS 规则定义】对话框左侧的分类中，选择【类型】项，如图 7-114 所示。

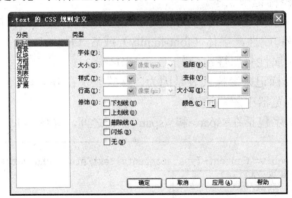

图 7-114　【类型】样式设置

字体：设置样式的字体，可以在下拉列表中选择相应的字体。

大小：即字号，定义文本的字体大小，可以通过选取数字和度量单位来选择具体的字体大小，也可以选择一个相对的字体大小。最好使用像素 px 作为单位，这样可以阻止浏览器中的文本变形。

样式：设置文字的外观。可以选择"正常"、"斜体"、"偏斜体"。

行高：即行距，可以选择"正常"，计算机自动调整行高，也可以输入"值"，自行设置。行高的数值是包括字号值在内的，例如，文字大小为 12px，，如果要设置一倍行距，则行高应该为 24px。

修饰：添加"下划线"、"上画线"、"删除线"、"闪烁"或"无"。

粗细：给字体指定粗体字的磅值，在下拉列表中选择。

变形：选取字体的变种，例如"小型大写字母"。

大小写：将选区中每个单词的第一个字母转为大写，或者令单词全部大写或全部小写。

颜色：设置文字颜色。

② 【背景】样式。在前面的制作中直接通过属性面板设定背景图像，背景图像会在上水平垂直方向重复出现。CSS 样式可以灵活地设置背景图像的显示方式。

在【CSS 规则定义】对话框左侧的分类中，选择【背景】项，如图 7-115 所示。

图 7-115　【背景】样式设置

背景颜色：选择一种颜色作为背景。

背景图像：直接输入背景图像的路径，或单击右侧"浏览"按钮找到背景图像的位置。

重复：使用图像作为背景时，设置背景图像重复的方式，包括"不重复"、"重复"、"横向重复"、"纵向重复"。

附件：使用图像作为背景时，设置图像是否跟随网页一起滚动。

水平位置：设置水平方向的对齐方式，包括"左对齐"、"右对齐"、"居中"、"值"。选择"值"可以直接输入数值。

垂直位置：设置垂直方向的对齐方式，包括"顶部"、"居中"、"底部"、"值"。

③ 【区块】样式。对文本更进一步格式设置。在【CSS 规则定义】对话框左侧的分类中，选择【区块】项，如图 7-116 所示。

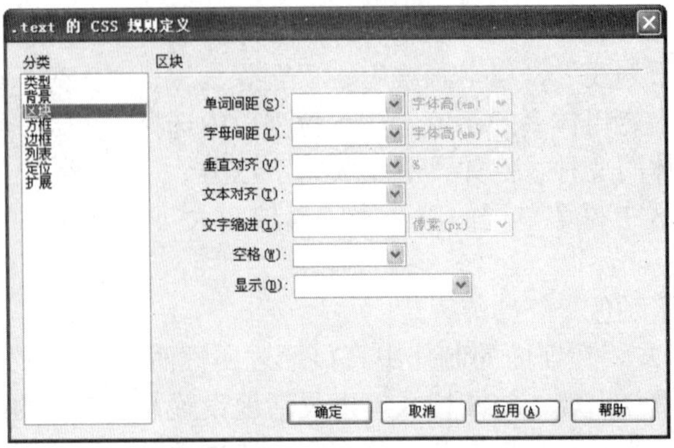

图 7-116 【区块】样式设置

单词间距：设置英文单词之间的距离，一般选择默认设置。
字母间距：设置英文字母间距，使用正值为增加字母间距，使用负值为减小字母间距。
垂直对齐：设置文本垂直对齐方式。
水平对齐：设置文本水平对齐方式。
文字缩进：设置文本的缩进距离，文本的缩进和字号的单位要保持一致。
空格：对源代码文字空格的控制。"正常"，忽略源代码文字间的所有空格；"保留"，将保留源代码中所有的空格形式，包括空格键、Tab 键、Enter 键创建的空格。
显示：制定如何显示元素。在实际控制中很少使用。

④【方框】样式。"方框"样式可以设置图像的大小、图像周围的空白区域、图像与文字的环绕方式等。

在【CSS 规则定义】对话框左侧的【分类】中，选择【方框】项，如图 7-117 所示。

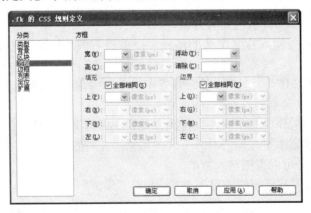

图 7-117 【方框】样式设置

高、宽：设置对象的大小。

浮动：设置文字等对象的环绕方式。

清除：规定对象的一侧不允许有层。

填充、边界：如果对象设置了边框，"填充"是指边框和其中内容之间的空白区域；"边界"是指边框外侧的空白区域。

⑤【边框】样式。边框样式可以给对象添加边框，设置边框的颜色、粗细、样式。在【CSS 规则定义】对话框左侧的【分类】中，选择【边框】项，如图 7-118 所示。

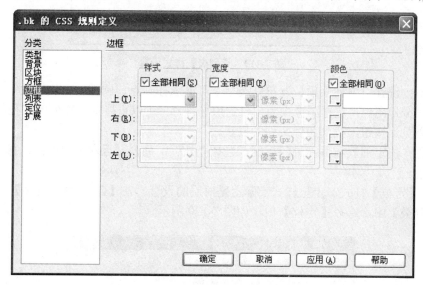

图 7-118　【边框】样式设置

样式：设置上、下、左、右 4 个方向边框的样式，可在下拉列表中选择。如果选中"全部相同"复选框，则只需要设置"上"样式，其他方向的样式与"上"相同。

宽度：设置上、下、左、右 4 个方向边框的粗细。可以选择"细"、"中"、"粗"，也可以直接输入数值和单位。如果选择"全部相同"复选框，则只需要设置"上"宽度，其他方向的宽度与"上"相同。

颜色：设置上、下、左、右 4 个方向边框对应的颜色。如果选择"全部相同"复选框，则只需要设置"上"颜色，其他方向的颜色与"上"相同。

⑥ 列表样式。CSS 中列表样式的设置丰富了列表的外观。在【CSS 规则定义】对话框左侧的【分类】中，选择【列表】项，如图 7-119 所示。

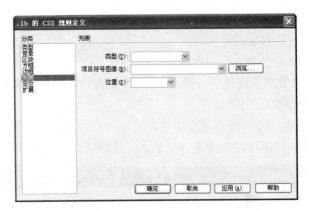

图 7-119 【列表】样式设置

类型：设置引导列表项目发符号类型。可以选择圆点、圆圈、方块、数字等。

项目符号图像：选择图像作为项目的引导符号。可以直接输入图像的路径，也可以单击"浏览"按钮，找到图像文件的位置。

位置：决定列表项目缩进的程度。选择"外"，列表贴近左侧边框；选择"内"，列表缩进。

⑦【定位】样式。定位样式实际上是对层的设置。在【CSS 规则定义】对话框左侧的【分类】中，选择【定位】项，如图 7-120 所示。

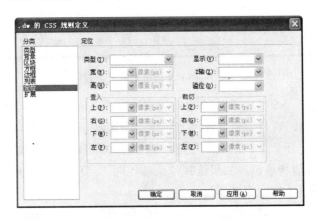

图 7-120 【定位】样式设置

类型：确定浏览器定位层的方法，包括"绝对"、"固定"、"相对"、"静态"。

显示：确定层的最初显示状态。如果没有指定这一属性，在默认情况下多数浏览器会继承原始的变量值。包括"继承"、"可见"、"隐藏"。

Z 轴：确定层的堆叠顺序。编号较大的层会显示在编号较小的层上边。变量值可以是正值也可以是负值。

溢出：（仅对 CSS 层有效）确定如果层的内容超出了层的大小时如何处理。浏览器经常放大文本从而使它与在 Dreamweaver 的文档窗口中相比更占地方。该属性就是控制如何处理这种情况的。

置入：指定层的位置和大小。浏览器如何解释层的位置取决于类型的设置。如果内容超出层的范围，尺寸大小的值就不予考虑了。层的位置和大小的默认单位是像素。

裁剪：定义层的可视部分。如果指定了剪辑区域，可以使用 JavaScript 之类的脚本语言读取并通过属性设置创建出特殊的效果（例如 擦去效果）。

⑧【扩展】样式。CSS 样式可以实现一些扩展功能，这些功能集中在扩展面板上。这个面板主要包括 3 种效果：分页、光标和过滤。

在【CSS 规则定义】对话框左侧的【分类】中，选择【扩展】项，如图 7-121 所示。

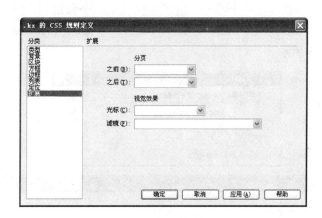

图 7-121 【扩展】样式设置

分页：在打印的时候强迫在样式控制的对象前后换页。
光标：当光标滑过样式控制的对象时改变光标的图像。
滤镜：给由样式控制的对象应用特效，包括模糊和倒置等。

4. 标签定义样式（即标签）

标签（重新定义特定标签的外观）是重新定义 HTML 标记的默认格式。可以针对某个标签来定义层叠样式表，也就是说定义的层叠样式表将只应用于选择的标签。例如。为<td>和</td>标签定义层叠样式表，那么所有包含在<td>和</td>标签内的内容将遵循定义的层叠样式表。

具体的定义方法与前面相似，选中标签后在【CSS 规则定义】对话框中进行，如图 7-122 所示。

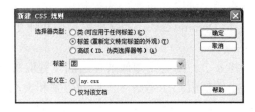

图 7-122　标签样式设置

5. 链接定义样式（即高级）

超链接样式包括链接文字的颜色、大小、背景颜色等等。四个标签 a:link 、a:active 、a:visited、a:hover 的设置方法完全相同，这里选择其中一个做说明。例如 a:hover 标签定义的链接风格是："宋体"、"12px"、"粗体"、链接颜色为"#990000"，加"下划线"，如图 7-123 所示。

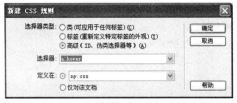

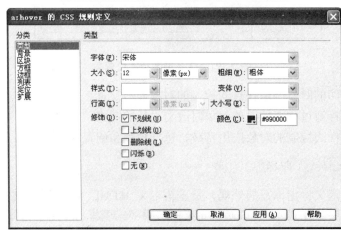

图 7-123　超链接样式设置

【训练项目】

项目提出：为"兹诺照明"网站创建外部样式表，并应用到首页相关对象上，如图7-124所示。

要求1：样式表命名为"zn.css"。

要求2：各个样式的名称要规范，具有一定的意义。

图 7-124 应用样式后的首页实现图

任务六 创建并应用网页模板

【能力要求】

理解模板的概念与作用；理解模板的固定区域与可编辑区域的区别和用途；理解更改模板对使用选定的模板的网页的影响；学会通过模板创建网页的方法。

【实例导入】

制作如图 7-125 所示网页模板。

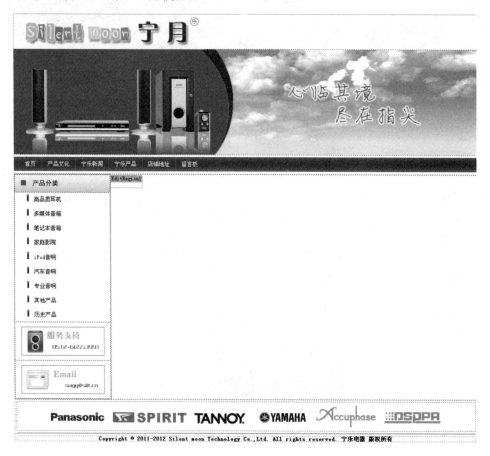

图 7-125 网页模板

通常在一个网站中会有几十甚至几百个风格基本相似的页面，如果每次都重新设定网页结构以及相同栏目下的导航条、各类图标就显得非常麻烦，不过我们可以借助 Dreamweaver 8 的模板功能来简化操作。其实模板的功能就是把网页布局和内容分离，在布局设计好之后将其存储为模板，这样相同布局的页面可以通过模板创建，因此能够极大提高工作效率。

1. 模板的创建与设置

根据首页与子页的效果图，确定两个页面的相同区域和不同区域。相同区域作为模板的不可编辑区，不同区域作为模板的可编辑区。

打开首页 index.html，删除与子页不同区域的内容，并将相应单元格合并，如图 7-126 所示。

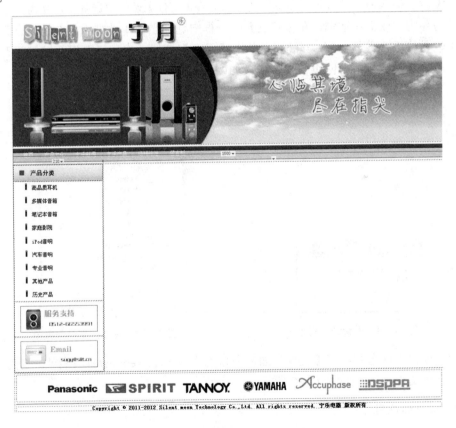

图 7-126 删除内容并合并单元格

选中合并后的单元格对应的<td>标签，单击【常用】快捷栏上的"模板：可编辑区域"按钮，弹出【新建可编辑区域】对话框，如图 7-127 所示。

在【名称】框中可以为可编辑区域命名，单击【确定】按钮即可，如图 7-128 所示。

图 7-127 【新建可编辑区域】对话框　　　图 7-128 插入可编辑区

可编辑区插入后，将当前页面保存为模板。在【文件】菜单中选择【另存为模板...】，弹出【另存为模板】对话框，在【站点】列表框中选择当前本地站点，在【另存为】文本框中输入模板文件的名字：muban，单击【保存】按钮，出现【要更新链接吗？】提示框，单击【是】按钮，网页模板生成，如图 7-129 所示。

图 7-129 更新链接提示框　　　图 7-130 模板在文件面板中

网页模板生成之时，在【文件】面板中自动生成一个 Templates 文件夹，创建的模板保存在该文件夹中，如图 7-130 所示。

2．模板的应用

模板文件创建好后，可以利用模板创建网站的子页。

单击【文件】菜单中的【新建...】，弹出【新建文档】对话框，选择【模板】选项卡，选中要应用的模板"muban.dwt"，单击【创建】，如图 7-131 所示。

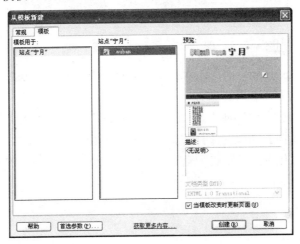

图 7-131　利用模板新建网页文档

生成基于"muban.dwt"模板的网页文档，默认名为"Untitled-1"，右上角有"模板：muban"标记，可编辑区域可以更改，不可编辑区域是禁止操作的鼠标符号，如图 7-132 所示。通过【文件】菜单将该网页保存到站点根目录"silent-moon"下，取名为"cpwh.html"。

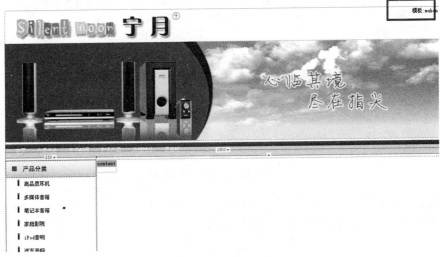

图 7-132　模板生成的网页文档

在网页文档中,将【标题】设置为"宁月>>产品文化",如图 7-133 所示。

图 7-133 子页标题设置

在可编辑区域"content"内插入 4 行 1 列表格,表格宽度为 98%。在【属性】面板中设置表格对齐方式为"右对齐"。

将第 1、3 行所在单元格的"高"设置为"35px",分别输入"品牌文化"、"发展历史",并在【属性】面板的【样式】中选择"bot-text"。

分别在"品牌文化"、"发展历史"下面的单元格中输入相应的文本,并设置文本样式,如图 7-134 所示。

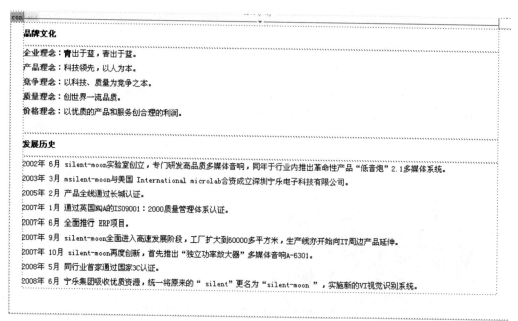

图 7-134 模板生成的网页文档

网站其他子页"nyxw.html"、"nycp.html"、"dpdz.html"的制作方法与"cpwh.html"相似,这里就不一一详细介绍了,最终效果如图 7-135、7-136、7-137 所示。

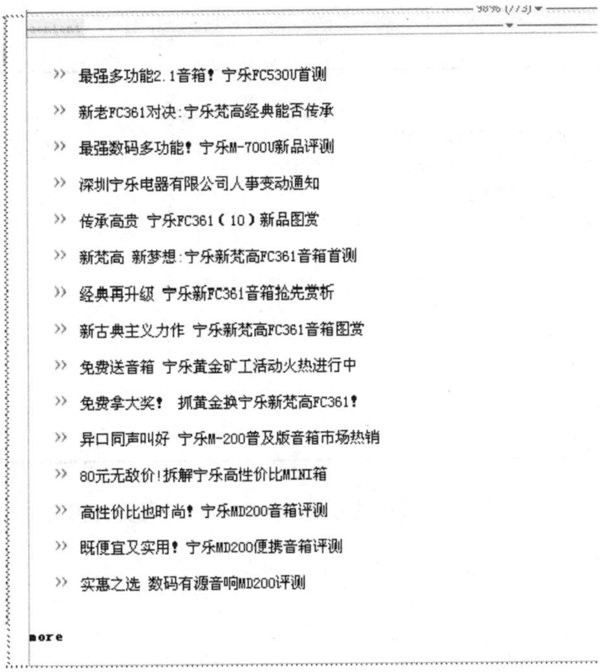

98% (773)
最强多功能2.1音箱！宁乐FC530U首测
新老FC361对决：宁乐梵高经典能否传承
最强数码多功能！宁乐M-700U新品评测
深圳宁乐电器有限公司人事变动通知
传承高贵 宁乐FC361（10）新品图赏
新梵高 新梦想：宁乐新梵高FC361音箱首测
经典再升级 宁乐新FC361音箱抢先赏析
新古典主义力作 宁乐新梵高FC361音箱图赏
免费送音箱 宁乐黄金矿工活动火热进行中
免费拿大奖！ 抓黄金换宁乐新梵高FC361！
异口同声叫好 宁乐M-200普及版音箱市场热销
80元无敌价！拆解宁乐高性价比MINI箱
高性价比也时尚！宁乐MD200音箱评测
既便宜又实用！宁乐MD200便携音箱评测
实惠之选 数码有源音响MD200评测
more

图 7-135 模板生成的“nyxw.html”网页文档

98% (773)
FC260
FC330
FC361(10)
FC361
FC530U
FD-100
FD-200
H11
M-111
M-200
M-600
M-700U
更多

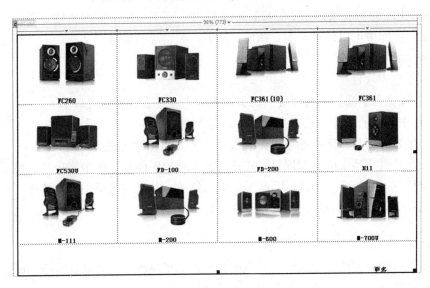

图 7-136 模板生成的“nycp.html”网页文档

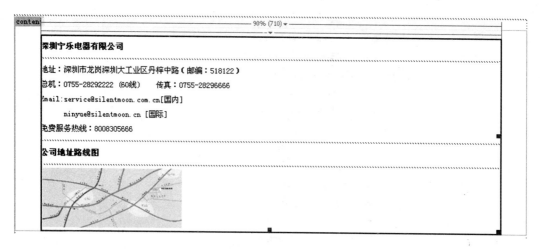

图 7-137　模板生成的"dpdz.html"网页文档

【相关知识】

1. 库项目的创建与应用

如果要使用库和模板功能，必须把源文件夹指定为本地站点。

DW 8中库的功能包含在【资源】面板中。【资源】面板中根据属性分类管理网站的构成要素。在库中可以保存文本、图像、图表、图层等构成网页文档的所有要素。其扩展名为.lbi。

（1）创建库项目

① 在【文件】面板中选择【资源】选项卡，在列表中单击【库】。

② 选中要注册到库中的图像或文本，拖到库中，并修改库项目名称。

（2）编辑库项目：选中库项目，利用面板下方的各种选项进行编辑。

（3）在网页文档中应用库项目：打开网页文档和库面板，选中库项目，拖至网页文档的指定位置。因为是库项目，因此不能直接修改。若想在网页中直接修改，则需要选中对象后在【属性】面板中单击【从源文件中分离】命令。

2. 模板的创建和设置

模板可以作为创建其他文档的样板的文档。创建模板时，可以说明哪些网页元素不可编辑，哪些元素可以编辑。其扩展名为.dwt。

模板的作用：有利于保持网页风格的一致，提高工作效率。

（1）创建模板

① 创建一个全新的模板。

方法一：

在【文件】面板的【资源】选项卡中，单击"模板"按钮，再单击面板右下脚的"新建模板"按钮，此时在上面的列表框中出现了名为 Untitled 的文件，将该文件重命名为实际需要的模板的名字即可。模板面板中，使用快捷菜单按钮或单击面板上的新建按钮，如图 7-138 所示。

图 7-138　利用面板创建新模板

方法二：

在【常用】快捷栏中，单击"创建模板"按钮，在弹出的【另存为模板】的对话框中设置模板保存的站点和模板名称即可，如图 7-139 所示。

图 7-139　利用快捷栏按钮创建新模板

方法三：

在【插入】菜单中，选择【模板对象】→【创建模板】命令，弹出【另存为模板】对话框，做相应设置即可。

② 创建基于文档的模板。打开已经制作完成的网页文档（如首页 index.html），删除网页中不需要的内容，再选择【文件】菜单→【另存为模板…】命令，在弹出的【另存为模板】对话框中做相应的设置即可。

（2）设置模板页面属性

① 用模板创建的文档继承模板的页面属性，页标题除外。

② 设置：选择【修改】菜单→【页面属性】或单击属性面板上的【页面属性】按钮。

（3）定义模板的可编辑区

模板创建好后，要在模板中建立可编辑区，只有在可编辑区里才可以编辑网页文档。网页中任意选定的区域都可以定义为可编辑区，通常我们把多个网页中不相同的区域设置为可编辑区。

插入可编辑区的方法：

方法一：在模板文档中选定需要设置可编辑区的对象，单击【插入】菜单→【模板对象】→【可编辑区域】，弹出【新建可编辑区域】对话框，输入可编辑区域名，如图 7-140 所示。

方法二：在模板文档中选定需要设置可编辑区的对象，单击【常用】快捷栏中的"模板"按钮，在弹出的下拉菜单中选择【可编辑区域】项，在弹出的【新建可编辑区域】对话框中输入可编辑区域名即可，如图 7-141 所示。

图 7-140 【另存为模板】的对话框

图 7-141 【可编辑区域】的插入

(4) 模板的应用和更新

① 应用模板创建文档：

方法一：选择【文件】菜单→【新建】→【模板】选项卡→选择相应的模板→单击【创建】按钮。

方法二：新建一个空白网页文档，从【文件】面板的【资源】选项卡中的【模板】中拖一个模板到空白网页文档中即可。

方法三：从【文件】面板的【资源】选项卡中的【模板】中，右击需要的模板，在快捷菜单中选择【从模板新建】即可。

方法四：新建一个空白网页文档，选择【修改】菜单→【模板】→【套用模板到页】即可。

② 把页面从模板中分离出来。在应用了模板的文档中，只有可编辑区的内容才可以修改，如果要对应用了模板的页面的锁定区进行修改，必须先把页面从模板中分离出来。

方法：选择【修改】菜单→【模板】→【从模板中分离】即可，如图 7-142 所示。

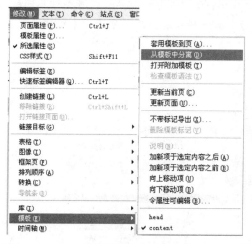

图 7-142 【从模板中分离】设置　　　图 7-143 【编辑】模板

③ 修改模板。在【文件】面板【资源】选项卡下的【模板】中选定要修改的模板，单击【编辑】按钮或双击模板名称打开模板，编辑完成后保存，如图 7-143 所示。保存后可选择是否更新已应用模板的文档。

④ 更新站点中使用模板的所有文件。模板修改过后，应用模板生成的网页必须更新。可以选择【修改】菜单→【模板】→【更新页面】(或【更新当前页】)。

如果通过模板生成的网页都已经打开，那么在修改模板保存时，将自动更新这些网页。

【训练项目】

项目提出：为"兹诺照明"网站创建模板，并利用模板创建网站的各个子页面。
要求1：将首页 index.html 另存为模板"mb.dwt"。
要求2：根据子页的页面布局，在"mb.dwt"模板文档中插入可编辑区。
说明：① 每个可编辑区的命名不能一样。
② 不能把多个元素（如多个表格或单元格）设为一个单独的可编辑区域。
③ 未设置为"可编辑区域"的区域都为"不可编辑区域"。
要求3：利用模板创建子页面，并根据每个子页面上的内容进行布局网页。

任务七 插入其他多媒体元素

【能力要求】

学会在网页中插入各种多媒体元素，增强网页的可视性；利用各种不同的插件，制作出特殊效果的网页；学会利用行为制作出一些特殊效果的页面；对网站内容进行完善。

【实例导入】

制作如图 7-144 所示页面效果。

图 7-144 插入多媒体元素后的首页

如今的网站呈现出多元化的趋势，仅有文本和图片已经不能满足人们的需求，很多的多媒体元素，如 flash 动画、视频、声音等也在网页制作中占有一席之地。

1. 插入Flash动画

在 DW 8 中打开首页文件"index.html"，选中头部表格中的"banner.jpg"图片，按 delete 键删除，如图 7-145 所示。

图 7-145　删除首页 banner 图片

在【文件】面板的 flash 文件夹中，选中"banner.swf"影片文件，按住鼠标左键，将文件拖拽到被删除的 banner 图片所在的单元格内，松开鼠标，弹出【对象标签辅助功能】，直接单击【确定】即可，如图 7-146 所示。

图 7-146　插入 flash 影片文件

用相同的方法，将"最新产品"上方的"banner2.jpg"图片删除，将【文件】面板 flash 文件夹下的"banner2.swf"影片文件插入到删除图片后的单元格内；将"最新动态"下方的"tp1.gif"图片删除，将【文件】面板 flash 文件夹下的"tp1.swf"影片文件插入到删除图片后的单元格内，如图 7-147 所示。

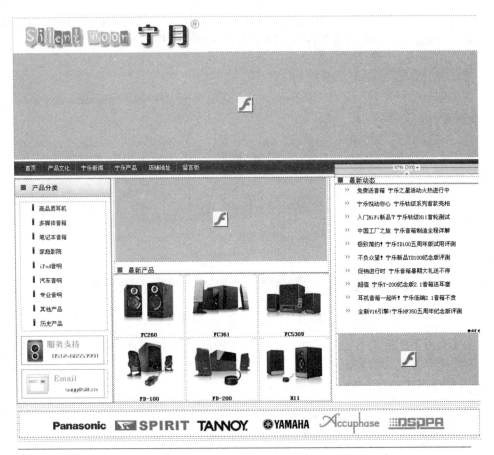

图 7-147　插入 flash 影片文件后的首页

由于其他子页是利用模板生成制作的，而模板是在首页的基础上修改得到，因此各子页顶部的 banner 动画可以通过修改模板，统一更新页面来实现。

打开模板"muban.dwt"，删除模板顶部的"banner.jpg"图片，将【文件】面板 flash 文件夹下的"banner.swf"影片文件插入到删除图片后的单元格内，并通过【文件】菜单【保存】文件，弹出【更新模板文件】对话框，单击【更新】按钮，弹出【更新页面】对话框，自动更新，当【显示记录】中显示"完成"后，单击【关闭】，即完成了子页的更新，再将所有的子页保存即可，如图 7-148、7-149、7-150 所示。

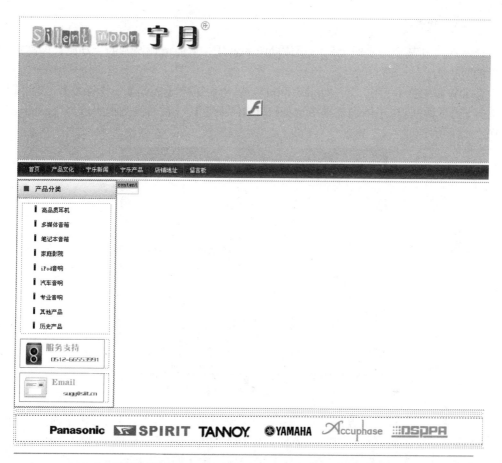

图 7-148 模板中插入 flash 影片文件

图 7-149 【更新模板文件】对话框

图 7-150 【更新页面】对话框

2. 插入背景音乐

通常在打开某个网页时会同时播放动听的音乐，从而增加网站的生动感，提高对浏览者的吸引力。

在 DW 8 中打开首页文件"index.html"，单击主菜单【插入】→【标签】，弹出【标签选择器】对话框。在左侧列表框中选择【HTML 标签】项，在右侧列框中选择"bgsound"，如图 7-151 所示。

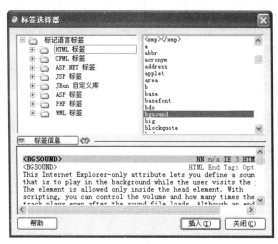

图 7-151 【标签选择器】对话框

单击【插入】按钮，弹出【标签编辑器】对话框，单击【源】后的"浏览"按钮，弹出【选择文件】对话框，打开站点跟文件夹下的 media 子文件夹，选中"PJ.mid"文件，单击【确定】，回到【标签编辑器】对话框，在【循环】框的下拉列表中选择"无限（-1）"，其他保持默认设置，如图 7-152 所示。

图 7-152 【标签编辑器】对话框

单击【确定】按钮，回到【标签选择器】对话框，单击【关闭】即可。通过浏览器浏览首页，此时被插入的音乐就开始循环播放。

【相关知识】

在 Dreamweaver 中除了插入文本和图片以外，还可以将 Flash 和 Shockwave 影片、QuickTime、AVI、Java applet、Active X 控件以及各种格式的音频文件等多媒体文件插入到网页。

1. 在网页中添加Flash元素

在掌握使用 Flash 动画之前，有必要再来熟悉一下 Flash 动画的几种格式。
- Flash 源文件格式（fla）
- Flash 影片文件格式（swf）
- Flash Generator 模板文件格式（swt）。

Macromedia 的 Flash 技术是传递基于矢量的图形和动画的首选的解决方案。与 Shockwave 电影相比其优势是文件小网上传输快。

（1）插入 Flash 动画

在网页中可以插入 swf 格式的 Flash 文件，swf 文件是从 Flash（.fla）文件导出的影片文件，也可以说是 Flash（.fla）文件的压缩版本。此文件可以在浏览器中播放并且可以在 Dreamweaver 中进行预览，但不能在 Flash 中编辑此文件。

具体的插入方法：

方法一：打开要插入 Flash 的网页文档，在【设计】视图中，将插入点放置在要插入影片的地方，单击【常用】快捷栏中【媒体】按钮，选择【插入 Flash 】。

方法二：选择主菜单【插入】→【媒体】→【Flash】。

（2）设置 Flash 属性

插入的 Flash 元素以后可以通过属性面板来对它进行设置，如图 7-153 所示。

图 7-153 Flash 属性设置

我们常看到一些网页上有透明背景的 flash，那么这个到底是怎么放入的呢？需要做什么设置呢？方法如下：

打开要插入 Flash 的网页文档,将【插入】面板切换到【布局】,单击快捷栏中的【绘制层】按钮,鼠标指针变为"+",按住鼠标左键不松开在网页上拖一个图层,如图 7-154 所示。

将光标定位在图层中,插入一个透明的 flash,并调整图层的大小与位置;

选中 Flash,在【属性】面板中单击【参数】按钮,弹出【参数】对话框,设置 flash 元素的参数:wmode=transparent,如图 7-155 所示。

图 7-154 【布局】中绘制层按钮　　　　图 7-155 Flash "参数"设置

(3) 添加 Flash 按钮

通过添加 flash 按钮可以增加网页的可视性。Flash 按钮可以在 flash 中制作好,然后再将其添加到网页上。也可以直接在 DW 中添加。

插入方法:

单击【插入】面板【常用】分类,然后选择【媒体】下拉菜单中的【Flash 按钮】,弹出【插入 Flash 按钮】对话框,在对话框中按照实际需要进行设置,如图 7-156 所示。

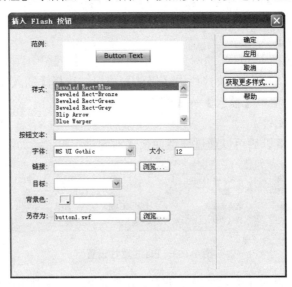

图 7-156 【插入 Flash 按钮】对话框

说明：flash 按钮的保存路径中不能存在中文命名的文件夹。

若要修改 flash 按钮对象，在【文档】窗口中，单击选中 Flash 按钮，使用【属性】面板修改按钮的 HTML 属性，例如宽度、高度和背景颜色。若要对内容进行更改，双击 flash 按钮对象，弹出【插入 flash 按钮】对话框，重新进行设置。或单击选中 flash 按钮，在【属性】面板中单击【编辑】。

（4）使用 flash 文本

除了可以在网页中添加 flash 按钮以外，还可以添加 flash 文本。添加方法如下。

单击【插入】工具栏【常用】分类，然后选择【媒体】下拉菜单中的【flash 文本】，弹出【插入 flash 文本】对话框，在对话框中进行详细设置。

flash 文本的属性修改或内容更新方法与 flash 按钮类似，如图 7-157 所示。

图 7-157 【插入 flash 文本】对话框

2. 在网页中添加音频元素

音乐文件主要用于背景音乐，另外还有单击按钮或特殊情况下发出效果音创造有趣的效果。有时也用于网上可以欣赏音乐的因特网广播等专门领域。

经常用于网页上的代表性音乐文件的格式有：

midi 文件：用于演奏音乐。自身音质很好，容量比较小。

wav 文件：音质很好，与 Midi 相比，占磁盘空间大。

mp3：音质最好，文件比较大，并且要下载整体音频文件，需要 Quick Time，Windows MediaPlayer，RealPlayer 等插件。

在 DW 中使用背景音乐、动画等多媒体文件，则需要先插入插件图标后，再选择需要的媒体文件。所以插件是用于补充浏览器中不支持某些功能的一种应用程序。插入媒体文件时需要插件的原因是因为浏览器本身不能播放网页中插入的音乐和动画。因此只能通过应用程序帮助播放。

插入方法：

在【设计】视图中，将插入点放置在要嵌入文件的地方，在【插入】栏的【常用】类别中，单击【媒体】按钮，选择"插件"图标 ，在弹出的【选择文件】对话框中选择需要的声音文件。或选择主菜单【插入】→【媒体】→【插件】命令。

如果声音文件作为网页的背景音乐，那么在网页上是不可见的，因此可以隐藏音频播放器。

方法一：

声音文件插入到网页中后选中插入的声音文件，在【属性】面板中单击【参数】按钮，弹出【参数】对话框，通过设定参数可以隐藏播放器和循环播放音乐，如图 7-158 所示。

方法二：

通过主菜单【插入】→【标签】，弹出【标签选择器】对话框，如图 7-159 所示。

图 7-158 声音文件"参数"设置

图 7-159 【标签选择器】对话框

在左侧列表框中选择【HTML 标签】项，在右侧列框中选择"bgsound"，单击【插入】按钮，弹出【标签编辑器】对话框，单击【源】后的"浏览"按钮，弹出【选择文件】对话框，选择需要的声音文件，在【循环】框中输入循环次数，或在下拉列表中选择"无限（-1）"，也可以按照实际需要设置【平衡】、【音量】和【延迟】，如图 7-160 所示。

3. 在网页中添加视频元素

有时用电脑看电影时，只有声音而没有画面。只要安装用于显示动画的多媒体数字信号编解码器就可以解决这种问题。

多媒体数字信号编解码器（CODEC）是把声音或影像的模拟信号转换为数字信号的软件。它可以把动画压缩状态转换为解压状态。如果想看被压缩的 avi、mpg、asx、asf 的动画，则需要先解压缩。如果没有安装多媒体数字信号编解码器，则不能播放大容量的动画文件。这些多媒体数字信号编解码器大部分都是免费的软件。

（1）添加视频

视频的添加方法与音频的添加方法相似，在需要插入视频的位置插入【插件】，选择视频文件，再适当调整它的大小即可。

（2）调整视频的细节属性

① 隐藏动画下面的控制条。通过在参数中设定属性可以隐藏视频下面的控制条，如图 7-161 所示。

图 7-160 【标签编辑器】对话框　　图 7-161 视频文件隐藏控制条的参数设置

② 把鼠标移到视频上时播放动画。该效果不是 DW 的基本功能，因此只能在代码视图中直接修改标签。需要把多媒体插入标签<embed>和</embed>更改为图像插入标签<img dynsrc>。

利用图像插入标签<img>，可以插入 avi 文件等视频。插入视频文件时输入为<img dynsrc＝"视频文件路径">。插入视频时必须与<img dynsrc>配套使用。

Start 是指视频播放始点的属性。属性值 mouseover 是用于把鼠标移动到视频上时播放视频的属性值。Fileopen，则打开文档后立即播放。

代码：`<img dynsrc= "视频文件路径" width= "宽度"height="高度" showcontrols="false" start="mouseover" loop="2">`

（3）用 Media Player 播放动画

在文档中插入一张图片，并设置图片的超链接，链接的文件即视频文件。完成后，运行浏览器，单击图像就会自动运行电脑中设定的默认播放软件，并在该播放软件中播放链接的视频。

4. 图像查看器

图像查看器实际上是一种 flash 模板，它允许用户定义图像序列，生成 flash 影片，通过不同的过渡方式显示图片。

（1）将光标停放在要插入 flash 影片的位置；

（2）单击主菜单【插入】→【媒体】→【图像查看器】，弹出【保存 flash 元素】对话框，如图 7-162 所示。

图 7-162 【保存 flash 元素】对话框

（3）在对话框中选择保存路径，文件名。

（4）在页面上将出现 flash 影片标记，在属性面板中可以修改其高度和宽度属性。而其图像序列、超级链接、图像标题等核心内容可以在【flash 元素】面板中修改。

修改的属性，如图 7-163 所示。

```
Bgcolor：#4FC765
Imagelinks：空
imageURLs：给定的一批图片
showcontrols：否
slideautoplay：是
slideloop：是
```

图 7-163　【flash 元素】面板

【训练项目】

项目提出：为"兹诺照明"网站添加多媒体动态效果。

要求 1：将前期设计制作好的 flash 动画插入到网页相应的单元格内。

要求 2：将首页上"公司公告"栏设置成滚动字幕，方向向上，滚动速度为 3，设置当鼠标指针移到对象上时，停止滚动，当鼠标指针移走时继续滚动。

要求 3：为网站添加合适的背景音乐。

任务八 设置网站超链接

【能力要求】

了解超链接概念与作用；熟悉相对路径和绝对路径的概念；学会设置文本超链接；学会设置图片超链接；学会设置图片热点超链接；学会设置email链接；学会设置跳转到其他网站的超链接；掌握锚记的使用方法。

【实例导入】

宁月网站首页部分超链接设置后效果如图7-164所示。

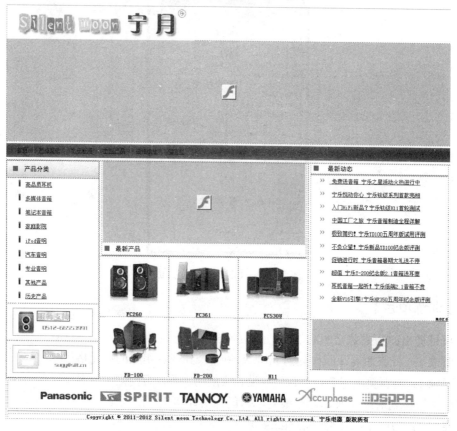

图7-164 首页部分超链接设置后效果

通过前面的学习与制作，网站的静态页面基本完成，但这些网页都是相互独立、互不相干，但作为一个网站，网站内的每个网页都必须联系在一起，这就需要用到超链接功能。

1. 创建首页链接

（1）创建文本超链接

① 创建文本超链接。导航作为网站最主要的导向，引导浏览者顺利进入目的端，因此先将导航文本设置超链接。

选中导航文本"首页"，在【属性】面板中用鼠标左键单击【链接】文本框后面的"指向文件"按钮，不松开鼠标拖至右侧文件面板站点根目录 silent-moon 下的网页文件"index.html"，【链接】文本框中显示"index.html"，松开鼠标，如图 7-165 所示。（或单击按钮，通过【选择文件】对话框设置）。

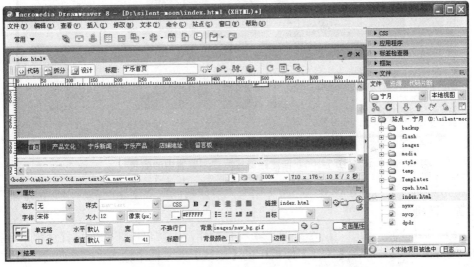

图 7-165 属性面板超链接设置

保存并在浏览器中预览网页，建立了超链接的文字变为蓝色并带有下划线。单击创建超链接的文字，测试链接的完好性，如图 7-166 所示。

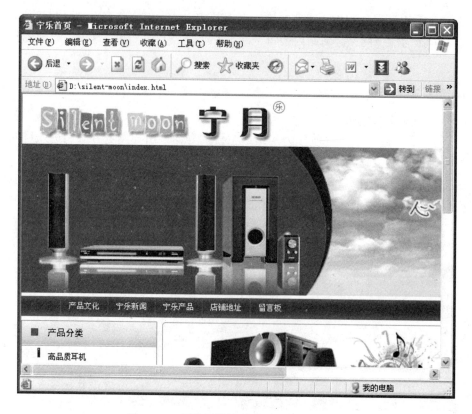

图 7-166　创建超链接后在浏览器中的效果

用相同的方法，将导航中"产品文化"、"宁乐新闻"、"宁乐产品"、"店铺地址"文本设置超链接。

由于"留言板"是一个动态页面，还没有制作，因此可以在此处设置一个空链接。选中"留言板"文本，在【属性】面板中的【链接】文本框中输入"#"，此时"留言板"也有了超链接，如图 7-167 所示。

图 7-167　导航文本超链接设置

导航链接设置完成后，将首页中"产品分类"和"最新动态"下的文本均设置为空链接。将"最新产品"下表示产品型号的文本也设置成空链接，如图 7-168 所示。

图 7-168 首页部分文本链接设置

② 创建文本超链接样式。设置文本链接后,文本的格式会产生变化,在浏览器中浏览时,格式也是默认的固定格式。如果想改变链接文本的格式,可以创建超链接 CSS 样式。

打开 CSS 面板,新建 CSS 样式规则。在选择器中选择【标签】,在【标签】下拉列表中选择 a,定义在 ny.css,单击【确定】按钮,如图 7-169 所示。

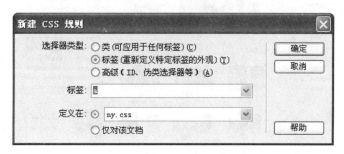

图 7-169 首页文本链接设置

在弹出的【CSS 规则定义】对话框中,选择【类型】分类,并设置字体为宋体、大小为 12px、颜色为#000000、修饰为无,如图 7-170 所示。

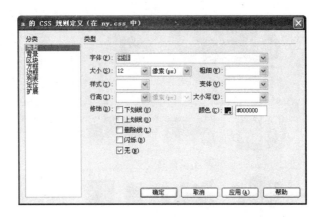

图 7-170 a 的 CSS 规则定义

定义好 a 规则后,首页上链接文本的格式自动应用 a 规则所定义的格式,如图 7-171 所示。

图 7-171 a 规则应用到首页后的效果

再添加鼠标经过的效果，新建 CSS 规则，在选择器中选择【高级】选项，在【选择器】列表中选择 a:hover，单击【确定】命令，如图 7-172 所示。

在弹出的【CSS 规则定义】对话框中，选择【类型】分类，并设置字体为宋体、大小为 12px、粗细为粗体、颜色为#990000、修饰为下划线，如图 7-173 所示。

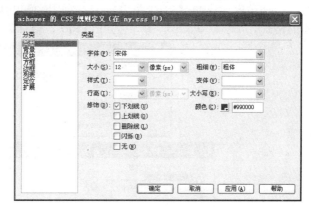

图 7-172　新建 a:hoverCSS 规则　　　　图 7-173　a:hoverCSS 规则定义

定义好 a:hover 规则后，在 DW 8 编辑状态下看不见效果，必须在浏览器中才可见，如图 7-174 所示。

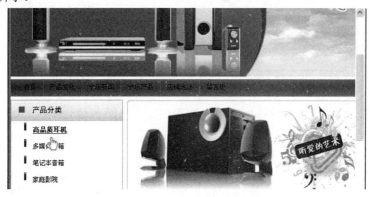

图 7-174　a:hover 规则定义后的预览效果

超链接样式定义完后，首页导航文本也默认应用了定义后的样式规则，预览效果与原本设计的效果不同，因此，要针对导航文本设置专门的超链接样式。

选中导航文本"首页"超链接标签，右击鼠标，在弹出的快捷菜单中选择【快速标签编辑器...】选项，在<a>标签中添加 ID 属性，命名为 dh，如图 7-175 所示。

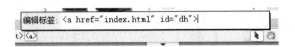

图 7-175 编辑 a 标签

添加结束后，<a>标签变成<a#dh>，选中<a#dh>标签，新建 CSS 规则，设置导航文本的格式，"宋体"、12px、颜色为#FFFFFF、修饰为无，如图 7-176 所示。

图 7-176 定义 a#dh 标签规则

定义完后，导航文本"首页"前出现一个标记，如图 7-177 所示。

选中"产品文化"超链接标签，右击鼠标，在弹出的快捷菜单中选择【设置 ID】命令，在下一级菜单中选择 dh，如图 7-178 所示。

图 7-177 定义完 a#dh 标签规则后效果　　　图 7-178 设置 a 标签的 ID

用相同的方法设置其他导航文本超链接 ID，设置完毕后结果如图 7-179 所示。

图 7-179　导航文本超链接 ID 设置后效果

（2）创建图片超链接

除了文本可以作为超链接的对象外，图片也可以作为超链接对象，设置的方法与文本超链接相似。

选中首页"最新产品"下 FC260 对应的图片，在【属性】面板的【链接】文本框中输入"#"，在【替换】框中输入图片对应的名称"FC260"，在【目标】下拉框中选择"_blank"，如图 7-180 所示。

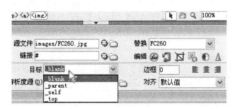

图 7-180　图片超链接设置

用相同的方法，设置其他产品图片的超链接。

（3）创建图片热点超链接

前面将整张图片作为超链接的对象，但有的时候图片很大，超链接的对象只是图片中的一小部分，这个时候就必须用到图片热点来设置超链接。

选中首页上的"服务支持"图片，在【属性】面板中选择【矩形热点工具】，鼠标指针变成"+"，回到"服务支持"图片上，按住鼠标左键，在"服务支持"文字上拖一个矩形，如图 7-181、7-182 所示。

 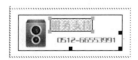

图 7-181　图片超链接设置　　　　　图 7-182　绘制图片热区

松开鼠标，属性面板变为【热点属性】，保持【链接】框中的默认设置"#"，将【目标】设置为"_blank"，如图 7-183 所示。

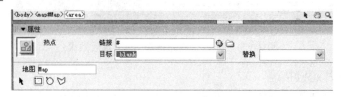

图 7-183　热点属性设置

（4）创建 Email 超链接

在网页中，还经常看到这样的一些超级链接，单击了以后，会弹出邮件发送程序，联系人的地址也已经填写好了，这就是电子邮件链接。

选中首页上的 Email 图片，利用图片热点超链接的设置方法，为图片上的 Email 文字绘制热点区，在"【热点属性】面板中的【链接】框中输入"mailto:×××@sina.com"，如图 7-184 所示。

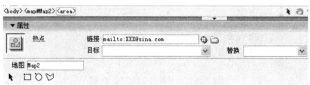

图 7-184　Email 链接设置

在浏览器中预览网页，单击 Email，弹出邮件发送程序，如图 7-185 所示。

图 7-185　邮件发送程序

（5）创建跳转到其他网站的链接

前面设定的超链接基本上都是跳转到内部网页文档的链接，下面将设定跳转到其他网站的链接。

选中首页底部的"Panasonic"图片，在【属性】面板的【链接】框中输入"http://www.panasonic.com"，在【目标】框中选择"_blank"，在【替换】中输入"松下"即可，如图 7-186 所示。

图 7-186　跳转到其他网站的超链接设置

用相同的方法，把其他图片链接到相应的网站上。

至此，首页上的链接都已经完成。

2．创建子页链接

除了首页以外，每个子页也都有链接。由于子页是利用模板生成制作的，因此对于不可编辑区域内的链接可以通过设置模板的链接，更新子页，从而一次性设置好所有模板生成的子页的链接，而对于可编辑区域内的链接，则必须手动逐个创建，创建方法与首页上各种链接的创建方法相似。

双击打开【文件】面板【资源】选项卡下【模板】中的"muban.dwt"文件，将导航文本链接到相应的网页上（设置与首页相同），在【属性】面板的【链接】框中，文件名前出现"../"，如图 7-187 所示。

图 7-187　模板中超链接设置

再分别选中导航文本的链接标签<a>，设置 ID 为"dh"（方法与首页上的设置相同）。至此，模板中导航文本的链接设置完成，如图 7-188 所示。

图 7-188　模板中导航文本超链接完毕

分别选中"产品分类"下的文本，将它们均设置为"空"链接。

模板上的链接创建完成后，通过【文件】菜单→【保存】文件，弹出【更新模板文件】对话框，单击【更新】，弹出【更新页面】对话框，自动更新，当【显示记录】中显示"完成"后，单击【关闭】，即完成了子页的更新。再将所有的子页保存即可。

【相关知识】

超链接是网页中的灵魂，有了超链接浏览者才可以进行跳跃式查询。超链接是从一个网页指向另一个目的端的链接。这个目的端通常是网页，也可以一幅图片、电子邮件地址、一个文件或程序等，当访问者在浏览器中单击超链接时，会打开目的端的内容。

1. 超链接的路径

在创建超链接之前，首先要清楚文档链接路径，概括起来，文档的链接路径主要有绝对路径、相对路径和根目录相对路径三种形式。

（1）绝对路径

提供被链接文档的完整路径，包含其应用协议（如 http://），主要用于创建站外具有固定地址的链接。如：建立到新浪网的链接就可以使用 http://www.sina.com。

要链接其他服务器上的文件就必须使用绝对路径，但使用绝对路径时，必须确保绝对路径准确有效，否则浏览器用户访问时就会报错。

对于本地链接也可以使用绝对路径，但强烈建议不要使用这种方式，因为一旦站点改变地址，所有本地绝对路径链接都会断开。文件绝对路径的格式如下：

```
File:///盘符|/文件夹/.../文件名
```

如：建立到本地 D 盘下的 silent-moon 站点文件夹下 images 子文件夹中 logo.gif 图片的链接 `file:///D|/silent-moon/images/logo.gif`。

(2) 相对路径

以当前文档所在位置为起点到被链接文档经由的路径，省略对于当前文档和所链接的文档都相同的绝对路径部分，而只提供不同的路径部分，如：images/logo.gif，具有可移植性，是网页制作的首选。

当要链接到与当前文档处于同一个文件夹中的文档时，只需要输入文件名；当要链接到当前文档所在文件夹的子文件夹中的文档时，先要有子文件夹名称，然后跟符号"/"，再加文件名；当要链接到当前文档所在文件夹的父文件夹中的文档时，在文档名前加"../"，当要链接到非同一目录下的文档时，要先加"../"，再加文件夹名和链接到的文件名。

在创建相对路径之前，要先保存新文件，如没保存就建立链接则 Dreamweaver 8 将暂时使用 file:// 开头的本地绝对路径，保存文件后自动转换为相对路径。

(3) 根目录相对路径（又称服务器路径）

使用多个服务器的大型站点会要用到这种文档路径。如："/image/button.gif"即是连接网络服务器根目录下的 image 文件夹中的 button.gif 文件，必须在网络环境之下才能使用这种路径。

2. 创建超链接

(1) 设定跳转到关联页面的菜单链接

设定链接的方法主要有两种：一种是单击链接中的"浏览文件"按钮，选择要链接的网页文档，而另一种是使用"指向文件"按钮，在文件面板中选择要链接网页的文档。

(2) 设定跳转到其他网站的链接及目标

链接除了可以跳转到内部网页文档，还可以跳转到其他网站，并通过指定目标使网站在新的窗口中打开。

超链接可以直接指向地址而不是一个文件，单击链接直接跳转到相应的网站。例如，在【链接】框中输入"http://www.sina.com"，那么单击链接就可以跳转到新浪网。

【目标】是显示被链接的网页文档或网站的位置。由单一框架构成的网页文档，主要采用两种显示方式。一种是当前打开的网页文档消失，而显示链接的网页，另外一种是在新的窗口中显示链接的网页。

目标可以在属性面板中选择：

● _blank：保留当前网页文档的状态下，在新的窗口中显示被链接的网页文档

- _parent：当前文档消失，显示被链接的网页文档。如果是多框架文档，则在父框架中显示被链接的网页文档
- _self：当前文档消失，显示被链接的网页文档。如果是多框架文档，则在当前框架中显示被链接的网页文档
- _top：与构造无关，当前文档消失，显示被链接的网页文档。

（3）在网页中发送邮件

在网页上创建电子邮件链接，可以让浏览者快速反馈自己的意见或建议。当浏览者单击电子邮件链接时，可以立即打开浏览器默认的电子邮件处理程序，收件人的地址将会被 E-mail 超链接中指定地址自动装入，无需浏览者输入。

创建邮件链接的方法为：选择文本或图像后，在链接中输入"mailto:自己的邮件地址"即可。

（4）制作从文档底部移动到顶部的锚记

浏览到内容很长的网页文档的最后部分时，要再查看前面部分的内容，则需要向上拖动滚动条。但使用 DW 的锚记功能，则可以一下子移动到上面。

锚记，也称为书签或锚点，用来标记文档中的特定位置，使用其可以跳转到当前文档或其他文档中的标记位置，免去浏览者翻阅网页寻找信息的麻烦。在网页中加入锚记包括两步：一是在网页中创建锚记，二是为锚记建立链接。

具体方法：要在想移动到的位置上插入锚记，然后要在文本或图像上设定移动到插入锚记位置的链接。锚记链接与一般链接相同，可以在链接中设定，输入"#锚记名称"，如在文档顶部插入锚记并取名为 top 后，在文档底部的"移动到顶部"文本的链接中输入"#top"，这样在单击"移动到顶部"文本时，会移动到文档的顶部。

① 创建命名锚记。
- 将光标定位在要创建命名锚记的位置
- 单击【常用】快捷栏上的【命名锚记】按钮，弹出【命名锚记】对话框，如图 7-189 所示
- 在对话框的【锚记名称】文本框中输入锚记名称，如"top"，如图 7-190 所示

图 7-189　创建锚记

图 7-190　"命名锚记"对话框

- 单击【确定】按钮退出，则在文档的相应位置出现一个，这就是命名锚记的符号。

② 创建锚记链接。在插入命名锚记后，就可以创建锚记链接了。通常锚记链接有两种：一种是同页内锚记的链接，如在很多页面最下端都有"返回首页"的链接；另一种是从一个网页指向另一网页中锚记的链接。以创建同页内的锚记链接为例,创建锚记链接的方法为：
● 在文档窗口中选择链接的载体（文本或图片）
● 在属性面板的【链接】框中，输入"#锚记名称"，如"#top"，如图 7-191 所示。

（5）使用图像映射在图像中设定链接

所谓图像映射（也叫热区）是指在一个图片中设定多个链接。通过设定图像链接，在单击图像的一部分时可以跳转到所链接的网页文档或网站。实现这一点只需要使用图像映射图标（即热点工具）□○∨选择要设定链接的区域后，输入要跳转到的网页文档或网站地址即可。

□：矩形热区工具，拖动鼠标，可以创建矩形热区；
○：圆形热区工具，拖动鼠标，可以创建圆形热区；
∨：多边形热区工具，单击鼠标，可以创建多边形热区。

3. 管理超链接

（1）设置超链接属性

超链接颜色有三种状态：链接颜色（Link）、访问过的链接颜色（Visited）、活动链接颜色（Active),通过 CSS 设置，链接还有第四种状态,即鼠标指针划过状态（Hover）。默认的文字链接样式都是带下划线的，在 Dreamweaver 8 中允许用户通过 CSS 样式自定义链接的颜色，也可以在【页面属性】对话框的【链接】分类中定义颜色和下划线样式，如图 7-192 所示。

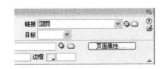

图 7-191　锚记链接

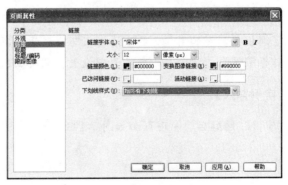

图 7-192　【页面属性】设置【链接】

（2）管理超链接

对含有超链接的网页进行编辑时，比如删除文档、移动文档、文档改名等，原来的超链接会发生改变。当发生这些变化时，会弹出【更新文件】对话框，单击【更新】按钮以更新链接。因为必须更改链接地址才能保持原来的链接的有效性。

如果要删除某个超链接，只需要选择要删除超链接的对象，然后在【属性】面板的【链接】框中直接删除链接内容。

相同的，如果要更改某个超链接，也只要选中要更改超链接的对象，然后在【属性】面板的【链接】框中直接更改链接内容。

【训练项目】

项目提出：完成网站超链接设置，使网站内的各个网页之间能相互跳转。

要求 1：利用各种超链接设置方法，为首页上的链接对象设置超链接，链接到对应的相关子页面上。

要求 2：为模板上不可编辑区域内的链接对象设置超链接，再通过保存模板，更新子页面，统一为模板生成的子页面设置超链接。若子页面上可编辑区域内有超链接对象，那么分别为他们设置超链接。

要求 3：在"nz.css"样式表中，创建合理的超链接 CSS 样式规则，并应用到网页上。

任务九　部署框架网页

【能力要求】

了解框架网页的用途；能分清框架与框架集的不同；学会设计框架集，并使用框架集制作框架网页；学会在框架网页中设置框架页面的超链接。

【实例导入】

"宁月"网站后台管理页面如图 7-193 所示。

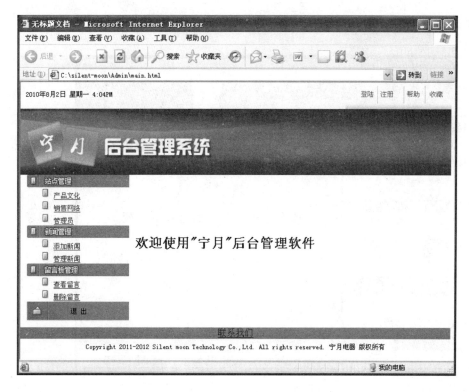

图 7-193 "宁月"后台管理端页面

使用框架可以使同一个浏览器窗口中显示多个 HTML 页面,且每个 HTML 页面都可独立运行与编辑,互不影响。框架最常见的用途是导航,当页面跳转时,包含导航条的框架不需要重新载入页面,这一点,它比模板有更好的用户体验。通常,网站的后台管理页面使用框架的比较多。

1. 框架与框架集

在开始使用框架建网页前,我们首先需要理清两个概念:框架与框架集。

框架,是将浏览器的显示窗口分为多个显示区域,每一个显示窗口称为一个框架,它可以包含一个单独的、可以滚动的页面,它是存放文档的容器。

框架集,是一个 HTML 文件,它定义一组框架的布局和属性,包括框架的数目、框架的大小和位置以及在每个框架中初始显示的页面的 URL。框架集文件只是向浏览器提供应如何显示一组框架以及在这些框架中应显示哪些文档的有关信息。

图 7-194 页面的"框架"结构

如图 7-194 所示,此网页可以大致分成 4 个区域,用框架来制作总共需要 5 个网页文档,其中包括 4 个框架页面和 1 个框架集文档。4 个框架页面其本身是一个个独立可运行的网页,通过框架集将其组合在一起,形成了一个完整的页面。

若要运行此框架网页,则只需双击框架集文档,即可同时加载指定的 4 个框架页面。

2. 创建框架和框架集

(1)制作框架页面

框架页面实际上就是普通的网页,在规划好整个页面的结构后,可以独立编辑每个框架页面。在图 7-194 的框架页面中,分别创建上框架页面 head.html,下框架页面 foot.html,左框架页面 tree.html 和右框架页面。其中上、下、左框架页面中显示的内容基本是固定的,右框架页面显示的内容由系统管理的内容决定。例如,登录进入后台管理端时,默认显示欢迎页面;添加一条新闻时,需要显示新闻的添加页面。因此,右框架中的页面又可称作是主框架页面,它的内容由左框架页面中的"目录树"调用显示。

为了便于网站资源的分类管理,我们在站点文件夹"silent-moon"下创建一个新的文件夹"Admin",在其中新建并管理网站后台所用到的资源文件,如图 7-195 所示。

图 7-195 后台管理的资源文件

① 制作上框架页面:head.html,如图 7-196 所示。

设置页面边距上、下、左、右分别为 0;

插入一个 2 行 5 列的表格,宽 778,间距、填充、边框均为 0。

在第一行第一列单元格中插入"日期"对象(【插入】菜单中的【日期】项),设置"日期"对象所在单元格字体大小为 12 像素。第二到五个单元中分别插入图像对象(图片文件存放在 Admin\image 文件夹中)。调整各单元格大小。

合并第二行单元格,在其中插入 Logo 图像对象。

图 7-196 上框架页面—head.html

② 制作下框架页面：foot.html，如图7-197所示。

设置页面边距上、下、左、右分别为0；

插入一个2行1列的表格，宽778，间距、填充、边框均为0。

设置第一行单元格内容水平居中，输入"联系我们"，并设置链接"mailto:admin@***.com"。

设置第二行单元格内容水平居中，输入网站的版权信息（略）。

图 7-197　下框架页面－foot.html

③ 制作左框架页面：tree.html，如图7-198所示。

设置页面边距上、下、左、右分别为0；

按管理的单元不同分别插入4个表格，表格的行数由各管理单元的管理内容决定，例如，"站点管理"需要插入的是4行2列的表格，合并第一行的单元格，插入"站点管理"图像对象；在第二行到第四行分别插入一个图像对象和输入文字内容。

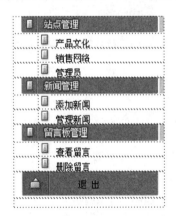

图 7-198　左框架页面－tree.html

④ 制作右框架页面。

右框架页面的内容是根据网站管理的内容决定的，这里仅制作两个简单的网页（welcome.html 和 cpwh.html）来说明框架页面的使用方法，如图7-199和7-200所示。

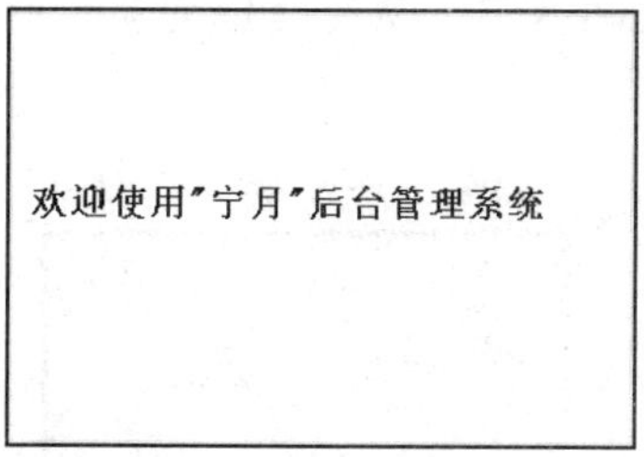

图 7-199　右框架显示页面－welcome.html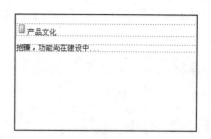

图 7-200　右框架显示页面－cpwh.html

（2）制作框架集

在【文件】菜单中选择【新建】命令，弹出【新建文档】对话框，选择【常规】选项卡中的"框架集"项，在【框架集】中预先框架集的样式为"上方固定，下方固定"（框架集样式的选择以接近页面的结构为宜）。如图 7-201 所示。

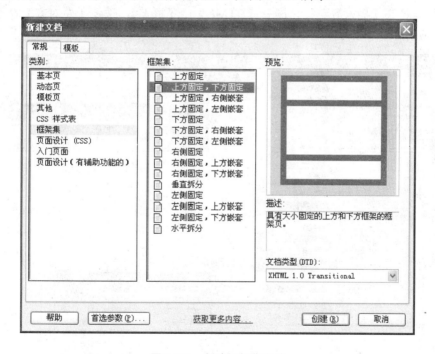

图 7-201　新建框架集文档

单击【创建】按钮，新建了一个包含框架和框架集的文档，并弹出【框架标签辅助功能属性】的对话框，这里的属性可使用默认设置，如图 7-202 所示。

使用【窗口】菜单打开【框架】面板，如图 7-203 所示。观察【框架】面板中的结构及命名方式，与前面的参数设置一致。

图 7-202　【框架标签辅助功能属性】对话框　　　图 7-203　【框架】面板

接下来，把中间的 mainFrame 框架再分成左右两个。首先光标定位在 mainFrame 框架区域中，打开【插入】菜单，展开【HTML】中【框架】，选择【左对齐】命令，如图 7-204 所示。

图 7-204　拆分框架

拆分后，网页共由 4 个框架页面组成，如图 7-205 所示。【框架】面板中也标识出了对应的框架名称，如图 7-206 所示。

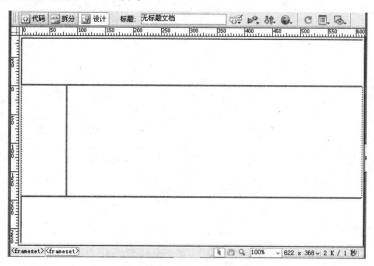

图 7-205　网页中的框架结构

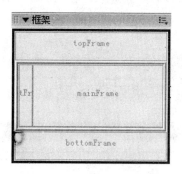

图 7-206　【框架】面板

3．编辑框架和框架集

（1）设置框架页面

为 4 个框架页面设置默认显示的页面内容。以上框架"topFrame"为例，实现页面的导入。

首先在【框架】面板中选中"topFrame"框架，然后打开页面的【属性】面板，拖拽【源文件】属性后的"⊕"指向文件图标移动到【文件】面板的 head.html 文件上，并释放鼠标选择此文件。如图 7-207 所示。

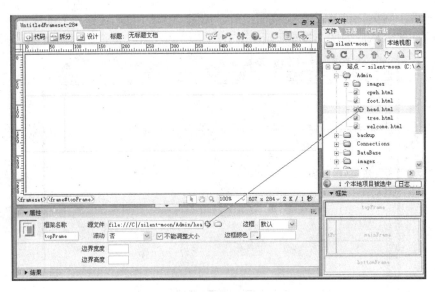

图 7-207 设置框架页面的源文件

添加了框架页面的源文件后,如果页面内容显示不完整,可以将光标移至框架边界上,当光标变成上下箭头形状,可以按下鼠标左键上下拖拽,以找到合适的位置,如图 7-208 所示。

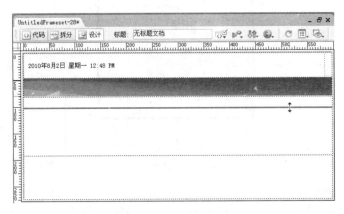

图 7-208 用光标调整框架页面大小

若需要精确的定位大小,可以在【框架】面板中选中框架集(最外层的边框),然后在【属性】面板的【行列选定范围】中选择第一行,设置行的值为"162"。如图 7-209 所示。

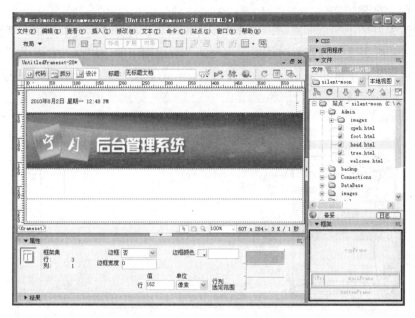

图 7-209 在"属性"面板中设置框架页面大小

其他，leftFrame 和 mainFrame 框架的默认页面设置与 topFrame 框架页面设置相似，读者可自行尝试操作。完成后的效果如图 7-210 所示。

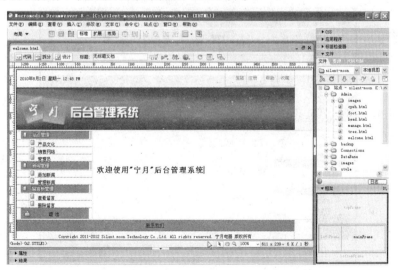

图 7-210 编辑框架页面

（2）保存框架集文件

运行编辑好的框架页面之前，需要先保存框架集。打开【文件】菜单，选择【保存全部】命令，弹出【另存为】对话框。请仔细观察页面中的虚线框，它表示了当前保存的对象，如果是整个页面的外框，那当前正在保存的就是框架集文件，如图 7-211 所示。

图 7-211　保存框架集文件

保存好框架集和框架页面后，按 F12 快捷键运行页面，如图 7-212 所示。

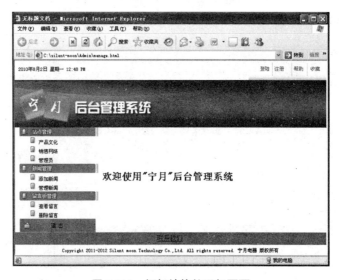

图 7-212　框架结构的运行页面

4. 框架页面的超链接

使用框架页面的优势在于整个页面中只需要对某一框架中的页面切换显示，而其他框架中的页面可以保持不变，这种框架页面的切换不会让用户感觉到网页在刷屏加载，可以为用户带来更好的使用体验。

设置超链接的方法与任务八中的操作过程基本相似。首先选中要做超链接的对象"产品文化"，然后在其【属性】面板中设置【链接】指向的页面"cpwh.html"，同时需要将【目标】属性设置为"mainFrame"框架，如图 7-213 所示。

图 7-213 设置超链接

按 F12 快捷键运行框架网页，单击"产品文化"链接对象，相应的页面就显示在"mainframe"框架中了，如图 7-214 所示。用同样的方法，可以完成其他功能的超链接。

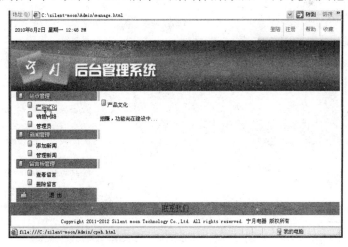

图 7-214 框架网页中的页面跳转

【训练项目】

项目提出：分析"兹诺照明"网站中显示的内容，用框架设计一个与显示内容相关的后台管理端。

要求 1：设计网站后台管理端网页结构，分别制作组成网页的框架页面。
要求 2：制作框架网页，调整框架属性，将页面完整的显示在整个页面中。
要求 3：为网页中目录树的各功能制作超链接页面，将链接页面显示在某框架中。

任务十　应用行为增加页面效果

【能力要求】

了解行为在网页中所能实现的功能；能理解行为中动作和事件，以及两者之间的关系；学会使用 Dreamweaver 8 提供的常用行为；能初步使用简单的 JavaScript 代码设置页面动态效果；掌握行为和层的简单综合应用。

【实例导入】

不同对象应用行为后效果如图 7-215 所示。

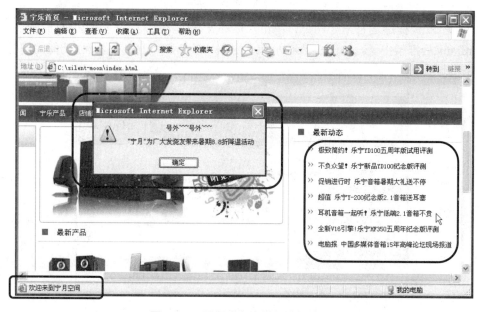

图 7-215　不同对象应用行为的区别

在越来越主张个性化的今天，许多网站都希望用各种各样的"动态"效果来提高浏览者对重要内容的关注度，比如把热点新闻制作成上下滚动的效果、通过弹出一个对话框来突出公告信息、利用状态栏这个小角落显示一句温馨问候等，如图7-215所示。

1. 认识行为

（1）什么是行为

行为是指在网页中进行的一系列动作，通过这些动作可实现用户同网页的交互，也可以通过动作使某个任务被执行。Dreamweaver 8 提供了丰富的行为，可以在网页中实现播放背景音乐、弹出消息、打开新的浏览窗口等功能，结合层的使用还可以制作生动的弹出式菜单。

行为由事件和动作两个基本元素组成。网页中不同的对象所能应用的行为不完全相同，例如对图片对象可以应用"设置导航栏图像"的行为，而对文字对象则无法应用此行为。如图7-216（a）（b）所示。

（a）图片对象　　　　　　　　　　　（b）文字对象

图 7-216　不同对象应用行为的区别

① 动作。行为是通过动作来完成动态效果，动作通常是一段 JavaScript 代码。在 Dreamweaver 中内置的行为会自动生成 JavaScript 代码，读者不需要自己编写。（如果想制作比较特殊的动态效果，则需要进一步学习 JavaScript 语言。）

② 事件。事件是触发动态效果的原因，它由浏览器所定义。它可附加到各种页面元素上，也可附加到 HTML 标记中。同一个事件能够根据事情发生先后顺序引发几个不同的动作（例如与鼠标有关的事件中，当鼠标单击某个对象时可以触发 onMouseDown 事件，释放时又可以触发 onMouseUp 事件）。选择的对象不同，可执行的事件也会不同。

常见事件有 onChange, onClick, onDblClick, onLoad, onMouseDown, onMouseUp

（2）附加行为

了解了什么是行为，以及行为的两个基本元素后，接下来就可以为对象附加一个行为。其一般步骤是：首先选中某个对象，然后添加一个动作，最后在此动作上定义相关的事件。下面以打开网站首页时在状态栏上显示一段欢迎文字为例，实现行为的基本应用。

① 打开行为面板。在【窗口】菜单中勾选"行为"项，在 Dreamweaver 8 右侧的面板区中既会显示出【行为】的设置面板，如图 7-217 所示。

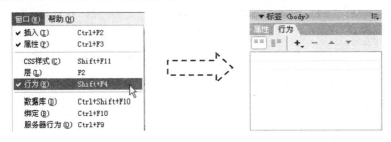

图 7-217　调用"行为"面板

设置行为需要关注 3 个元素：对象、动作和事件，如图 7-218 中椭圆圈出部分。

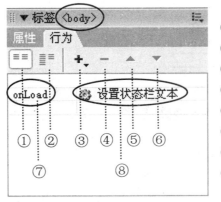

① 显示已设置的事件
② 显示所有的事件
③ 添加行为
④ 删除行为
⑤ 上移行为
⑥ 下移行为
⑦ 显示事件
⑧ 显示动作

图 7-218　"行为"面板的组成

② 添加行为。

在网页中选中一个需要添加行为的对象，此例中应在页面编辑区下方的【标签选择器】中通过选择"<body>"标签来选中整个页面，如图 7-219 所示。

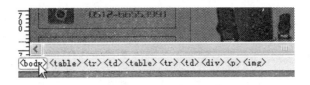

图 7-219　选中页面对象"<body>"

单击【行为】面板上的""按钮,从弹出的菜单中选择"设置文本"项中的"设置状态栏文本"命令,如图 7-220 所示。

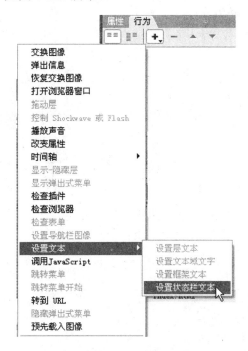

图 7-220　添加【状态栏文本】动作

弹出【设置状态栏文本】对话框,在消息文本中输入"欢迎来到宁月空间!",如图 7-221 所示,单击"确定"按钮后返回【行为】面板。

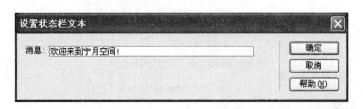

图 7-221　【设置状态栏文本】对话框

③ 设置事件。动作设置好后,需要为此动作定义相应的触发事件。此例要求在打开网页时能够看到浏览器窗口下方的状态栏上显示欢迎文字,因此要为该动作设置 onLoad 事件。

在【行为】面板中，单击【事件】栏右侧的向下箭头，在弹出的下拉列表中选择 onLoad 事件，如图 7-222 所示。

图 7-222　设置 onLoad 事件

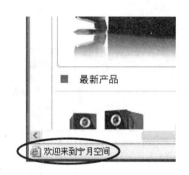

图 7-223　首页状态栏文字

到此为止，我们已经实现了在首页打开时在状态栏上显示文字的行为设置。运行 index.htm 在浏览器的左下方状态栏中就能看到"欢迎来到宁月空间"的设置效果，如图 7-223 所示。

注意：浏览器及版本不同，事件列表的内容也有所不同；选择的对象不同事件列表也会有所不同。

2．行为的应用

（1）弹出消息窗口

"弹出消息"是一个简单、常用的行为，使用这个行为可以在网页中弹出一个信息框，如图 7-224 所示。下面将介绍在首页打开时弹出消息的行为设置。

图 7-224　【弹出消息】行为

① 在首页中选中页面对象。打开 index.htm 页面，在 Dreamweaver 8 页面编辑区下方的【标签选择器】中选择<body>标签。

② 添加"弹出信息"行为。在【行为】面板中单击 + 按钮，在弹出的菜单中选择【弹出信息】命令，如图 7-225 所示。

在"弹出信息"对话框的"消息"文本框中输入相应的文字，如图 7-226 所示。

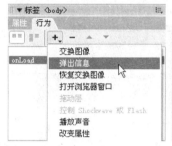
图 7-225 添加"弹出信息"动作

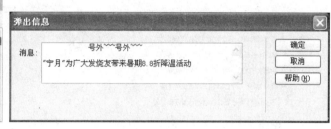
图 7-226 "弹出信息"对话框

③ 设置事件。在加载网页时显示弹出信息需要使用 onLoad 事件。在【行为】面板中选择"弹出消息"动作，在其左侧事件下拉列表中选择"onLoad"事件，如图 7-227 所示。

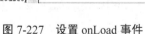
图 7-227 设置 onLoad 事件

图 7-228 弹出的信息

以上设置完成后，保存并运行 index.htm 网页时，将会弹出如图 7-228 所示的消息对话框。

（2）显示滚动的新闻。

Dreamweaver 8 中提供了许多基本的对象行为，很多非常有意思、个性化的动态效果还是需要自己编写 JavaScript 代码来实现的。目前，许多网站中应用较多的行为在网上也都可以找到现成的 JavaScript 代码，只要稍作修改就可以为自己的网页增添不同的动态效果，例如在页面添加由下而上滚动的新闻特效，如图 7-229 所示。

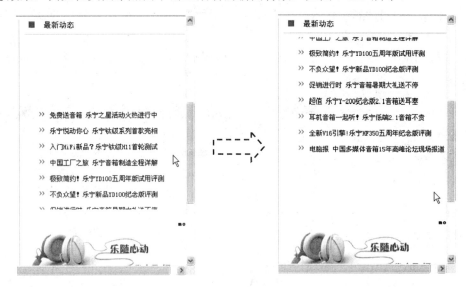

图 7-229　由下而上滚动的新闻

滚动新闻特效的 JavaScript 代码如下：

```
<MARQUEE direction="up" onmouseover=this.stop() onmouseout=this.start() style="FONT-SIZE: 9pt; FONT-FAMILY: 宋体" scrollAmount=1 width="100%" height="300">
        <!--此处放置要滚动的对象-->
</MARQUEE>
```

它是通过使用<MARQUEE></MARQUEE>一对标签，设置相关的属性，对包含在标签中的对象实现的滚动效果。

- direction 属性：设置滚动方向，有"down、up、left、right"值可选。由下而上需要选择"up"。
- onmouseover 属性：当然鼠标移至对象上时停止滚动。
- onmouseout 属性：当然鼠标移出对象时继续滚动。
- scrollAmount 属性：用来表示滚动速度，值越大速度越快。默认为 6，建议设为 1~3 比较好。
- width 属性：设置滚动对象的宽度。横向滚动时需要精确设置，纵向滚动则可以不用考虑，可以设为 100%。

- height 属性：设置滚动对象的高度。纵向滚动时需要根据对象所在单元格高度设置，本例设置为 300 像素。

将网页的编辑视图设置为"拆分"或"代码"，然后将代码分别写入到网页中"最新动态"处，把新闻包含在<MARQUEE></MARQUEE>的中间，如图 7-230 所示。

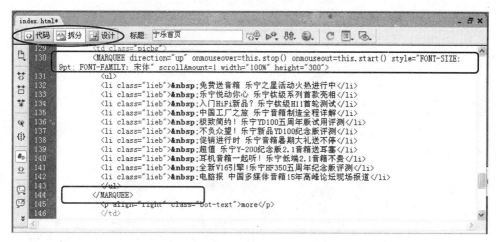

图 7-230　滚动新闻的代码设置

完成上述操作后，保存并运行页面就能看到"最新动态"区域中新闻的滚动了。

3．行为和层的综合应用

除了利用行为可以做一些常用的网页动态效果以外，通过行为和层的综合使用还可以制作出特殊的网页效果。

（1）认识层

层给网页设计者提供了对页面元素最精确的布局定位方式。使用层不仅可以随心所欲地安排网页上各种元素的位置，而且可以使它们呈现层叠的效果，同时可以在显示某层时隐藏另一层。甚至可以通过时间线的设置来让一个或几个层同时在屏幕上移动。

层里可以容纳文字、图像、表单、插件甚至另一个层。总之一句话，凡是在网页上容许出现的元素，都可以置于层中。

（2）在网页中添加层

① 插入层。

方法一：在【插入】菜单中展开【布局对象】，选择"层"命令，如图 7-231 所示。在当前网页的光标插入点附近会新建一个空"层"，如图 7-232 所示。

图 7-231 使用菜单添加"层"

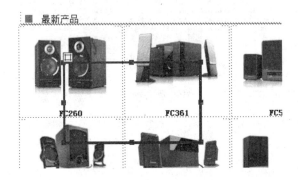

图 7-232 新添加的"层"

方法二:在菜单栏下面有一个【插入】工具条,将要显示的工具设置为"布局",如图 7-233 所示。选中绘制层" "按钮(显示为下凹状)后,就可以在编辑页面的任意位置按住鼠标左键并拖动绘制一个层。若需要连续绘制多个层可以按住 **Ctrl** 键进行拖放。

图 7-233 "插入"工具条

② 层属性。在插入图像之后选定层时,属性面板的内容将发生相应的变化。因为与层相关的大部分属性都是在这里设置的。所以只要掌握属性面板中各选项的功能,就可以灵活应用层。如图 7-234 所示。

- 层编号：层编号可以随便起，以便于识别该层。默认为 Layer*（*为自动编号）。
- 左和上：层相对于页面或当前层（嵌套时）的左边距和顶边距。

图 7-234　层的属性面板

- Z-Index：堆叠顺序号，表示层的前后编号。号码大的层在下方。并且取值可正可负。要改变 Z-Index 的大小，可以直接在属性面板中键入，更简单的方法是按 F11 键调出层面板用鼠标直接拖动各层。
- 可见性：确定层的初始显示状态。用 JavaScript 语言，就可以控制层的可见性以制造动态显示层内容的效果。

③ 操作层。

- 层的三种状态。层首先要激活才能在里边任意放各种控件。激活一个层其实就是在层中置一个插入点，只需在层中任一位置点一下鼠标，这时层的边框高密度显示，且左上角有一手柄，点一下即选中该层。因此我们把对层的操作归纳成三种状态，如图 7-235 所示。

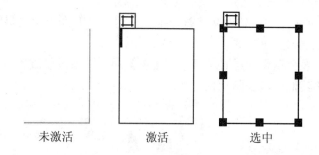

图 7-235　层的三种状态

- 层面板。当创建了多个图层时，除了在页面上可以观察设置外，如图 7-236 所示。还可以在【层】面板（在【窗口】中调用）设置多个层显示时的重叠属性，如图 7-237 所示。如果已启用"防止重叠"选项，那么在调整层的大小时将无法使该层与另一个层重叠。

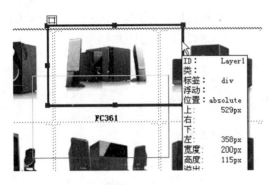

图 7-236 编辑页面中的"层"

图 7-237 "层"面板

④ 层的对齐。在创建了多个层后，可以使用层对齐命令按一定方式快速对齐所有的层。层的对齐是按最后一个选定层的边框来对齐一个或多个层的。

⑤ 移动层。可以按照在大多数基本图形应用程序中移动对象的相同方法在【设计】视图中移动层。

⑥ 改变层的深度。更改层的堆叠顺序使用属性检查器或【层】面板可更改层的堆叠顺序。【层】面板列表顶部的层将位于堆叠顺序的顶部，并且会出现在其他层之前。

在 HTML 代码中，层的堆叠顺序或 Z 轴确定层在浏览器中的绘制顺序。可以使用"层"面板或属性检查器来更改每个层的 Z 轴。

⑦ 改变层的可视性。当处理文档时，可以使用【层】面板手动显示和隐藏层，以查看页在不同条件下的显示方式，如图 7-238 所示。

小技巧：操作多个重叠的层时，可以在【层】面板中通过设置"可见性"来显示要编辑的层，而隐藏其他层，以防止误操作。

图 7-238 用层面板控制可见性

图 7-239 在层中设置滚动条

⑧ 为显示长内容的层添加滚动条，如图 7-239 所示。

首先根据显示需要固定图层的大小，然后将其"溢出"属性设置为"自动"即可添加滚动条。显示效果如图 7-239 所示。

（3）在层中添加对象

在层中添加对象与在网页中添加对象的操作是一样的，而且可添加的内容也是一样的。

首先将光标定位在【层】（Layer1）中，在【插入】菜单中选择"图像"选项，在弹出的【选择图像源文件】对话框中浏览图像文件（FC260_B.jpg，FC260 的放大图），加入图像后的层浮于页面上方显示，如图 7-240 所示。

图 7-240　在层中插入图像

（4）设置层的行为——缩略图的放大效果

网页布局时每个元素占用的空间是有限的，有些图片需要用缩略图来显示，但又希望能让浏览者动动鼠标就能方便地看到放大的图片。使用【显示或隐藏层】的行为可以很容易地做到这样的动态效果。

① 添加行为。首先选中缩略"图像"对象，然后在【行为】面板中单击"＋."按钮，选择【显示-隐藏层】命令，如图 7-241 所示。

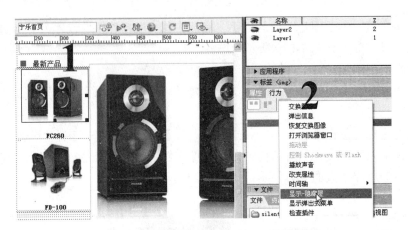

图 7-241 添加"显示-隐藏层"行为

弹出【显示-隐藏层】对话框,在"命名的层"中选择要应用行为的层"Layer1",然后单击【显示】按钮,如图 7-242 所示。

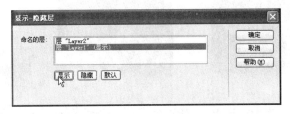

图 7-242 设置层"Layer1"显示

单击【确定】按钮后,返回到【行为】面板,将触发"显示层"动作的事件设置为 onMouserOver(当鼠标移动到缩略图像上时),如图 7-243 所示。

图 7-243 设置"显示"层事件

图 7-244 三个层行为

按照上述添加行为的操作过程，再为同一个缩略图像添加 2 个设置层"Layer1"为"隐藏"的动作。（一个用来在页面加载时隐藏，一个用来当鼠标移出缩略图像范围时隐藏。）

分别设置事件为 onLoad（页面加载时）和 onMouserOut（鼠标移出时），如图 7-244 所示。若不确定哪个动作是显示或隐藏，可以双击打开【显示-隐藏层】对话框来查看或编辑，如图 7-245 所示。

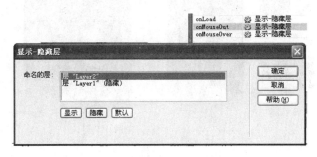

图 7-245　查看、编辑"显示-隐藏层"行为

完成上述操作后，保存并运行 index.htm 文件。页面加载时放大图的层是隐藏的（触发了 onLoad 事件），如图 7-246（a）所示；当鼠标移动到图像上时显示含有放大图的层（触发了 onMouserOver 事件），如图 7-246（b）所示；当鼠标移出图像时，放大图的层又恢复为隐藏状态（触发了 onMouserOut 事件）。

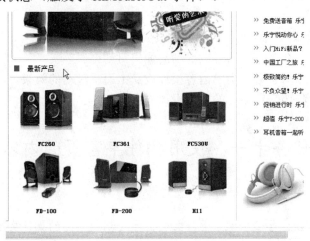

（a）隐藏层

图 7-246　"显示-隐藏层"的运行效果

(b）显示层

图 7-246　"显示-隐藏层"的运行效果（续）

说明："显示-隐藏层"的动作也可以根据用户需求，使用其他事件来触发，例如 onClick 事件（当鼠标单击时）。

【训练项目】

项目提出：为"兹诺照明"网站的首页应用行为。
要求 1：设计一个写有公司近期活动的弹出对话框。
要求 2：把"公司公告"中的内容设计成从上而下滚动的效果。
要求 3：为"集团介绍"中的图片设计放大图。

任务十一　使用插件丰富页面内容

【能力要求】

　　了解插件的作用；学会安装、管理插件；学会识别不同的插件类型，并能快速找到调用方法；能根据不同的插件设置相应参数；了解插件自动生成的代码，会手工修改较基本的代码参数。

【实例导入】

Dreamweaver 被认为是最好的网页编辑软件的最大理由是因为它拥有可以不断扩展新功能的外置"插件",对宁月网站使用插件后的首页如图 7-247 所示。

图 7-247 使用插件后的首页

1. 认识插件

（1）扩展 Dreamweaver 的功能

Dreamweaver 中的插件（Extension）可以理解为类似于 Photoshop 中的外挂滤镜。Dreamweaver 软件中只提供了制作网页最基本的功能,很多网页特效可以从该软件（现在是 Adobe 公司）的官方网站下载,也有部分网页制作发烧友会提供自己设计的免费插件。

使用插件,可以使初学者轻松制作出只能用复杂的 JavaScript 或样式表实现的效果。

（2）插件的管理

根据插件的功能和保存的位置可以对插件进行分类。Dreamweaver 中使用的插件可以分为行为（Behavior）插件、对象（Object）插件、命令（Command）插件、属性检查器（Property Inspector）、插件套件（Suite）、Flash 按钮样式（Flash Button Style）等多种类型。

自 Dreamweaver4.0 版本以后,软件都自带了 Macromedia Extension Manager 组件（中文名称叫插件管理器）。可以在 Dreamweaver 的安装目录中找到,如图 7-248 所示。使用插件管理器可以方便地安装或删除各类"插件"。

图 7-248 打开"插件管理器"

"插件"是以.mxp 为扩展名的可执行程序,双击运行后就可安装在【插件管理器】中,如图 7-249 所示。

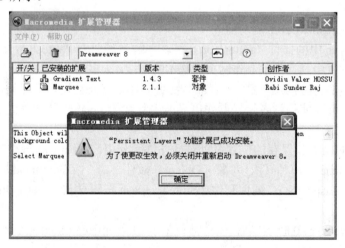

图 7-249 【插件管理器】窗口

2. 使用插件

（1）在固定位置显示广告

浏览网页时，经常会看到一些网页在它的左右两边的空白区域悬挂着醒目的广告，而且即使改变浏览器大小或上下移动滚动条这些广告也一直保持着固定位置。这种网站的宣传形式既不占用页面上的主要区域，又充分地利用了目前宽屏显示器带来的空间冗余。要实现这样的页面效果，我们可以使用"flevPersistentDivs.mxp"插件。下面介绍在"销售网络"页面右侧实现可以对网页内容快速定位的悬浮对象，如图7-250所示。

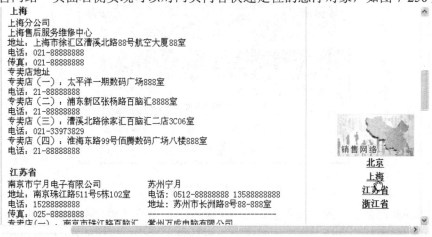

图7-250 "悬浮"的省市快速定位对象

① 安装插件。打开网站"silent-moon"中的"插件"文件夹，双击运行"flevPersistentDivs.mxp"插件文件，如图7-251所示。

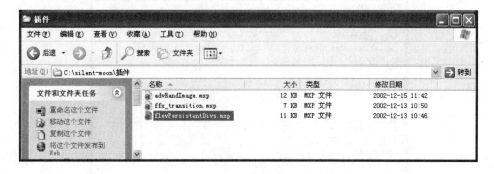

图7-251 插件文件夹

每一个插件在安装时，都会弹出一个扩展功能的"免责声明"，如图 7-252 所示。单击【接受】按钮，才可以继续完成安装。

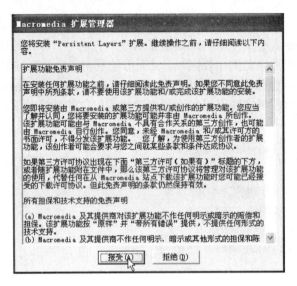

图 7-252 插件的免责声明

安装好插件之后，需要重新启动 Dreamweaver，这样才能使插件的功能正式生效。

在开始使用插件功能之前，还要学会查看插件的类型，以便能在 Dreamweaver 中找到使用的地方。如图 7-253 所示，刚才安装的插件是属于"行为"类型的，因此在使用时应该在【行为】面板中调用此功能。

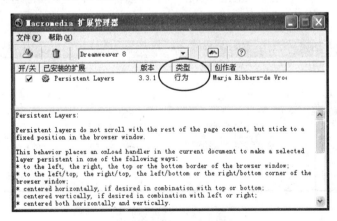

图 7-253 "插件"扩展管理器

打开"销售网络"network.html 页面，在页面中插入一个"层"。在新建的层中插入一个 5 行 1 列的表格，在表格的第一行单元格中插入图片"map.gif"，其余各行分别输入与页面中对应的省市销售站点，如图 7-254 所示。

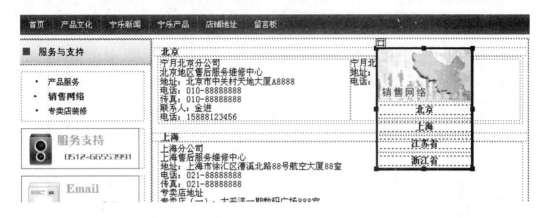

图 7-254 "悬浮"对象

② 设置层的"悬浮"行为。在页面编辑区域下方的【标签选择器】中选中"<body>"标签，然后打开【行为】面板。单击" "添加按钮，此时列表中多出一项新的动作，选择并单击 Persistent Layers 项，如图 7-255 所示。

图 7-255 调用"Persistent Layers"行为

在弹出的 Persistent Layers 对话框中设置参数，如图 7-256 所示。

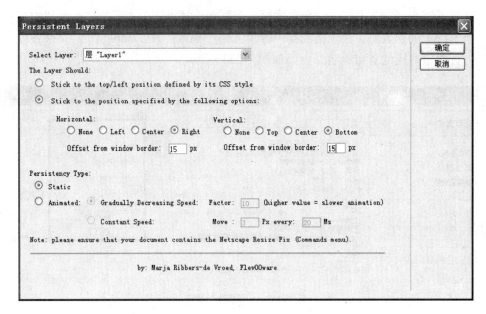

图 7-256　"Persistent Layers"对话框

- 选择图层名称：Layer1
- 选中 Stick to the position specified by the following options 项，并设置：

  图层定义到右侧：Horizontal:Right，与窗口的间距 15px
  图层定义到下侧：Vertical：Bottom，与窗口的间距指定为 15px

单击【确定】按钮后，【行为】面板，"<body>"的默认事件为"onLoad"，此处不用修改，如图 7-257 所示。

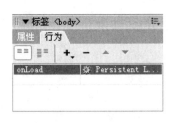

图 7-257　行为面板

图 7-258　"悬浮"效果

保存并运行"network.html",将会发现页面上下滚动时,"悬浮"的层对象始终与窗体的位置保持不变,如图 7-258 所示。

③ 设置"省市"快速链接锚点。将光标定位于"北京"文字的后面,选择【插入】菜单中的【命名锚记】命令,在弹出的对话框中输入锚记名称"BJ"(城市名称的缩写)。设置好锚记后的效果如图 7-259 所示。

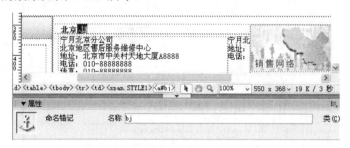

图 7-259　设置网页中内容的锚记

选中"悬浮"层中的"北京"文字,在其【属性】面板中的"链接"属性处输入"#BJ",如图 7-260 所示。

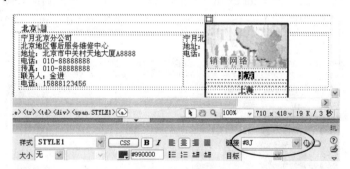

图 7-260　锚记的超链接

重复上述步骤,完成其余各"省市"的插入锚记及创建链接。

至此,已实现了在页面固定位置显示特殊信息的效果。读者若要制作"悬浮"的广告,则可以在此基础上举一反三。

(2) 显示随机图像

随着各种各样的商务或个人网站的不断增加,制作者在页面美工上下足了功夫来吸引浏览者的目光,对于初学者来说用专业的技术处理美工特效确实有些难度,下面为大家介绍一款插件"advRandImage.mxp",它能使我们在每次访问网页时,都可以随机地看到不同的图片。

① 安装插件。打开"插件"文件夹，双击运行"advRandImage.mxp"文件。安装成功后，我们必须注意查看这个插件的类型，如图 7-261 所示。请记住这个插件是"命令"类型的。

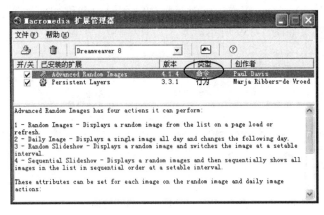

图 7-261 "插件"扩展管理器

② 设置随机图像。打开 index.html 首页文件，把光标放置到需要随机显示图像的单元格中（也可以选中图像）。打开【命令】菜单，选择 randImages 命令，如图 7-262 所示。

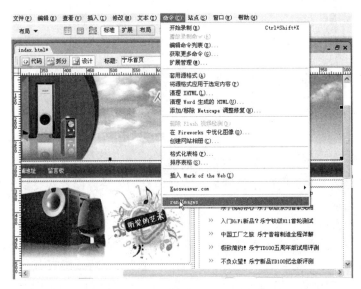

图 7-262 调用 randImages 命令

在弹出的 Random Images 对话框中设置参数，如图 7-263 所示。

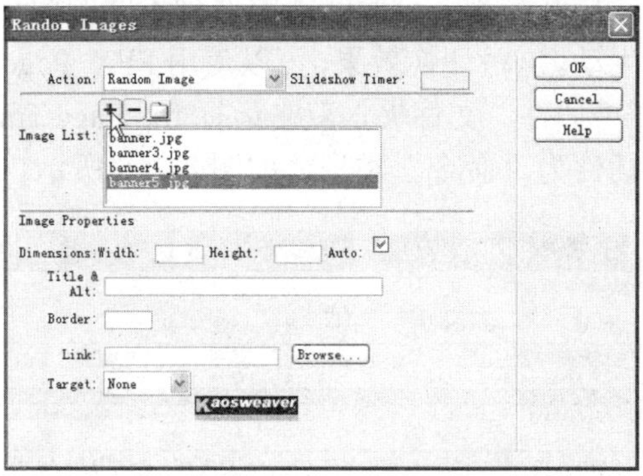

图 7-263　rand Images 对话框

- 选择 action：random image
- 添加要随机显示的图像：单击"➕"按钮添加图像文件
- 给添加的随机显示的图像设定属性：Dimensions 选择 auto

保存并运行 index.html 文件，使用【F5】快捷键刷新页面，注意观察刚才设置的图像，它会随机显示不一样的图片。

小技巧：在代码中添加图像文件。

如果在参数设置时忘了添加个别图像文件，可以先选中图像，然后把"视图"模式切换到【拆分】状态，在相应引用图片文件的代码处手工写入相关路径，如图 7-264 所示。

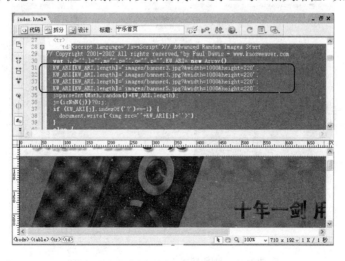

图 7-264　在代码中添加图像文件

（3）图像切换效果

我们已经实现了每次打开或刷新页面时能够看到不同的图片，但如果图片在交替切换时有些变换动作会更生动。这种切换效果，可以使用 FFX_Page Transition 插件来实现。

① 安装插件。打开"插件"文件夹，双击运行 ffx_Page Transition 文件。安装完成后，请观察并确认这个插件为"命令"类型，如图 7-265 所示。

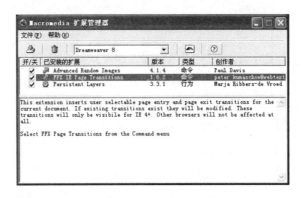

图 7-265　"插件"扩展管理器

② 设置图像的随机切换效果。选中需要显示切换效果的图像，打开【命令】菜单，选择 FFX Page Transitions...命令，如图 7-266 所示。

图 7-266　调用 FFX Page Transitions...命令

在弹出的 IE Page Transitions 对话框中设置参数，如图 7-267 所示。

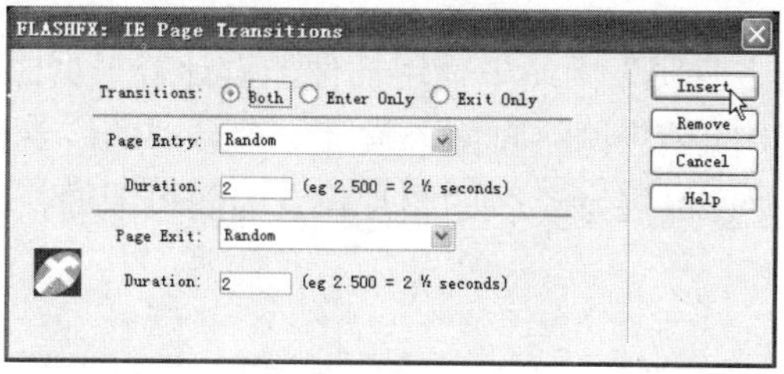

图 7-267　IE Page Transitions...对话框

属性设置如下：
- transitions：both
- Page Entry：Radnom（也可以选择喜欢的效果）　　Duration：2.
- Page Exit：Random
- Duration：2

单击 Insert 按钮，插入设置好的命令。在代码窗口中可以看到自动添加了两行代码，如图 7-268 所示。

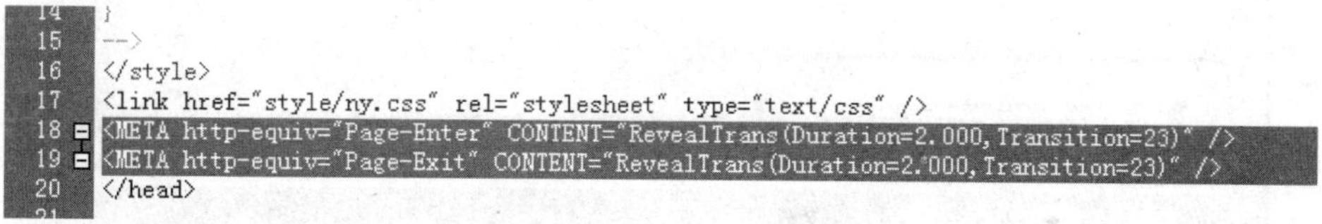

图 7-268　图片切换效果代码

保存并运行 index.html 首页文件，再次使用【F5】快捷键刷新页面，就能看到图片在切换时的渐变效果了，如图 7-269 所示。

图 7-269　图片切换时的效果图

【训练项目】

项目提出：在"兹诺照明"网站中使用插件，设计若干页面特效。

要求1：模仿任务中的销售网络页面，设计一个悬浮的广告板块。

要求2：将首页中"产品展示"区的图片设置为随机图像，并且可以显示不同的切换效果。

任务十二 动态网页初探

【能力要求】

了解动态网页的基本工作流程；了解数据库；掌握数据库的基本应用；掌握ODBC数据源的配置方法；掌握在页面中显示数据表中记录的基本操作方法。

【实例导入】

制作如图7-270所示动态首页效果。

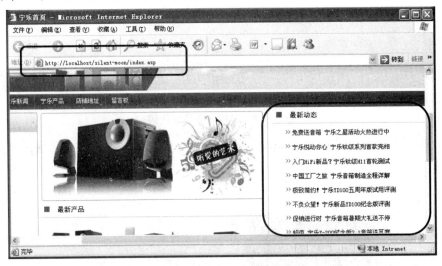

图7-270 "动态"首页效果图

完成了前面几项任务后，我们也许会萌发自己搭建网站、制作网页的美丽憧憬。到目前为止，你确实已经有这个能力去实践你的网站规划了。但随着网页制作技术的不断发展，我们现在所学的静态网页的制作方法已远远不能满足网页中内容需要不断变化的需求。"动态"网页技术可以让网页中的内容"动"起来。

1. 认识动态网页

（1）理解动态网页中的"动"

这里提到的"动"不是指用几个特效，几张 GIF 动画小图片，或几段 flash 动画让网页生动起来的动。动态网页实质上是指用户通过对网页进行"交互性"操作后，存放网站的服务器根据用户的操作需求从数据库中查询并返回数据，然后生成新的页面回传到用户的浏览器中，它具有"因人因时"生成不同网页内容的功能。如图 7-271 所示。

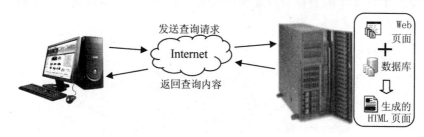

图 7-271　动态网页访问的工作过程

（2）实现动态网页的关键技术

动态网页从广义上来说可以是由网页外观的表现形式和网页内容的更新技术两个层面组成。传统的网页外观是静态的，只有文字与静态的图片，后来出现了一系列网页外观的动态技术，如 flash 技术、DHTML 技术与 VRML 技术等。网页内容动态技术目前主要有 JSP、PHP、CGI、ASP 以及 ASP.NET 等。这里主要介绍 ASP 动网设计技术。

ASP（Active Server Page）是将标准 HTML 文件拓展了一些附加特征。ASP 和数据库的结合，是制作动态网页的最显著的功能所在。在线商务以及在线论坛等各种非常高级的、动态更新的站点都需要数据库的支持，而且需要随着数据库内容的更新而自动更新，这样用户就可以利用 ASP 来建立很多类似的高级站点。

利用 ASP 技术进行动态网站开发的一般流程是：

第一步：HTML 静态页面设置；

第二步：编写 Web 应用程序：

① 构建服务器站点，创建服务器目录，再将编辑好的程序和网页上传到服务器来检查页面效果。

② 利用 IIS 将服务器站点的目录映射为可访问站点。

③ 创建数据库。

④ 选择数据源，并在页面上添加动态内容。

⑤ 构建服务器行为等。

第三步：调试应用程序。

2. 了解数据库

数据库作为数据管理最有效的手段，在各行各业中得到越来越广泛的应用。可以这样说：任何一个行业的信息化、现代化都离不开数据库。

（1）数据库基础

目前使用最为广泛的数据库类型是关系型数据库。如何理解“关系”型数据库呢？可以把关系型数据库中的数据表看成是一张张二维的表格，这样就容易理解了，如图 7-272 所示。

新闻ID	标题	内容	发表日期
1	电脑报 中国多媒体音箱15	2009年6月13日深圳讯：由电脑	2009-6-15
2	全新V16引擎！宁乐HF350五	前言：宁乐今年进入第五个年头	2009-6-19
3	耳机音箱一起听！宁乐低端	宁乐在09年针对不同产品先后推	2009-7-27
4	超值 宁乐Y-200纪念版2.1	[中关村在线音频频道原创]今天	2009-7-28
5	促销进行时 宁乐音箱暑期	泡泡网音频频道8月3日 最近中	2009-8-3
6	不负众望！宁乐新品YD100	泡泡网音频频道8月25日 宁乐电	2009-8-25
7	极致简约！宁乐YD100五周	07年底，宁乐YD100送达了我们F	2009-8-30
8	中国工厂之旅 宁乐音箱制	silent-moon宁乐电器工业园座	2009-11-19
9	入门HiFi新品？宁乐钛级H1	[中关村在线音频频道原创] 会	2009-12-29
10	宁乐悦动你心 宁乐钛级系	【走进中关村 记者：明天】目	2010-1-13
11	免费送音箱 宁乐之星活动	最近网上最热闹的，要数宁乐“	2010-3-25

图 7-272 关系型数据表

① 数据库常用的术语。

- 数据（Data）：描述事物的符号。
- 数据库（DB）：数据存放的地方。
- 数据管理系统（DBMS）：用于管理数据的计算机软件。
- 数据库系统（DBS）：由数据库、数据库管理系统和用户构成（狭义）。由计算机硬件、操作系统、数据库管理系统以及在它支持下建立起来的数据库、应用程序、用户和维护人员组成的一个整体。

② 常用的数据库系统。

- Oracle
- DB2
- SQL Server
- Access

（2）认识 Access

Access 是一种简单易用的小型数据库设计系统，特别适用于小型商务，利用它能够快速创建具有专业特色的数据库，用户不需要研究高深的数据库理论知识。

在创建数据库时，应该根据数据的类型和特性，将它们分别保存在各自独立的空间中。这些空间称为表，表是数据库的核心。

数据库的表看上去很像是电子表格，在其中可以按照行或列来表示信息。表是以记录和字段的方式组织数据的。

- 字段：表的每一列叫做一个"字段"，每个字段包含某一专题的信息。
- 记录：表的每一行叫做一个"记录"，每一个记录包含这行中的所有信息，记录在数据库中的并没有专门的记录名，常常用它所在的行数表示这是第几个记录。
- 值：在数据库中存放在表的行列交叉处的数据叫做"值"，它是数据库中最基本的存储单元。它的位置要由这个表中的记录和字段来规定。

表可以存储数据，而显示数据则是浏览器的任务。所谓基于数据库的 web 应用程序，就是通过浏览器控制位于服务器端的数据库，并在浏览器中查看、添加、查询及更新数据库中的数据的应用程序。

（3）利用 Access 创建数据库

Access 提供了三种创建表的方法：使用设计器创建、用向导创建、通过输入数据创建表。下面介绍最基本的创建方法——使用设计器创建。

首先从【开始】菜单的所有程序中找到 Microsoft Office 文件夹，展开后选择 Access 程序。（Access 是微软 Office 的一个组件）如图 7-273 所示。

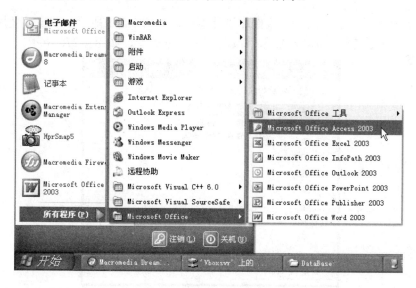

图 7-273　启动 Access 程序

打开"Access"后,从【文件】菜单选择【新建】命令,在窗口的右侧会显示一个【新建文件】的面板,单击【空数据库】项,在弹出的【文件新建数据库】中设置保存路径为"C:\silent-moon\DataBase"(在网站中新建一个 Data Base 文件夹),数据库文件命名为 db.mdb,如图 7-274 所示。

图 7-274　新建数据库

新建数据库后,会弹出一个数据库设计窗口,如图 7-275 所示。双击【使用设计器创建表】,弹出【表】设计器,输入字段名称和数据类型,如图 7-276 所示。

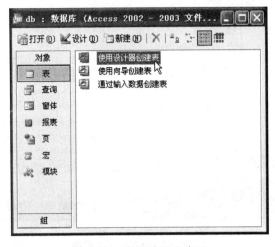

图 7-275　数据库设计窗口

单击窗口右上角的"✕"按钮关闭表设计器,保存并设置表的名称为"news"。此时,在数据库设计窗口中多一张 news 表,如图 7-277 所示。

双击打开 news 表,在表的相应字段中输入若干记录,如图 7-278 所示。

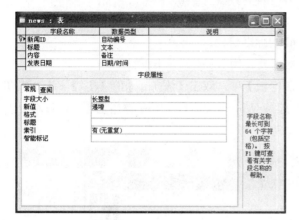

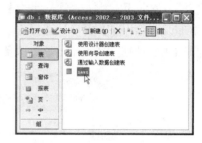

图 7-276　"表"设计器　　　　　　　　图 7-277　news 数据表

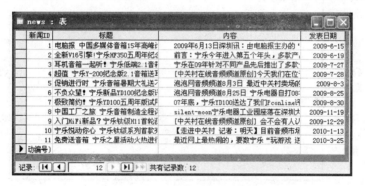

图 7-278　编辑 news 表中的内容

小技巧:如果在输入记录的过程中要修改数据表的字段属性,可以直接在编辑表中的空白处右击,选择【表设计】进入表设计器窗口。

3. 配置动态服务器

(1)配置 IIS

IIS(Internet Information Server,Internet 信息服务器)是基于 Windows 平台,用来提供 WEB 服务的管理组件。通过 IIS 可以很容易地建立和管理自己的网站。

默认的 IIS 服务包括 WEB 服务、FTP 服务、NNTP 服务和 SMTP 服务。
- WEB 服务：Internet 提供的网站架构服务。
- FTP 服务：基于 Internet 的文件传输协议。
- NNTP 服务：Internet 上采用的新闻组协议。
- SMTP 服务：Internet 上 Email 的标准协议。

搭建可用于运行动态网站的服务器需要使用 IIS 中的 WEB 服务。

① 安装 IIS 组件。在系统的【控制面板】中，双击【添加或删除程序】图标，打开【添加或删除程序】窗口，选择【添加/删除 Windows 组件】。在弹出的【Windows 组件向导】中，勾选"Internet 信息服务（IIS）"项，如图 7-279 所示。

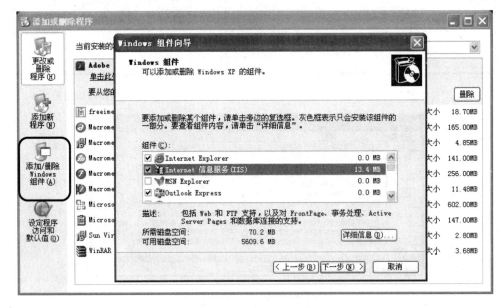

图 7-279　安装 IIS 组件

单击【下一步】按钮安装后，系统在安装组件的过程中会提示插入 Windows 操作系统的安装光盘。（为了避免在安装过程中弹出提示警告，可以预先将光盘放于光驱内。）

IIS 安装成功后，打开【控制面板】中的【管理工具】窗口，里面会有一项"Internet 信息服务"的快捷方式图标，如图 7-280 所示。

图 7-280　管理工具窗口

打开"IE 浏览器",在"地址栏"内输入 http://localhost,按回车确认后,可以看到如图 7-281 所示的 IIS 安装成功后 IE 浏览器中的测试内容。

图 7-281　IIS 安装成功的 IE 测试页面

② 配置 WEB 站点。在【管理工具】窗口中，双击运行【Internet 信息服务】图标。打开【Internet 信息服务】窗口，逐级展开窗口左侧目录树中的"SIIT-XP（本地计算机）"、"网络"等，如图 7-282 所示。

展开【IISHelp】虚拟目录后，在其右侧窗口会列出该网站下的所有资源信息。右击 default.asp 文件，选择【浏览】命令，就能看到图 7-281 中包含的一个带有帮助信息的页面。

图 7-282 "Internet 信息服务"窗口

在左侧目录树中的【默认网站】上右击，选择【新建】→【虚拟目录】，如图 7-283 所示。

图 7-283 新建"虚拟目录"

弹出【虚拟目录创建向导】对话框,单击【下一步】按钮。设置"虚拟目录"别名为 silent-moon,如图 7-284 所示。

单击【下一步】按钮,在"目录"中输入路径为"c:\silent-moon",如图 7-285 所示。

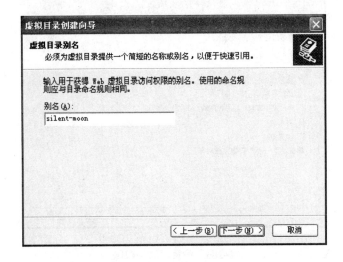

图 7-284　设置"别名"

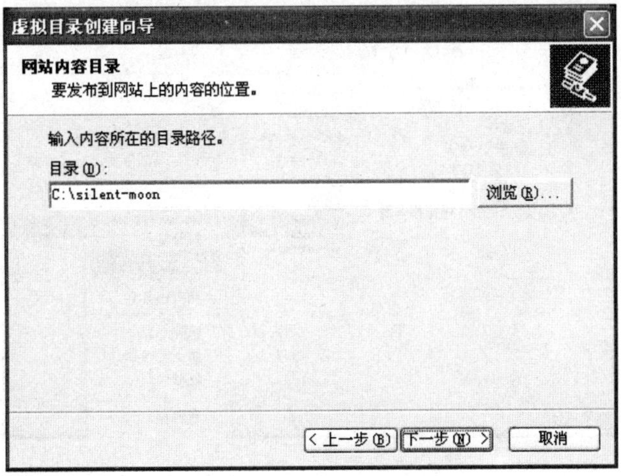

图 7-285　设置"目录路径"

单击【下一步】按钮,在"访问权限"设置时,使用默认的选项:勾选"读取"和"运行脚本",如图 7-286 所示。

向导最后一步是确认完成页面，单击【完成】按钮后，就会返回【Internet 信息服务】窗口。

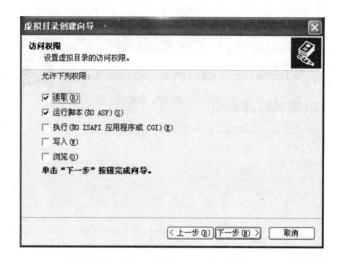

图 7-286　设置"访问权限"

图 7-287　silent-moon 虚拟目录

在 silent-moon 目录的右侧窗口中右击 index.html 文件，选择"浏览"命令，如图 7-287 所示。

IE 浏览器中显示了"宁月"网站的首页，请仔细观察和对比 IE【地址栏】中网页访问路径的不同。图 7-288 是利用 IIS 配置好 WEB 服务以后的浏览地址，使用的是 http 的网络浏览方式；图 7-289 是在【资源管理器】双击 "index.html"文件后，使用本地路径的浏览方式。

图 7-288　配置 WEB 服务后

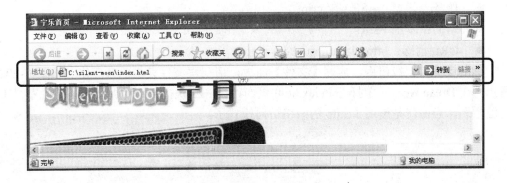

图 7-289　配置 WEB 服务前

（2）配置动态站点

制作的动态网页其扩展名为.asp，若要在 IE 浏览器中运行调试，则需要配置站点中的"测试服务器"参数。

在【文件】面板中，选择【视图】列表框中的"测试服务器"项，在下方窗口中单击"定义测试服务器"项，如图 7-290 所示。

图 7-290 "文件"面板

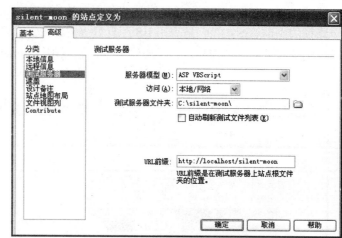

图 7-291 设置"测试服务器"

在弹出的【测试服务器】页面中设置参数，如图 7-291 所示。
- 服务器模型：ASP VBScript
- 访问：本地/网络
- URL 前缀：http://localhost/silent-moon

单击【确定】按钮后，返回【文件】面板，请观察文件夹颜色有变化，如图 7-292 所示。在 Dreamweaver 中打开 index.html 页面，按 F12 快捷键运行此页面，请观察"IE 地址栏"，当前就是使用了 http 的网络访问模式了。

图 7-292 "测试服务器"视图状态

4. 显示数据表中的新闻

前面,已经为网站创建好了 db.mdb 的数据库文件,也为制作动态网站搭建好了 WEB 服务器。下面将介绍如何把"index.html"首页中"最新动态"板块的内容修改成从数据库中获取并显示。

(1) 创建 ODBC 连接

ODBC(Open Database Connectivity,开放数据库互联)是由微软公司于 1991 年提出的一个用于访问数据库的统一界面标准,是应用程序和数据库系统之间的中间件。它通过使用相应应用平台上和所需数据库对应的驱动程序于应用程序的交互来实现对数据库的操作,避免了在应用程序中直接调用于数据库相关的操作,从而提供了数据库的独立性,是微软公司开放服务结构(WOSA)中有关数据库的一个组成部分,它建立了一组规范,并提供了一组对数据库访问的标准 API。

① 创建系统 DSN。打开【控制面板】窗口,进入【管理工具】窗口,双击运行【数据源(ODBC)】快捷图标,如图 7-293 所示。

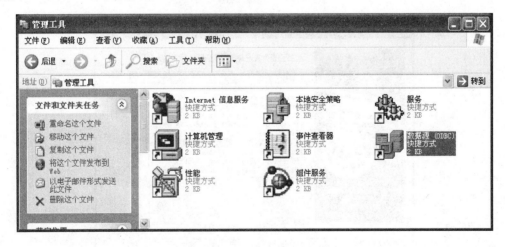

图 7-293 "管理工具"窗口

弹出【ODBC 数据源管理器】对话框,选择【系统 DSN】选项卡,单击【添加】按钮,如图 7-294 所示。

弹出【创建新数据源】对话框,选择"数据源的程序程序"为 Microsoft Access Driver(*.mdb),单击【完成】按钮。如图 7-295 所示。

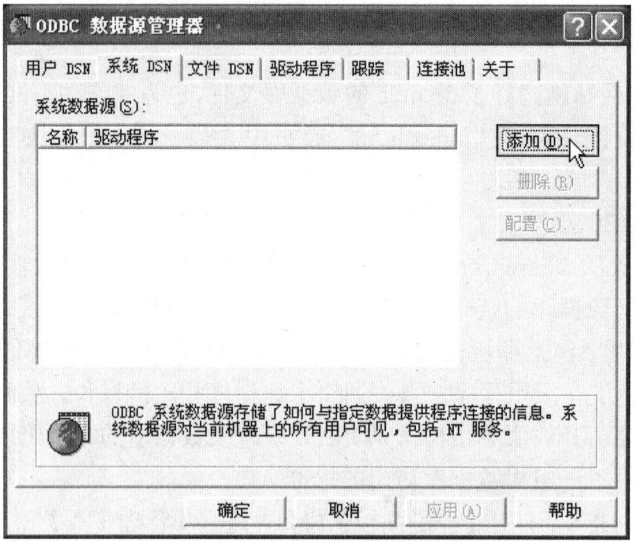

图 7-294 "系统 DSN"窗口

图 7-295 选择数据源驱动程序

然后，在【ODBC Microsoft Access 安装】对话框中设置参数，如图 7-296 所示。

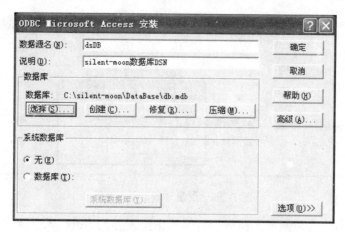

图 7-296 【ODBC Microsoft Access 安装】对话框

- 数据源名：dsDB
- 说明：silent-moon 数据库 DSN
- 使用【选择】按钮找到"db.mdb"数据库存放的路径。

单击【确定】按钮后，返回到【ODBC 数据源管理器】对话框，再单击【确定】按钮，完成系统 DSN 的配置。

② 创建站点的数据源连接 DSN。打开【数据库】面板，单击"＋"添加按钮，选择【数据源名称（DSN）】项，如图 7-297 所示。

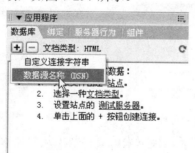

图 7-297 【数据库】面板

在弹出的【数据源名称（DSN）】对话框中设置参数，单击【测试】按钮，若参数设置正确会弹出"成功创建连接脚本"的提示信息，如图 7-298 所示。

- 连接名：dbConn
- 数据源名称（DSN）：dsDB（默认已配置的"系统 DSN"）
- 用户名和密码：根据用户对数据库是否设置密码决定，此处可以不用设置。

图 7-298 配置"数据源"连接

设置完成后,【数据库】面板中将显示出配置好的"dbConn"数据源信息,如图 7-299 所示。

图 7-299 "dbConn"数据源

图 7-300 另存为 index.asp

(2)在页面中显示新闻

建立好与数据库的连接后,接下来就要将数据从数据库中取出并显示到页面中。

目前,网站的首页还是一个以.html 为扩展名的静态页面,需要先将其"另存为"以.asp 为扩展名的动态网页文件,如图 7-300 所示。(在【文件】菜单中选择【另存为】命令)。

① 从数据库取出数据—创建记录集。记录集(Recordset)即现有的记录的子集,是由数据库中的所有符合查询条件的记录构成。一般要想生成一次记录集,总要进行一次查询操作,根据查询条件得到结果,然后生成记录集。可以将记录集看成一个规模较小的表,因为这个表不是数据库中的真实的表,所以可以说是个虚拟表。

打开【应用程序】面板中的【绑定】窗口,单击"+"按钮,选择【记录集(查询)】命令,如图 7-301 所示。

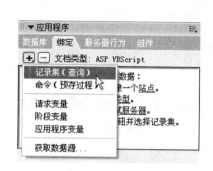

图 7-301 新建"记录集"

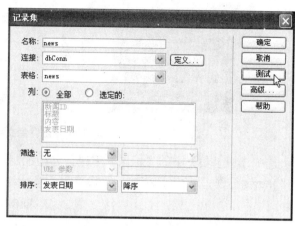

图 7-302 设置"记录集"参数

在【记录集】对话框中设置参数,如图 7-302 所示。单击【测试】按钮,我们可以浏览到从 news 数据表中取出来的信息,如图 7-303 所示。

- 名称:news
- 连接:dbConn
- 表格:news
- 列:选择"全部"
- 排序:选择"发表日期","降序"

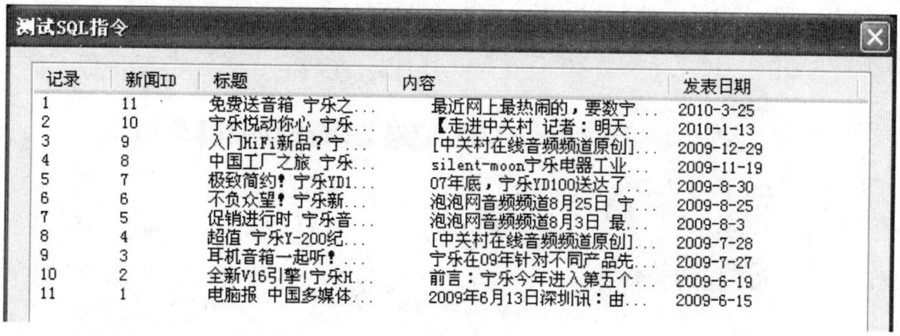

图 7-303 "记录集"中的数据

② 在"最新动态"板块显示数据-绑定记录集字段。选中"最新动态"中的内容，并删除，如图 7-304 所示。

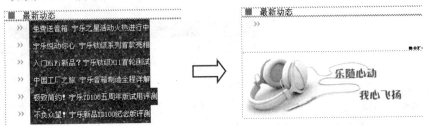

图 7-304 删除原文字

选中【记录集】中的【标题】字段，并拖放到"最新动态"处，在页面上会生成一个"{news.标题}"的绑定字段，如图 7-305 所示。

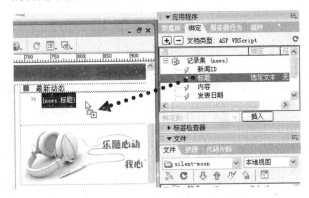

图 7-305 绑定"标题"字段

按 F12 键，保存并运行网页。会发现在页面上只显示了一条最"新"的新闻，如图 7-306 所示。

图 7-306 显示一条新闻

接下来，我们来解决显示多条记录的问题。

选中"{news.标题}"对象，打开【服务器行为】窗口，单击"■"按钮，选择【重复区域】命令，如图 7-307 所示。

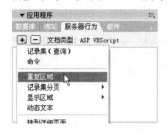

图 7-307　添加记录重复的行为

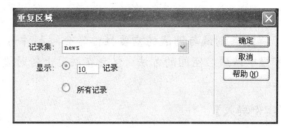

图 7-308　设置记录"重复区域"

- 在弹出的【重复区域】对话框中设置参数，如图 7-308 所示。
- 记录集：news
- 显示：10 条记录（这里的值需要根据内容显示的区域高度大小来定，高度小的可以设置显示的数据少一些）
- 再次按 F12 键，保存并运行网页。"最新动态"中显示了 10 条新闻，如图 7-309 所示。

图 7-309　显示 10 条新闻

【训练项目】

项目提出：将"兹诺照明"网站的首页修改成动态网页。

要求 1：设计数据库，将首页中"公司公告"栏的内容输入到数据表中。

要求 2：设置 ODBC 数据源，配置动态站点。

要求 3：将数据表中的内容显示到"公司公告"板块。

任务十三　站点的发布与维护

【能力要求】

了解站点测试与调试的重要性；学会对制作好的站点进行差错检测并进行修改完善；掌握申请域名空间的方法；学会在网站上传时设置站点的远程信息并掌握上传网站的方法。

【实例导入】

发布如图 7-310 所示站点。

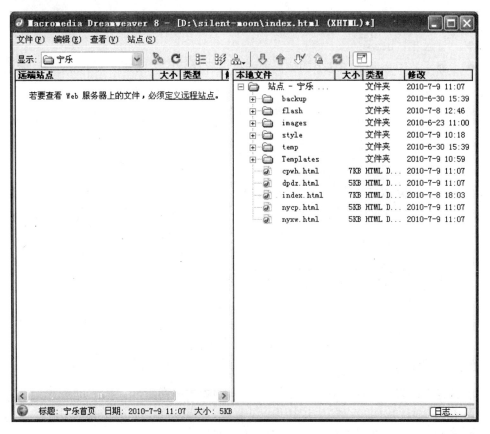

图 7-310　站点发布

1. 站点的测试与调试

（1）检查站点范围内的链接

单击主菜单【站点】→【检查站点范围的链接】命令，这时会自动打开【结果】面板，如图 7-311 所示；

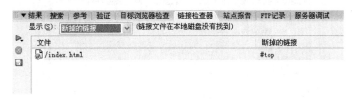

图 7-311　【结果】面板

单击这里的【检查链接】按钮还能检查不同的内容：然后根据报告做出相应的更改即可，如图 7-312 所示。

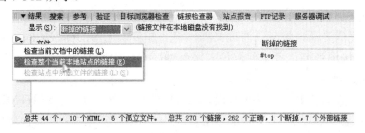

图 7-312　【检查链接】范围的选择

（2）改变站点范围的链接

要想改变众多网页链接中的一个，则会涉及很多文件，因为链接是相互的。如果改变了其中的一个，其他网页中有关该网页的链接也要改变。一个一个地更改显然是一件非常繁琐的事情。利用 Dreamweaver 8 的"改变站点范围的链接"则可快速无错地改变所有的链接。

① 选择主菜单【站点】→【改变站点范围链接】命令，如图 7-313 所示；

图 7-313　更改整个站点链接

② 单击预览按钮 ，选中要改变的链接和新的链接，再单击【确定】按钮，系统会弹出【更新文件】对话框，对话框中列出所有与此链接有关的文件，同时询问是否更新，单击【更新】按钮，完成更新，如图 7-314 所示。

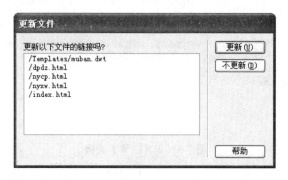

图 7-314 【更新文件】对话框

（3）清理文档。

网站制作完成之后，还应该清理文档，将一些多余无用的标签去除，也就是给网页"减肥"更好更快地被浏览者访问，最大限度地减少错误的发生。

① 清理正文 HTML。

选择主菜单【命令】→【清理 HTML/XHTML】命令：打开清理 HTML 对话框；勾选移除中的"空标签区块"、"多余的嵌套标签"。选项中勾选"尽可能合并嵌套的<font>标签"和"完成后显示记录"，如图 7-315 所示。

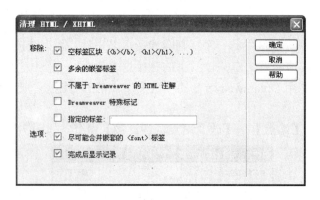

图 7-315 清理 HTML

说明：为了避免出错，其他选项一般不做选择，除非确保清楚所要做工作的准确性。

② 清理 Word 生成的 HTML

很多朋友习惯使用微软的 Word 编辑文档，当这些文档拷贝到 Dreamweaver 8 之后也同时加入了 Word 的标记，在网页发布前应当予以清除。

选择主菜单【命令】→【清理 Word 生成的 HTML】命令：打开【清理 Word 生成的 HTML】对话框，选择 Word 版本号，根据需要勾选；点选【详细】选项卡，勾选所需要的选项，单击【确定】按钮，开始清理，完成之后会弹出信息框给出清理结果，如图 7-316 所示。

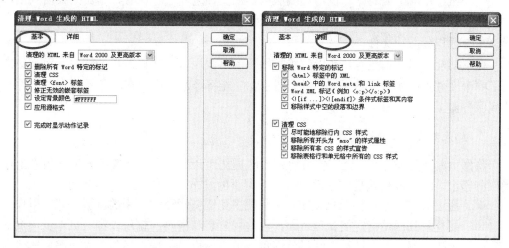

图 7-316　清理 Word 生成的 HTML

（4）同步

同步是在本地计算机和远程计算机对两端的文件进行比较，不管哪一段文件或文件夹发生变化，同步功能都能将变化反映出来，便于作者决定上传或者下载。同步功能避免了许多盲目性，在网页维护中尤为重要。

展开站点管理器，在与远端主机建立 FTP 联机之后，选择主菜单【站点】→【同步】命令弹出【同步文件】对话框，如图 7-317 所示；

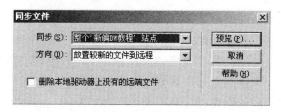

图 7-317　同步文件

【同步】中只有两个选择，选择"整个×××站点"则本地与远程同步。

【方向】中的选择：

- "放置更新的文件到远程"：将本地较新的文件上传到服务器。
- "从远程获得更新的文件"：将服务器端较新的文件下载到本地。
- "获得和放置更新的文件"：将本地较新的文件上传到服务器端的同时，将服务器端较新的文件下载到本地。选择"获得和放置更新的文件"后单击预览按钮，开始在本地计算机与远端服务器的文件之间进行比较，比较结束后列出需要上传或下载的更新后的文件列表，按下【确定】按钮后开始更新替换本地或远程较旧的文件。

这项功能可以优选进行，在以后维护网页的时候用来上传修改后的网页，而不必去记忆哪个文件夹下哪个文件做了修改，同步功能能将修改后尚未在服务器更新的文件上传到服务器上，起到事半功倍的效果。

2. 站点的发布

将网页制作完成之后，就需要将所有的网页文件和文件夹以及其中的所有内容上传到服务器上，这个过程就是网站的上传，即网页的发布。一般来说有两种方式：

- 通过 HTTP 方式将网页发布，这是很多免费空间经常采用的服务方式。用户只要登录到网站指定的管理页面，填写用户名和密码，就可以将网页一页一页地上传到服务器，这种方法虽然简单，但不能批量上传，必须首先在服务器建立相应的文件夹之后，才能上传，对于有较大文件的和结构复杂的网站来说费时费力。
- 使用 FTP 方式发布网页，优点是用户可以使用专用的 FTP 软件成批的管理，上传，移动网页和文件夹，利用 FTP 的辅助功能还可以远程修改，替换或查找文件等。

（1）申请空间

网页要上传到那里呢？怎么上传呢？

- 先解决第一个问题：申请免费空间
- 申请免费空间的网址：www.5499.net
- 大家都会申请邮箱，都会注册会员，免费空间的申请也是相同的。

申请好空间以后，大家要把一些数据记录下来：

- 自己的免费空间的网站：（我申请的：40373.5f5f.info）
- ftp 服务器地址：40373.5f5f.info

- 账号：40373
- 密码：******

（2）发布网站

① 设置 FTP 上传。这里介绍的是 Dreamweaver 8 自带的 FTP 管理功能，也就是站点管理器里面的另一个主要功能。

Dreamweaver 8 中的站点管理器相当于一款优秀的 FTP 软件，支持断点续传功能，可以批量的上传、下载文件和目录，并且具有闲置过久而中断的特点。

② 选择主菜单中的【站点】→【管理站点】命令，打开【管理站点】对话框：选择要上传的网站名称，然后单击【编辑】按钮。

③ 弹出【站点定义】对话框，选择【高级】标签，选中【远程信息】，在【访问（A）】下拉菜单中选中 FTP，如图 7-318 所示：

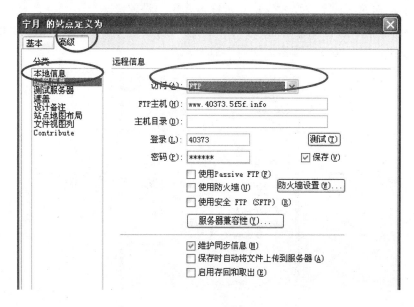

图 7-318 站点"远程信息"设置

说明：

访问：共有 3 个选择，选择 FTP 启用远程文件传递方式。

FTP 主机：填写申请或者购买到的空间的主机地址或者域名，一般均由服务商提供，**切记，此处一定不能带有网络协议**（即不能带有 http://或者 ftp://等）！

主机目录：由服务商提供，一般不需要填写，除非服务商有特殊要求。

登录、密码：自己申请并由服务商确认或者服务商分配的用户名（也叫账号）和密码，填写后如果选中保存则密码会自动保存，下一次使用的时候无需再次填写。

防火墙设置：一般来说服务器都有完善的防火墙，无需用户自行设置。因此这里除非服务商要求可以勾选"使用 passive FTP"（使用被动式 FTP）其他选项均可不设置。

保存时自动上传文件到服务器：修改并保存文件之后自动上传到服务器以减少工作量。一般建议网络速度不好或者对服务器以及 Dreamweaver 8 软件不是很熟练的人不启用本功能。

启用存回或取出：提供给团队制作网页使用的功能，个人管理网页没有必要使用本功能。一旦勾选启用，则自动记录任何人在任何时间对网页的任何修改变动，便于团队之间协调工作。

（3）以上内容设置完毕后，按下测试按钮，开始检查设置状况和验证用户密码，所有设置无误，则弹出一个成功的信息提示框告知用户设置成功。

（4）发布网站。设置完毕站点的 FTP 之后就可以发布网页了。点击站点面板中的折叠或展开按钮，展开站点管理器，如图 7-319 所示。

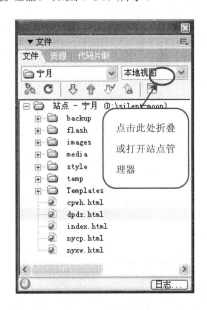

图 7-319　站点管理器

打开站点管理器，此时单击各个功能按钮就能操作本地和远程站点了，如图 7-320 所示。

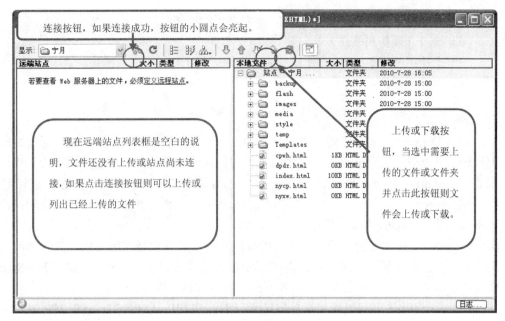

图 7-320　站点发布

当选中本地文件所有的文件并上传，在远端站点中出现与本地文件完全相同的列表的时候，网页（网站）就上传成功了。

【训练项目】

项目提出： 测试完善"兹诺照明"网站，并申请空间发布网站。
要求 1： 检测完善网站中的各个功能，包括界面外观、链接设置、表单的交互功能等。
要求 2： 申请域名空间，并设置远程站点信息。
要求 3： 正确发布网站。

项 目 小 结

1. 网站建设基本流程

（1）确定网页主题和名称；
（2）收集网页中所需要的图片和信息；
（3）网页布局的构想；
（4）在图像软件中进行网页设计；

（5）开始制作：首页、子页、建立他们之间的链接；

（6）检查（硬伤和软伤）；

（7）上传：使用 FTP 或利用 DW 的站点管理器上传；

（8）更新和维护：一般 7 天一次。

2. Dreamweaver 8 的功能和作用

利用 Dreamweaver 8 中的可视化编辑功能，可以快速地创建 Web 页面而无需编写任何代码。可以查看所有站点元素或资源并将它们从易于使用的面板直接拖到文档中。可以在 Fireworks 8 或其他图形应用程序中创建和编辑图像，然后将它们直接导入 Dreamweaver 8，从而简化开发工作流程。Dreamweaver 8 还提供了可以使用户轻松地向 Web 页面添加 Flash 8 资源的工具。

Dreamweaver 8 还提供了功能全面的编码环境，其中包括代码编辑工具，例如代码颜色、标签完成、编码工具栏和代码折叠。还提供了有关层叠样式表（CSS）、JavaScript、ColdFusion 标记语言 （CFML）和其他语言的语言参考资料。

Dreamweaver 8 还可以使用服务器技术（例如 CFML、ASP.NET、ASP、JSP 和 PHP）生成动态的、由数据库驱动的 Web 应用程序。

Dreamweaver 8 可以完全自定义。使用新的行为、属性检查器和站点报告，可以创建自己的对象和命令，修改快捷键，甚至可以编写 JavaScript 代码来扩展 Dreamweaver 8 的功能。

3. 表格在网页制作中的作用

表格是网页制作当中非常重要的一个元素，用途很广泛，大部分虽然看不见其外观，却在后台默默地发挥自己的作用。在网页设计时它一般有以下两个用途：

（1）用来排版定位，以便灵活控制网页内容的布局，让网页看起来更整齐美观；

（2）用于有条理的显示一些具有结构关系的数据，便于阅读和理解这类内容。

在外观上，表格可以隐藏边框线，表现为完全不可见，也可以显示出部分或全部边框线，显得条理清晰，整齐划一。

在结构上，表格可以由多行和多列组成，也可以只有单独一行一列，行列之间可以整齐对齐，也可相互独立自成一体。

4. 构成网页的元素

网页元素包括文字、图片、音频、动画、视频等。 文字要符合排版要求。图片、音频、动画、视频等要符合网络传输及专题需要，需要精选。

5. CSS样式表的主要目的和功能

样式表是用于弥补 HTML 缺点的功能。现代网页制作离不开 CSS 技术，采用 CSS 技术，可以有效地对页面的布局、字体、颜色、背景和其他效果实现更加精确的控制，可以调整字间距、行间距、取消链接的下划线、固定背景图像等 HTML 标记无法表现的效果。

样式表的另外一个优点就是，在对很多网页文件设置同一种属性时，无需对所有文件反复进行操作，只要应用样式表就可以更加便利、快捷地进行操作。在 DW 中只需要单击几次，就可以在字体、链接、表格、图片等构成网页文件的所有元素属性中应用样式表。

CSS 的主要优点是容易更新；只要对一处 CSS 规则进行更新，则使用该定义样式的所有文档的格式都会自动更新为新样式。

6. 模板的概念与作用

模板可以作为创建其他文档的样板的文档。创建模板时，可以说明哪些网页元素不可编辑，哪些元素可以编辑。其扩展名为.dwt。

模板的作用：有利于保持网页风格的一致；提高工作效率；适合于团队合作。

在定义可编辑区时应注意以下几点：

（1）每个可编辑区的命名不能一样；

（2）不能把多个元素（如多个表格或单元格）设为一个单独的可编辑区域；

（3）未设置为"可编辑区域"的区域都为"不可编辑区域"。

7. 超链接的定义与作用

完成完整的网站需要构成该网站的多个网页文档，并且需要连接这些网页文档，使得它们之间能够互相跳转。这种连接就叫"超链接"。简单来说超链接就是用来有机地连接各个网页文档的不可见的绳索。

超链接是网页中的灵魂，有了超链接浏览者才可以进行跳跃式查询。超链接是从一个网页指向另一个目的端的链接。这个目的端通常是网页，也可以是一幅图片、电子邮件地址、一个文件或程序等，当访问者在浏览器中单击超链接时，会打开目的端的内容。

8. 框架网页

框架网页是由框架集把若干框架页面整合组成一个 HTML 页面。它将浏览器窗口分为若干不同的区域，这些区域可分别独立显示网页。使用框架网页可以对框架中的页面分别编辑，互不影响。

在框架网页中可以保证若干窗口区域中的内容保持不变，而其中一个窗口可根据用户选择的超链接载入不同的页面。框架网页能够灵活的组合若干页面,但对于页面与页面间各元素的布局则不容易精确对齐,且超过一屏的长页面则需要在框架中显示滚动条才能显示出完整的内容。对于页面美观要求高的用户浏览端不建议使用,而从页面的易于管理考虑,网站的后台管理端比较适合使用框架网页。

9. 动态网页的技术基础

动态网页主要指网页中显示的内容是从数据库中动态加载的,这些内容可以由用户在交互操作中进行选择。采用动态网页技术的网站可以实现更多的功能,如用户注册、用户登录、在线调查、用户管理、订单管理等。

制作动态网页需要开发者至少掌握一门语言,例如 ASP、ASP.NET、JSP 或 PHP 等;还需要掌握一种数据库知识,例如 Access、SQLServer、MYSQL 或 Oracle 等。

10. 站点的发布与维护

制作网站的最终目的是要发布到 Internet 上。在正式发布前需要做一些准备工作,首先要整理制作过程中的各类资源文件,清除临时文件,检查断链的页面等;同时,需要考虑在 Internet 上申请空间和域名;然后,使用 Dreamweaver 8 自带的 FTP 模块,或者第三方软件(例如 LeapFTP、CuteFTP 等)把网站上传到 Internet 上;最后,需要在 Internet 上测试运行的网站。

网站上传到 Internet 后,开发者或管理员必须定期跟踪和维护,以保证网站内容的及时更新和网站的正常运行。

思 考 练 习

1. 单项选择题

(1)以下超链接到电子邮件的正确格式是:(　　)
  A. mail to://abc@abcd.com　　　B. mail to: abc@abcd.com
  C. mail to:abc@abcd.com　　　　D. mailto:abc@abcd.com

(2)在一个页面中隐藏一个表格,正确的做法是:(　　)
  A. 直接删除整个表格
  B. 单击鼠标右键,在弹出菜单中选择"隐藏表格"命令
  C. 在表格属性中设置边框粗细为 0
  D. 在单元格属性中设置边框粗细为 0

(3)在 Dreamweaver 静态页面站点中的首页文件命名为什么名字?(　　)
  A. shouye.html　　B. index.jsp　　C. index.asp　　D. index.html

(4) 对于一个由左右两栏构成的框架页面,它是由（　　）
　　A. 一个文件构成　　　　　　　　B. 两个文件构成
　　C. 三个文件构成　　　　　　　　D. 四个文件构成
(5) html 网页可用以下哪个工具制作（　　）
　　A. word　　　　B. 记事本　　　C. Dreamweaver　　D. 以上均可
(6) 在 Dreamweaver 8 中,下面哪些对象能对其设置超链接？（　　）
　　A. 任何文字　　　　　　　　　　B. 图像和图像的一部分
　　C. flash 影片　　　　　　　　　 D. 以上都是
(7) 对 Dreamweaver,下面说法对的是（　　）
　　A. 可插入 flash 按钮　　　　　　B. 可插入 flash 文本
　　C. 可插入 flash 的.fla 文件　　　D. 可插入 flash 的.swf 文件
(8) Dreamweaver 中可设置的热区形状为（　　）
　　A. 方形　　　　B. 圆形　　　　C. 多边形　　　　D. 以上都是
(9) Dreamweaver 是一个（　　）工具。
　　A. 图像处理　　B. 动画编辑　　C. 网页编辑　　　D. 文字处理
(10) 在设置图像超链接时,可以在"替换"文本框中填入注释的文字,下面不是其作用是（　　）
　　A. 当浏览器不支持图像时,使用文字替换图像
　　B. 当鼠标移到图像并停留一段时间后,这些注释文字将显示出来
　　C. 在浏览者关闭图像显示功能时,使用文字替换图像
　　D. 每过段时间图像上都会定时显示注释的文字
(11) HTML 代码<hr>表示（　　）。
　　A. 添加一个图像　　　　　　　　B. 排列对齐一个图像
　　C. 设置围绕一个图像的边框的大小　D. 加入一条水平线
(12) 在 Dreamweaver 中,下面关于排版表格属性的说法错误的是（　　）。
　　A. 可以设置宽度
　　B. 可以设置高度
　　C. 可以设置表格的背景颜色
　　D. 可以设置单元格之间的距离,但是不能设置单元格内部的内容和单元格边框之间的距离
(13) 若将 Dreamweaver 中 2 个横向相邻的单元格合并,则两表格中文字会（　　）
　　A. 文字合并　　　　　　　　　　B. 左单元格文字丢失
　　C. 右单元格文字丢失　　　　　　D. 系统出错

(14) 在创建模板时，下面关于可编辑区的说法正确的是（   ）。
    A．只有定义了可编辑区才能把它应用到网页上
    B．在编辑模板时，可编辑区是可以编辑的，锁定区是不可以编辑的
    C．一般把共同特征的标题和标签设置为可编辑区
    D．以上说法都错

(15) 在 Dreamweaver 中，若希望设计一个能被拖动到任意位置的图像，则应对该图像如何设置（   ）
    A．首先将图像放在一新层中再设层特性
    B．直接插入图像，将属性设为浮动
    C．直接插入图像，将属性设为两端对齐
    D．引入帧，将图像放入帧中

2．填空题

(1) 在 Dreamweaver 8 中可以用来做代码编辑器的是_____。

(2) 在 Dreamweaver 8 中，有 8 种不同的垂直对齐图像的方式，要使图像的底部与文本的基线对齐要用对齐方式是_____。

(3) 在网页中最为常用的两种图像格式是_____和_____。

(4) 如果超链接的对象是在本文档中的某一个位置上，必须在相应的位置上_____。

(5) 在 Dreamweaver 8 中，在浏览器中预览当前页面可用快捷键_____。

(6) 网页设计时，网页窗口大小一般设定为_____。

(7) Dreamweaver 的编辑窗口可有_____种显示方式。

(8) 在 Dreamweaver 中，我们可以为链接设立目标，表示在新窗口打开网页的是_____。

(9) 在网页设计中作为内容字的大小为_____号字。

(10) 在 Dreamweaver 8 中，制作 1 像素的线的方式一共有_____种。

(11) 使用 Dreamweaver 8 框架制作主页，页面上已经创建了三个框架，当我选择"文件"菜单下的"保存全部"进行文件保存时，系统将保存_____个 HTML 文件。

(12) 在 Dreamweaver 8 中，"行为"是由_____和_____构成。

(13) CSS 的全称是_____。

(14) 动态网页的扩展名是_____。

(15) Dreamweaver 中的插件分为不同类型，使用"行为"类型的插件在_____中可调用。使用"命令"类型的插件需要在_____中调用。

项目八 "网上书店"制作实例

【知识目标】

掌握电子商务网站开发的一般步骤；学会对项目进行需求分析；掌握数据库、表的创建与数据修护；掌握网页中绑定数据字段的方法；掌握常用服务器行为的使用。

【能力目标】

能够较完整地实现电子商务网站最基本的功能；并在学习过程中培养起分析、解决问题的能力。

项 目 概 述

前面我们详细学习了电子商务网站设计与制作中所要运用到的一系列技术和需要掌握的知识，在此基础上，我们将设计并制作一个"网上书店"的电子商务网站项目，实现该网站的基本功能，了解网站开发的一般过程，使读者能进一步掌握电子商务网站的规划及设计的各个步骤。

任务一 "网上书店"功能设计

【能力要求】

理解和分析网站基本功能，掌握电子商务网站需求分析的一般步骤；能够根据网站功能分析、规划网站的框架结构；能够设计并创建数据库、数据表，对数据表进行基本的数据维护。

【实例导入】

制作如图 8-1 所示效果的"网上书店"。

图 8-1 "网上书店"主页

操作步骤：

第一步：配置 ODBC 数据源。在【控制面板】的【管理工具】中双击打开【数据源（ODBC）】，弹出【ODBC 数据源管理器】对话框。在【系统 DSN】中【添加】驱动程序为"Microsoft Access Driver（*.mdb）"的选项，数据源名设为"dsbook"。单击【选择】按钮，浏览并选中"c:\bookshop\database"文件夹内的"book.mdb"数据库文件。

第二步：双击运行"iis.exe"可执行文件，将会启动浏览器，并显示如图 8-1 页面。若浏览器没有启动，可请进入【任务栏】右侧的【程序驻留区】，右击"iis.exe"程序的，驻留托盘图标，单击"重启服务"。如图 8-2 所示。

图 8-2 "iis.exe"程序驻留托盘的操作

1. "网上书店"功能概述

网上书店相比实体书店而言，是一种高质量，更快捷，更方便的购书方式。当读者需要买书时，可以在网上书店进行图书基本信息的浏览；读者也可以在网上书店中注册，成为书店的会员，以便享有会员的优惠政策。

网站式的书店对图书的管理也更加科学、合理。它不仅可用于图书的在线销售，将来业务范围扩大后，还可以加入音碟、影碟等物品的在线销售。

本项目将设计并制作一个简单的"网上书店"电子商务网站，其主要功能有：
- 图书浏览
- 查看图书详细信息
- 会员注册
- 会员登录
- 读者留言等

除了上述主要功能外，网站为其购物车模块预设了一个接口；另外，网站的后台管理部分功能，读者也可以在二次开发时自行完善。

2. "网上书店"结构分析

（1）网站结构设计

根据上一小节中分析提出的功能要求，我们将"网上书店"的网站总体结构框架设计如图8-3所示。

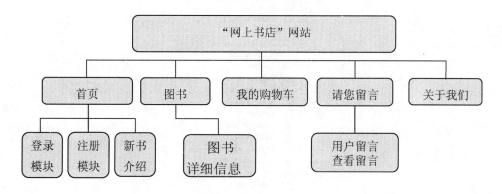

图8-3 网站总体结构框架

① 会员"注册"功能如图8-4所示。
② 会员"登录"功能如图8-5所示。

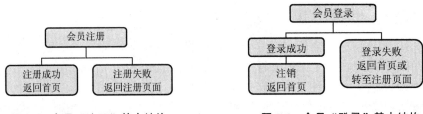

图 8-4　会员"注册"基本结构　　　　图 8-5　会员"登录"基本结构

（2）网站页面说明

该网站共包含 12 个网页、1 个网页模板、若干图片文件和数据库文件等，它们均存放在 bookshop 文件夹下。其中，模板文件放在 Templates 子文件夹中，网页中的布局图片放在 images 子文件夹中，图书封面图片放在 bookimgs 子文件夹中，数据库文件放在 Database 子文件夹中，另有数据库连接文件放在 Connections 子文件夹中。如图 8-6 和图 8-7 所示。

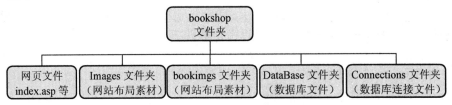

图 8-6　网站文件框架结构图

图 8-7　网站文件明细结构图

① index.asp：首页，显示最新上架的 6 本图书信息，和会员注册链接、登录模块。
② login.asp：会员成功登录后的页面。
③ loginbad.html：登录失败后的提示页面。
④ add.asp：会员注册页面。
⑤ addok.html：会员注册成功页面。
⑥ addError.html：会员注册失败页面。
⑦ bookall.asp：所有图书浏览页面。
⑧ bookdetail.asp：图书详细信息浏览页面。
⑨ mycar.asp：我的购物车预留页面。
⑩ message.asp：留言板。
⑪ about.html："关于我们"内容说明页面。

说明：iis.exe 是一款可以代替 IIS 的一个小型 ASP 网站调试程序。

3. "网上书店"数据库设计

在设计网站之前，首先应该根据网站的功能需求分析出所要用到的数据库。根据前面归纳出的网站所要实现的功能要求和实现目标，下面将列出网站各个组成部分使用到的数据项和数据结构。

（1）数据库需求分析

本项目实例"网上书店"采用的是 Access 数据库。创建的数据库名为"book.mdb"，其中包含三个数据表，分别是：

① users：用来存储注册用户的信息。
② bookinfo：用来存储图书的基本信息。
③ message：用来存储用户的留言信息。

（2）数据库的详细设计

根据数据库需求分析得到的结果，此项目需要创建三个表，结构如表 8-1～表 8-3 所示。

表 8-1 注册用户信息表[users]

域　名	说　明	数据类型	字段大小	必要属性	空字符串	小数位数
userid	顺序	自动编号		自动	不允许	
username	账号	文本	50	必填	不允许	
password	密码	文本	50	必填	不允许	

续表

域名	说明	数据类型	字段大小	必要属性	空字符串	小数位数
usermail	电子邮件	文本	50			
realname	真实姓名	文本	50			
mobile	联系电话	文本	50			
userqq	QQ 号	文本	20			

表 8-2 图书基本信息表[bookinfo]

域名	说明	数据类型	字段大小	必要属性	空字符串	小数位数
id	顺序	自动编号		自动	不允许	
name	书名	文本	250	必填	不允许	
author	作者	文本	50	必填	不允许	
type	ISBN 书号	文本	50	必填	不允许	
price1	定价	数字	双精度	必填	不允许	自动
price2	优惠价	数字	双精度	必填	不允许	自动
format	开本大小	文本	50			
pagenum	页数	数字	长整型			
printed	版次	数值	4			
mark	出版社	文本	100			
productdate	出版日期	日期/时间	短日期			
introduce	装帧	文本	20			
pic	图书图片	文本	100			
detail	图书简介	备注				

表 8-3 留言信息表[message]

域名	说明	数据类型	字段大小	必要属性	空字符串	小数位数
num	顺序	自动编号		自动	不允许	
name	姓名	文本	50	必填	不允许	
email	电子邮件	文本	50			
message	留言内容	备注		必填	不允许	

(3) 向表中添加测试数据

由于网站的后台管理端不在本项目实践完成的要求中，故前台页面中显示的图书基本信息需要预先将数据添加到"bookinfo"表中。如图 8-8 所示。

name	author	intr	productda	detail
体验：从平凡到卓越的产品策…	[美]特里.A.希…	平装	2003-1-1	几乎所有的商界人士都认为，"…
落日	方方	平装	2003-1-1	祖母丁太本是个富足商人家的千金…
企划手册	屈云波	平装	2003-9-1	《企划手册》是提供想通过努力…
Fireworks MX2004标准教程	胡崧	平装	2004-1-1	本书是Macromedia软件产品专家…
二战十大著名战役	于重宇	平装	2003-1-1	回首二战，那一幅幅残酷而血腥…
ASP动态网页设计	赵增敏	平装	2003-8-1	ASP是当今流行的Web应用程序开发…
愿景：企业成功的真正原因	加里	平装	2003-1-1	愿景概括了企业的未来目标、使…
(1CD)DREAMWEAVER MX标准教…	胡海	平装	2003-5-1	本书详细介绍了Macromedia公司的…
资本风暴	何继青	平装	2003-1-1	古城是一座历史悠久的纺织业重…
青春鸟	韩啸	平装	2003-1-1	默默地拂动着轻盈的情…
Pro/ENGINEER实战手机设计(1	祝凌云	平装	2004-12-1	本书以两款时尚手机造型设计为例…
ASP.NET电子商务入门经典:Vi	Cristian Dar	平装	2003-12-1	面对当今及未来的网络程序开发局…
使命	朱维坚	平装	2003-1-1	本书描写一位基层公安局长面对巨…
(全两册)经史说略	王钟翰	平装	2003-1-1	
系统分析员教程	罗晓沛	平装	2003-1-1	本书是信息产业部计算机软件专业…

(a)

price1	price2	mark	format	pic
17	16.1	中信出版社	大32开	bookimgs/20041612431.jpg
15	12	群众出版社	大32开	bookimgs/20031226202910.jpg
32.8	28.21	企业管理出版社	16开	bookimgs/20031228822325.jpg
29	24.07	中国青年出版社	16开	bookimgs/20031228222422.jpg
20	17	哈尔滨出版社	大32开	bookimgs/20031226202652.jpg
27	22.95	电子工业出版社	16开	bookimgs/20031228822304.jpg
32	27.52	中信出版社	16开	bookimgs/200416132346.jpg
35	29.05	北京希望电子出版社	16开	bookimgs/20031228222749.jpg
22	18	解放军文艺出版社	16开	bookimgs/20031226203329.jpg
20	16	花城出版社	大32开	bookimgs/200416132038.jpg
55	42	人民邮电出版社	16	bookimgs/20031226134537.jpg
58	49	清华大学出版社	16	bookimgs/20031226144825.jpg
27	22	群众出版社	大32开	bookimgs/20031226203030.jpg
60	48	北京燕山出版社	大32开	bookimgs/20041613752.jpg
67	58.96	清华大学出版社	16开	bookimgs/20031228822044.jpg

(b)

图 8-8 bookinfo 表中数据

【训练项目】

根据上述需求分析的一般过程，设计并实现如下要求：

1. 规划建立网站文件夹和各子文件夹

新建网站文件夹 bookshop。

在 bookshop 文件夹中再创建四个子文件夹，分别是：网站图像文件夹 images；图书图像文件夹 bookimgs；数据库文件夹 database 和数据库连接文件夹 connections。

2. 设计并实现数据库及数据表

在 Access 数据库管理软件中新建 book.mdb 数据库，存放于 database 文件夹中。

在 book.mdb 数据库中创建三个数据表，分别是：用户基本信息表 users；图书基本信息表 bookinfo；留言信息表 message。

在图书基本信息表 bookinfo 中输入若干图书数据。

任务二　"网上书店"站点规划

【能力要求】

掌握动态站点的创建与管理，掌握站点与数据库链接的基本方法，掌握模块页的创建与设计方法。

【实例导入】

对网站进行如图 8-9 所示站点设计。

图 8-9　"站点配置"及"模板页"设计效果

1. 建立动态站点

单击运行【桌面】上的 Dreamweaver 8 快捷图标" ",或从【开始】菜单→【所有程序】→【Macromedia】的下级菜单中的单击运行" Macromedia Dreamweaver 8 "命令。

启动 Dreamweaver 8 工作窗口后，展开窗口右侧的【文件】面板。(【文件】面板可在【窗口】菜单中调用，或按快捷键 F8 打开，如图 8-10 所示。)

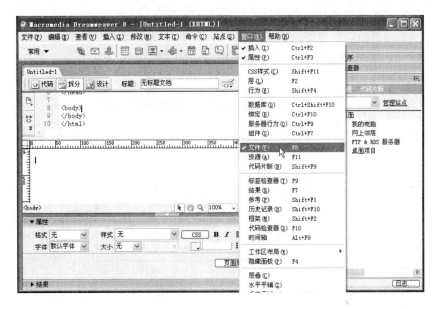

图 8-10 Dreamweaver 8 工作环境

单击【管理站点】按钮，如图 8-11 所示。弹出【管理站点】对话框，单击【新建】按钮，选择【站点】命令，如图 8-12 所示。

图 8-11 【文件】面板

图 8-12 选择【站点】

弹出【站点定义】对话框，有【基本】和【高级】两个选项卡（推荐初学者使用【基本】的向导模式进行站点设置）。根据向导的操作要求，分别设置站点的各项参数：
- 站点名称：bookshop
- 服务器技术：选"是"，并设置为"ASP VBScript"
- 网站文件存放路径：c:\bookshop（上一讲中已建好的 bookshop 文件夹）
- 测试服务器：选择"我将在以后完成此设置"。

站点定义的最后一步是总结所有的设置，如图 8-13 所示。

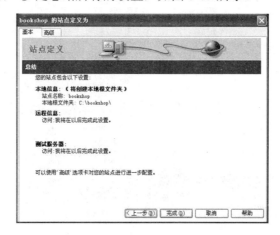

图 8-13 "bookshop"站点总结信息

单击【完成】按钮，返回【管理站点】对话框。若上述参数设置有误，可以单击【编辑】按钮进行修改，如图 8-14 所示。

在【管理站点】对话框中单击【完成】按钮后，返回到 Dreamweaver 8 工作窗口。在【文件】面板中显示出上一讲中网站规划的文件夹等信息，如图 8-15 所示。

图 8-14 "bookshop"站点管理界面

图 8-15 "bookshop"站点信息

2．制作模板页

（1）"页眉"设计

页眉是整个网页的顶部区域，一般用来放置广告条、导航菜单和一些页面公共内容。

在 Dreamweaver 中新建一个模板文档，选择"ASP VBScript 模板"，保存命名为"moban.dwt"（默认保存在 Templates 文件夹中）。在模板页面中完成下列操作，制作效果如图 8-16 所示。

- 插入一个 3 行 2 列的表格，宽度 1010，填充、间距、边框均设为 0，居中。
- 合并第一列的第一、二单元格。在第一列单元格中插入 images 文件夹中的 top1.jpg 图片（此图片需要预先进行过大小及色彩等处理）。
- 在第一列的最后一个单元格中插入日期：包括星期、日期和时间（【插入】菜单，单击【日期】命令）。
- 在第二列的最后一个单元格中插入 1 行 6 列的表格，宽度为 100％的表格，从第二个单元格开始输入导航条的文字：首页、图书、我的购物车、请您留言、关于我们。
- 设置日期和导航条文字的大小都为 13px。

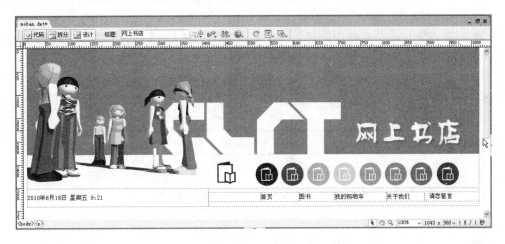

图 8-16　模板页"页眉"设计

（2）"页脚"设计

页脚是整个网页的底部区域，一般用来放置网站版权信息、技术支持、日期等信息，如图 8-17 所示。

- 插入一个1行1列的表格，宽度1010，填充、间距、边框均设为0，居中。
- 设置单元格高为50，在单元格中依次输入换行符、水平线、作者版权信息、换行符等内容。（"换行符"、"水平线"均在【插入】菜单的【HTML】菜单项中，其中"换行符"在【特殊字符】中）。
- "水平线"属性设置：宽80%；高1（像素）。

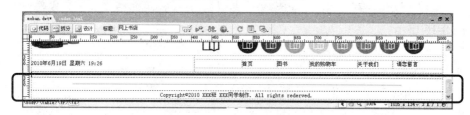

图8-17 模板页"页脚"设计

（3）"可编辑区域"设计

"可编辑区域"是模板页中的关键区域，以模板页创建的网页除定义的"可编辑区域"可设计成不同的内容外，其他非可编辑区域都不可做修改。如图8-18所示。

- 在"页眉"与"页脚"之间插入一个1行1列的表格，宽度1010，填充、间距、边框均设为0，居中。
- 光标定位在单元格内，插入一个"可编辑区域"。（【插入】菜单，展开【模板对象】菜单项，选择"可编辑区域"）。

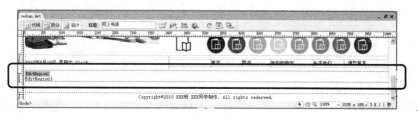

图8-18 模板页的"可编辑区域"

（4）"导航"的超链接
- "首页"设为：index.asp。
- "图书"设为：bookall.asp。
- "我的购物车"设为：mycar.asp。
- "关于我们"设为：about.html。
- "请您留言"设为：message.asp。

3. 配置数据库链接

动态网站可以实现与用户的交互,其网页中"动态"的数据存储在数据库中。ASP 技术结合数据库技术就能实现页面中数据的动态读出与写入。

(1) 配置 ODBC 数据源

打开【控制面板】,双击【管理工具】,在【管理工具】窗口中双击【数据源(ODBC)】快捷图标,弹出【ODBC 数据源管理器】对话框。将选项卡切换到【系统 DSN】,如图 8-19 所示。

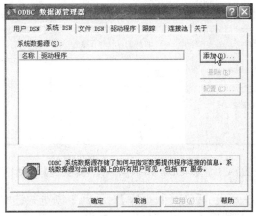

图 8-19 【ODBC 数据源管理器】对话框

单击【添加】按钮,弹出【创建新数据源】对话框,选择数据源的驱动程序为"Microsoft Access Driver(*.mdb)",如图 8-20 所示。

图 8-20 【创建数据源】对话框

单击【完成】按钮,弹出【ODBC Microsoft Access 安装】对话框。在此对话框中输入参数,如图 8-21 所示。
- 数据源名:dsbook。
- 说明:bookshop 站点数据库 DSN(说明为了帮助设计者理解,可省略)。

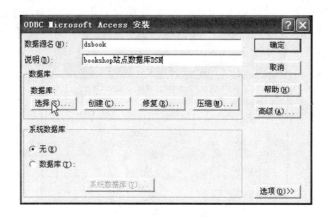

图 8-21 【ODBC Microsoft Access 安装】对话框

单击【选择】按钮,在弹出的【选择数据库】对话框中浏览并选中"c:\bookshop\database"文件夹内的"book.mdb"数据库文件,如图 8-22 所示。连续单击【确定】按钮关闭所有对话框,返回至系统桌面。

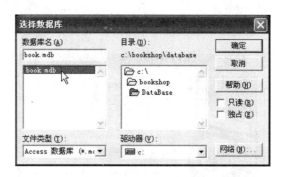

图 8-22 【选择数据库】对话框

(2)配置站点的数据源连接

首先打开 moban.dwt 模板文件,然后打开【应用程序】面板组中的【数据库】面板(可以在【窗口】菜单中调用)。单击"+"按钮,在弹出的下拉菜单中选择【数据源名称(DSN)】命令,如图 8-23 所示。

图 8-23 【数据库】面板   图 8-24 定义数据源的连接

打开【应用程序】面板，选择【数据库】文件夹（也可在【窗口】菜单中调用）。单击加号按钮，在弹出的下拉菜单中选择【数据源名称（DSN）】命令，如图 8-24 所示。

- 连接名称：conn（用户名和密码需要根据在 Access 中创建数据库时是否设置来决定输入与否，本实例中未设置）。
- 数据源名称：默认选择 dsbook。

单击【确定】后，【数据库】面板中就会出现新定义的 conn 连接名称，逐级展开后可以看到 book 数据库中的三个数据表，如图 8-25 所示。这时我们已经实现了数据库与模板文档的数据连接了，之后新建的各页面均可重复"配置站点的数据源连接"这个操作步骤来建立数据连接。

建立好数据连接后 Dreamweaver 会自动生成 conn.asp 文件，并存放于 c:\bookshop 的 Connections 文件夹中，如图 8-26 所示。

图 8-25 数据库连接成功   图 8-26 数据连接文件 conn.asp

【训练项目】

在任务一训练项目的基础上，在 Dreamweaver 8 工作环境中搭建"网上书店"站点，连接数据库，新建网站模板页等。

1. 配置动态的"网上书店"站点。
2. 配置 ODBC 数据源:新建 Access 驱动的系统 DSN 数据源。
3. 建立"网上书店"站点与数据源的连接。
4. 制作整个网站的模板页(具体步骤参见本任务第三小节)。

任务三 制作图书浏览模块

【能力要求】

掌握页面的基本布局和样式设置;掌握绑定记录集的方法;掌握添加数据字段的方法;掌握页面间参数传递的方法。

【实例导入】

制作如图 8-27 所示网页效果。

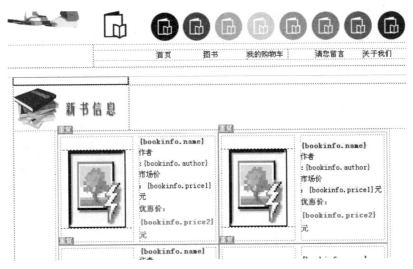

图 8-27 "index.asp"首页编辑状态

功能概述:
本任务主要解决包含有图书浏览功能的各页面。在这一讲中将会创建以下 3 个页面。
- index.asp:首页,新书显示区域。
- bookall.asp:所有图书浏览页面。
- bookdetail.asp:图书详细信息浏览页面。

1. 图书基本信息

（1）创建首页——index.asp

① 使用模板页（moban.dwt）创建首页（index.asp）。选择【文件】菜单，单击【新建】，在弹出的【新建文档】对话框中单击切换到【模板】选项卡，选择"moban"后，单击【创建】按钮。

观察整个页面除"可编辑区域"外，其他区域都是"⊘"禁止修改的符号。这就表示只可在"可编辑区域"内设计网页内容。另外，此时文件名为默认的"Untitled-1"（数字为新建网页的自然序号，每建一个新页面数值会自增），如图8-28所示。

图8-28 新建的首页

打开【应用程序】面板组中的【服务器行为】面板，单击【文档类型】按钮，如图8-29所示。在弹出的【选择文档类型】对话框中选择"ASP VBScript"，如图8-30所示。

图8-29 HTML 文档类型（默认）

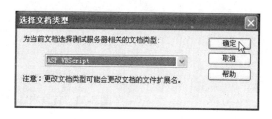

图8-30 【选择文档类型】对话框

单击【确定】按钮即返回到【服务器行为】面板，请观察第 2 项前面已打上了勾，且说明栏内也显示为"文档类型：APS VBScript"，如图 8-31 所示。

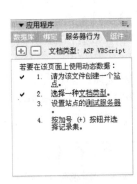

图 8-31　ASP VBScript 文档类型　　　　　图 8-32　保存文档对话框

将新建页面保存为 index.asp。由于上一步设置了"文档类型"为"ASP VBScript"，所以在保存文件时，页面的扩展名默认为 asp 的文档类型，如图 8-32 所示。

② 页面布局。在页面的可编辑区域 EditRegion1 中进行如下设置，其编辑效果如图 8-33 所示。

- 插入 1 行 2 列的表格，宽度 1010，填充、间距、边框为 0，居中。
- 左侧单元格定义宽度为 260，此处留空用来设计登录模块。
- 右侧单元格定义宽度为 750，用来设计新书展示模块。以显示 6 本新书为例：
  ◇ 在右侧单元格中插入一张"新书信息"图片（存放在 images 文件夹中）；
  ◇ 插入 3 行 2 列的表格，宽度 80%，填充、边框为 0，间距为 10（使内容之间有自然的空隙），居中。

图 8-33　首页内容的布局

③ 添加文字与样式。页面中需要为即将从数据库中添加的图像及文字进行说明，且设置一定的样式突出某些内容，例如"优惠价"，如图 8-34 所示。具体设置以 1 本书的内容制作为例，其余 5 本与此相同，要求如下：

- 在第一行第一个单元格中插入一个"图像占位符"。（选择【插入】菜单，展开【图像对象】，选择【图像占位符】，对弹出的对话不需要设置任何参数，直接单击【确定】。）
- 在第一行第二个单元格中输入"作者："、"市场价：元"和"优惠价：元"，三项内容按"Shift+Enter"快捷键插入"换行符"。
- 三项图书信息的文字大小均设为 13px；"优惠价：元"颜色为#1B75B1、加粗。

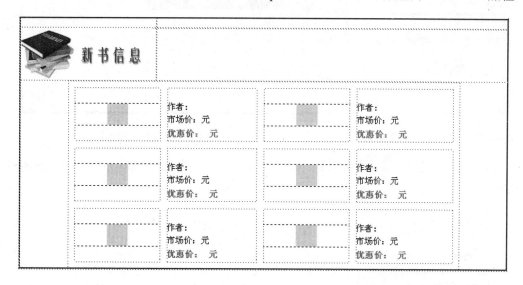

图 8-34　首页文字与样式

④ 添加数据字段。由于在模板页中已建好站点和数据库的连接，因此在【应用程序】面板组的【数据库】面板中将自动继承数据源对象"conn"，如图 8-35 所示。

a. 创建"记录集"。

目前数据库中的数据字段还不能显示到页面中，需要先创建一个从数据库中检索出数据的记录集。当在页面中第一次创建数据集时可以采用拖放的方式，本页面中要显示的是图书的信息，因此需要创建 bookinfo 的数据集。

具体做法是：单击【数据库】面板中的 bookinfo 数据表，同时将鼠标移动至网页辑页面中，然后释放鼠标。

弹出【记录集】对话框，设置"名称"为 bookinfo；需要检索的数据的列可以根据实际要显示的内容选择：name、author、price1、price2、pic（多个不连续的列可用 ctrl 键结合鼠标左键点选）。

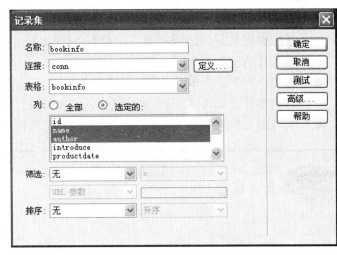

图 8-35　"conn"数据源对象　　　　图 8-36　创建"记录集"对话框

单击【确定】按钮后，【绑定】面板中会新增一个"记录集（bookinfo）"，如图 8-37 所示。

b. 插入数据字段。

新书介绍区域插入数据字段后的页面编辑效果如图 8-38 所示。

图 8-37　"bookinfo"数据集　　　　图 8-38　图书信息编辑效果图

有两种方法可以把字段添加到页面，下面以"name"字段为例进行说明。

方法一：将光标定位在页面中要插入数据的位置，然后选择【绑定】面板中的"name"字段，单击面板下方的【插入】按钮。

方法二：单击并按住 name 字段，直接拖放到页面指定位置。

- author、price1、price2、pic 字段可分别拖放至页面中对应的位置。
- pic 字段中存储的是图片的路径，拖放到"图像占位符"上后，其大小需要修改为宽：100，高：130。
- 书名的颜色设为#C5010D，加粗。

添加好数据字段并进行相应设置后，双击运行 iis.exe 可执行文件（此文件应预先复制到 bookshop 文件夹中），系统将启动"IE 浏览器"，并运行 index.asp 页面，如图 8-39 所示。

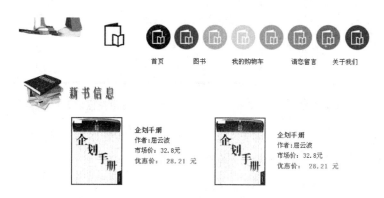

图 8-39　首页文字与样式

仔细观察图书的内容，它们是重复的，要解决这个问题，就需要使用【服务器行为】中【重复区域】的功能设置。

⑤ 设置图书重复区域。选中显示一本书内容的两个单元格（图像和图书信息），如图 8-40 所示。

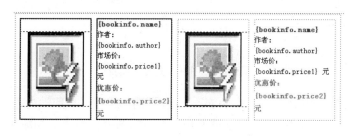

图 8-40　首页文字与样式

打开【服务器行为】面板,单击"⊞"按钮,在下拉菜单中选择"重复区域"命令,如图 8-41 所示。在弹出的【重复区域】设置对话框中修改显示"1"条记录,如图 8-42 所示。

图 8-41　设置"重复区域"　　　　　图 8-42　【重复区域】对话框

单击【确定】按钮后,图书单元格的左上角会显示"重复"字样,其余 5 本图书也需要使用上述方法设置"重复区域"。如图 8-43 所示。

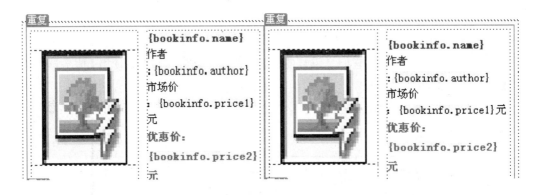

图 8-43　图书"重复"设置

此时可以刷新"IE 浏览器"中的 index.asp 页面,或在屏幕底端的【任务栏】的【程序驻留区】中"重启服务",就能显示出 6 本不同的图书信息了,如图 8-44 所示。

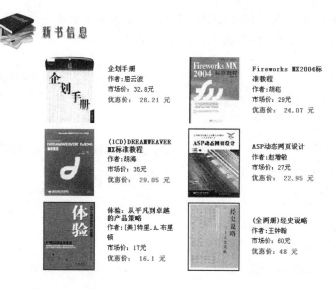

图 8-44 "新书信息"区域显示效果

（2）创建显示所有图书的页面——bookall.asp

一个书店的图书少则几百种，多则上千种，要显示出所有的图书需要用翻页的功能来实现。

用模板页（moban.dwt）新建 bookall.asp，方法与本任务上一节中的相似。此外，由于其内容及布局与 index.asp 页面基本相似，因此可利用文件复制的方法来提高制作效率。具体做法是：在 bookshop 文件夹中，复制 index.asp 文件，并改名为 bookall.asp,如图 8-45 所示。

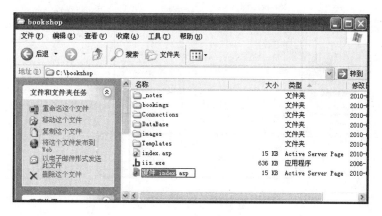

图 8-45 "首页"复制

回到 Dreamweaver 8 工作环境中，在【文件】面板中单击" C "刷新按钮，即可看到 bookall.asp 文件，如图 8-46 所示。双击打开此文件，进入编辑状态。

图 8-46　bookall.asp 复制成功　　　　图 8-47　添加"记录集分页"功能

- 删除"新书信息"的图片。
- 在图书区域下方添加一行，居中。
- 在【服务器行为】面板中添加【记录集分页】，分别选择"移至第一条记录"、"移至前一条记录"、"移至下一条记录"、"移至最后一条记录"4 个分页命令。如图 8-48 所示。

图 8-48　"分页"功能

在"IE 浏览器"中单击导航中的"图书"链接，就能打开 bookall.asp 页面，图 8-49 所示的页面是通过单击"下一页"链接后访问的第 2 页中的图书信息。

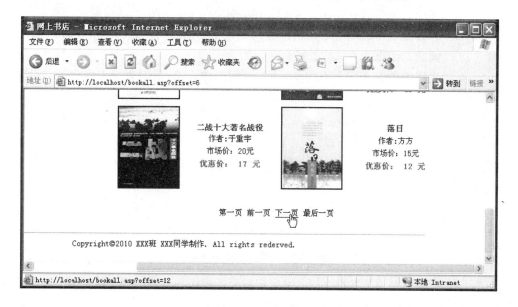

图 8-49 图书的"分页"访问

2. 图书详细内容

（1）创建显示图书详细内容的页面——bookdetail.asp

使用模板页（moban.dwt）新建图书详细内容页面 bookdetail.asp 的方法与首页 index.asp 的方法一样，此处不再赘述。

① 页面的布局与基本文字、图片的设计

在页面的可编辑区域"EditRegion1"中进行如下设置，其编辑效果如图 8-50 所示。

- 插入 1 行 2 列的表格，宽度 100%，填充、间距、边框为 0，居中。
- 左侧单元格定义宽度为 260，此处留空用来设计显示会员的登录情况。
- 右侧单元格定义宽度为 750，用来设计图书的详细内容：
  ◇ 在右侧单元格中插入 3 行 2 列的表格，宽度 80%，填充、边框为 0，间距为 10（使内容之间有自然的空隙），居中。
  ◇ 第一行左侧单元格中插入"图像占位符"（具体方法可参见首页中相关部分）。
  ◇ 第一行右侧单元格设置垂直居中，插入 5 行 2 列的表格，宽度 100%，填充、边框为 0，间距为 2。

- 在表格中分别输入各字段的说明文字，如图 8-50 所示。
- 合并第二行的两个单元格，插入 1 行 2 列的表格，表格宽度空缺、填充、间距、边框为 0。第 1 列宽度 18，插入 w.gif 小图标。
- 合并第三行的两个单元格，插入 1 行 2 列的表格，表格宽度空缺、填充、间距、边框为 0。第 1 列宽度 40。
- 表格中所有文字大小均设为 13px（可选中表格，针对表格中内容统一设置）。

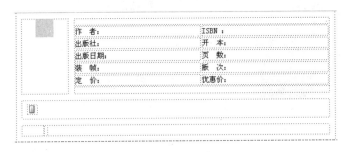

图 8-50　图书详细区域布局

② 绑定记录集与添加数据字段。绑定记录集的操作与首页中的方法相似，可在【数据库】面板中选中 bookinfo 数据表，拖放至编辑页面。

弹出【记录集】对话框，设置名称为 bookinfo；需要检索的数据列可以"全选"（详细内容基本包含了绝大多数字段），如图 8-51 所示。

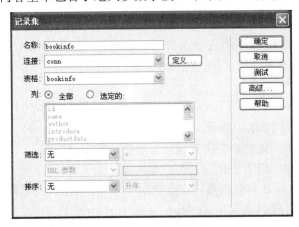

图 8-51　bookinfo 记录集

图 8-52　bokinfo 已绑定

这时在【绑定】面板中会显示记录集绑定后的数据字段信息,如图 8-52 所示。接下来只要把数据字段一个个对应地拖放到说明文字相符的单元格,其中"图片"大小修改为宽 85,高 125。如图 8-53 所示。

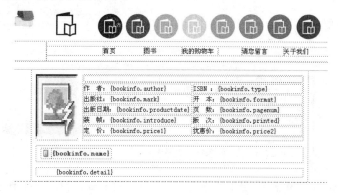

图 8-53 "详细内容"编辑区域

在"IE 浏览器"地址栏内输入 http://localhost/bookdetail.asp,回车确定后即可看到如图 8-54 所示页面。

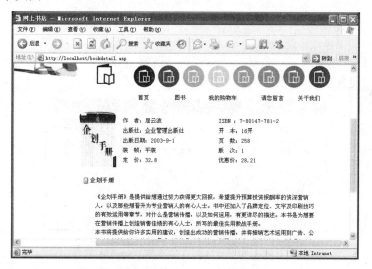

图 8-54 bookdetail.asp 页面

（2）图书基本信息与详细内容的链接

此时的页面只能看到第一本图书的详细内容,无法查看不同的图书信息。另外,图书详细内容的浏览通常是由图书基本信息页面中指定图书进行链接访问。

① 修改图书基本信息页面（index.asp 和 bookall.asp）。在 Dreamweaver 8 中打开 index.asp 页面，选中第一本图书的图片，如图 8-55 所示。然后在【服务器行为】面板中添加"转到详细页面"功能，如图 8-56 所示。

图 8-55　选中图书"图片"字段　　　　图 8-56　选择"转到详细页面"命令

弹出【转到详细页面】对话框，进行如下设置后，如图 8-57 所示。
- 详细信息页：bookdetail.asp
- 传递 URL 参数：id

记录集：bookinfo
列：id

（说明：每本图书都有一个唯一的标识符，通常是数据表中的 id 字段）
- 传递现有参数：URL 参数

图 8-57　"转到详细页面"对话框

index.asp 页面中的其余 5 本书和 bookall.asp 页面中的图书均采用上述方法进行设置

② 修改图书详细内容页面（bookdetail.asp）。双击【绑定】面板中的 bookinfo 记录集，弹出"记录集"对话框，如图 8-58 所示。

修改筛选属性，分别在下拉列表框中选择"id"，"="，"URL 参数"，"id"。（这里设置的 URL 参数就是"图书基本信息"页面中传递过来的数据。)

图 8-58 【转到详细页面】对话框

index.asp, bookall.asp 和 bookdetail.asp 3 个页面修改好后就可以在"IE 浏览器"中进行测试。在 index.asp 页面中单击某图书图片（例如 Fireworks MX 2004），页面即会跳转至 bookdetail.asp。如图 8-59 和 8-60 所示。

仔细观察会发现 bookdetail.asp 网页窗口的"地址栏"中除"路径"和"页面名"之外，还有"？id=421"，这个就是主调页面传递过来的参数和值。

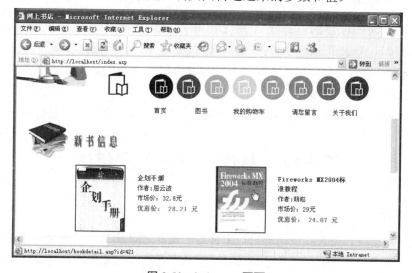

图 8-59 index.asp 页面

图 8-60　bookdetail.asp 页面

【训练项目】

在任务二训练项目的基础上，在 Dreamweaver 8 工作环境中创建 index.asp，bookall.asp 和 bookdetail.asp3 个页面（具体过程参见本任务的操作步骤）。

1. index.asp：首页页面中重在记录集的绑定及数据字段的添加。
2. bookall.asp：所有图书页面中重在分页功能的实现。
3. bookdetail.asp：图书详细内容页面中重在实现与上面两个页面的链接访问。

任务四　制作注册与登录模块

【能力要求】

理解注册模块和登录模块的作用；掌握各种表单对象及其常用属性的设置；掌握登录和注册模块中的各种常用服务器行为的应用；掌握可以在页面间保存公共数据的阶段变量的使用。

【实例导入】

制作如图 8-62 所示网页效果。

图 8-61　首页中"登录"区域　　　　图 8-62　用户"注册"页面

功能概述：

本任务主要解决用户注册与登录的功能。在这一讲中除涉及"登录"与"注册"的基本功能外，还会使用其他辅助页面在登录或注册成功/失败时显示提示信息。

- index.asp：首页，包含有登录区域
- login.asp：会员成功登录后的页面
- loginbad.html：登录失败后的提示页面
- add.asp：会员注册页面
- addok.html：会员注册成功页面
- addError.html：会员注册失败页面

1. 用户注册模块

（1）"注册"页面——add.asp

② 使用模板页（moban.dwt）创建"注册"页（add.asp）。在【新建文档】对话框中用【模板】选项卡，选择 moban 文件，并单击【创建】按钮，打开一个未命名的网页

编辑页。

在【应用程序】面板组的【服务器行为】面板中，修改【文档类型】为 ASP VBScript。将此页面【另存为】add.asp。

③ 页面布局及文字样式。在"可编辑区域"内设计如图 8-63 所示的网页内容。

图 8-63　add.asp 编辑页面

- 插入 members.jpg 图片，居中（存放在 images 文件夹中）。
- 插入一个"表单域"（选择【插入】菜单，展开【表单】，选择【表单】）。
- 在"表单"中插入 7 行 2 列的表格，宽度 300，填充、间距、边框为 0，居中。
- 在第一列中输入字段说明文字，必填项加"*"；背景颜色为#6F98B6；文字大小为 14px（此处所用的字段应包含在"注册用户信息表[users]"中）。
- 第二列中插入"文本域"（操作过程与插入"表单域"相似。对弹出的【插入标签辅助功能属性】对话框不需要设置任何参数，直接单击【确定】按钮）。
- 对"文本域"需要设置相关属性，如图 8-64 所示。另请根据表 8-4 所示设置其他"文本域"属性。

图 8-64　密码文本域属性

表 8-4 用户文本域字段属性

文 本 域	ID	字 符 宽 度	类 型
用户名	Name	30	单行
密码	password	33	密码
Email	email	30	单行
真实姓名	realname	30	单行
移动手机	Tel	30	单行
QQ	Qq	30	单行

- 在最后一行第二列单元格中，插入"会员注册"和"重置"两个按钮（与插入"表单"操作过程相似。弹出的对话框中无需输入参数）。
- "会员注册"属性修改为：按钮名称 "提交"；值 "会员注册"；动作 "提交表单"。
- "重置"属性修改为：动作 "重设表单"。

④ 设置服务器行为。

a. 插入记录。

先在【数据库】面板中将 users 表拖放至编辑页面。在弹出的【记录集】对话框中修改"记录集"名称为 insert，其他可不作修改。

选中"会员注册"按钮，在【服务器行为】面板中添加"插入记录"命令，如图 8-65 所示。弹出【插入记录】对话框，设置如图 8-66 所示的各项参数。

- 连接：conn
- 插入到表格：users
- 插入后，转到 addok.html
- 获取值自：form1
- 表单元素：（匹配"文本域"名称与"users"数据表中的字段）
    - ◆ name 插入到列中"username"（文本）
    - ◆ password 插入到列中"password"（文本）
    - ◆ email 插入到列中"useremail"（文本）
    - ◆ realname 插入到列中"realname"（文本）
    - ◆ tel 插入到列中"mobile"（文本）
    - ◆ qq 插入到列中"userqq"（文本）

图 8-65　添加【插入记录】命令　　　　图 8-66　【插入记录】对话框

b. 检查新用户名。

为了防止注册的用户使用已存在的用户账号，可在这里增加【检查新用户名】的预防方法。

在【服务器行为】面板中选择【用户身份验证】，选择"检查新用户名"命令，如图 8-67 所示。弹出【检查新用户名】对话框，设置参数：用户名字段为 name；如果已存在，则转到 adderror.html，如图 8-68 所示。

图 8-67　添加【检查新用户名】命令　　　　图 8-68　【检查新用户名】对话框

（2）"注册成功"页面——addok.html

"注册成功"的页面在整个注册功能模块是用来显示注册成功信息的辅助页面，如图 8-69 所示。

用"模板"新建一个网页，并命名为 addok.html。

- 在网页"可编辑区域"中输入文字："欢迎您光临本站！从此您就是网上书店的会员！"文字颜色为#1B75B1，大小为 13px，居中。
- 回车换行，插入图片 login1.jpg，设置图片的链接属性为 index.asp。

图 8-69 注册成功 addok.html 编辑页面

(3)"注册失败"页面——adderror.html

当输入的用户名已经被别人注册过时(users 数据表中已存在用户记录),浏览器会转向 adderror.html 页面,提示相关注册失败的信息,如图 8-70 所示。

用"模板"新建一个网页,并命名为 adderror.html。

- 在网页"可编辑区域"中输入文字:"您当前设置的会员名已经存在,请设置新的会员名!"文字颜色为#1B75B1,大小为 13px,居中。
- 回车换行,插入图片 join.jpg,设置图片的链接属性为 add.asp。

图 8-70 注册失败 adderror.html 编辑页面

至此,"注册"的基本功能已完成,我们可以在"IE 浏览器"中运行测试其功能,如图 8-71~8-73 所示。

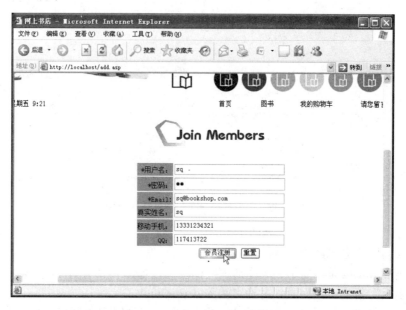

图 8-71 用户注册 add.asp 页面

图 8-72 注册成功 addok.html 页面

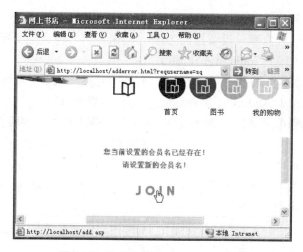

图 8-73 注册失败 adderror.html 页面

2. 用户登录模块

（1）"首页"中的登录功能

① 布局"登录"区域。在 Dreamweaver 8 中打开 index.asp 编辑页面，在左侧单元格中进行以下制作，如图 8-74 所示。

图 8-74 首页的"用户登录"区域

- 插入一个"表单域"（选择【插入】菜单，展开【表单】，选择【表单】）。
- 在"表单"中插入 5 行 2 列的表格，宽度 100%，填充、间距、边框为 0，居中。

- 除第三行和第四行外，其余行分别进行单元格合并。
- 第一行不输入内容，设置行高为 15（用来使内容与上边日期产生一定距离）。
- 第二行插入图片 login.jpg，居中。
- 第三行左侧单元格输入"用户名"，右侧单元格插入"文本域"，设置"文本域"属性：名称为 Aadmin；字符宽度为 15；类型为单行。
- 第四行左侧单元格输入"密码"，右侧单元格插入"文本域"，设置"文本域"属性：名称为 Apassword；字符宽度为 15；类型为密码。
- 第五行插入"登录"按钮，修改属性：值为"登录"，其余使用默认设置；在其右边输入"注册"文字，并设置"链接"属性为 add.asp。
- 文字大小均设为 13px。

② 添加记录集。用户登录时会使用到 users 用户信息表来验证是否合法（已注册）用户，只要涉及与数据库的数据交互就需要绑定"记录集"。

前面使用了拖放数据表的方式来创建"记录集"，只要页面已绑定过"数据集"，那么还可使用添加的方法来实现"数据集"的绑定。

在【绑定】或【服务器行为】面板中单击"⊕"按钮，选择"记录集（查询）"命令，如图 8-75 所示。弹出【记录集】对话框，设置如图 8-76 所示。

- 名称：rd
- 连接：conn
- 表格：users
- 列：选定的（username,password）

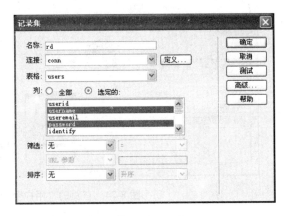

图 8-75　添加【记录集】命令　　　图 8-76　添加用户登录信息验证记录集

③ 配置服务器行为。

a. 登录验证。选中"登录"按钮,在【服务器行为】面板中单击"➕"按钮,添加【用户身份验证】的"登录用户"命令,如图 8-77 所示。

弹出【登录用户】对话框,设置参数如图 8-78 所示。

- 用户名字段:Aadmin
- 密码字段:Apassword
- 使用连接验证:conn
- 表格:users
- 用户名列:username
- 密码列:password
- 如果登录成功,转到:login.asp
- 如果登录失败,转到:loginbad.html

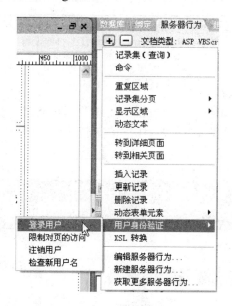

图 8-77 添加【登录用户】命令

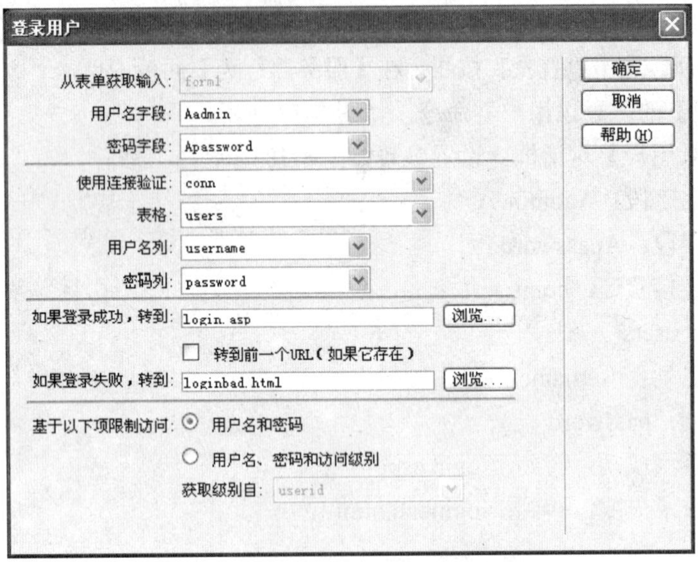

图 8-78 "登录用户"验证的参数设置

b. 缓存程序的阶段变量。登录成功后，在其他页面也应该能看到用户名等信息，以便用户了解自己当前的状态。

在【绑定】面板中，单击"➕"按钮，选择"阶段变量"，弹出【阶段变量】，输入名称：MM_Username，如图 8-79 所示。按【确定】按钮返回后在【绑定】面板中多一个 Session 项，如图 8-80 所示。

图 8-79 设置"阶段变量"

图 8-80 绑定 MM_Username

(2)"登录成功"页面——login.asp

① 布局"登录成功"显示区域。"登录成功"的页面左侧将显示成功登录后的用户名及简单欢迎语，右侧与首页中显示的内容基本相似，如图 8-81 所示。所以也可使用复制首页的方法来提高开发效率（详见"显示所有图书"页面中讲述）。

图 8-81 登录成功页面中的"用户登录"区域

- 插入 4 行 1 列的表格，宽度 100%，填充、间距、边框为 0，居中。
- 第一行不输入内容，设置行高为 15（用来使内容与上边日期产生一定距离）。
- 第二行插入图片 login.jpg，居中。
- 第三行输入"用户，您好！欢迎来到网上书店！"，文字大小设为 13px，居中。
- 第四行插入图片"logout.jpg"，居中。

② 配置服务器行为。

a. 显示用户名。在"index.asp"页面中曾添加过的阶段变量"MM_Username"会自然继承到当前页面的【绑定】面板中，将其拖放到"用户，您好！"文字的前面，并设置颜色为#1B75B1，字体大小为 13px。如图 8-82 所示。

图 8-82 添加"MM_Username"变量

图 8-83 【注销用户】命令

b. 注销。选中"LOG OUT"图片对象，添加【服务器行为】面板中的【用户身份验证】，选择【注销用户】命令，如图 8-83 所示。

在【注销用户】对话框中设置"在完成后，转到：index.asp"，如图 8-84 所示。

图 8-84 "注销用户"设置

（3）"登录失败"页面——loginbad.html

当输入的用户名或密码错误时，浏览器将转向 loginbad.html 页面，提示相关登录失败的信息，如图 8-85 所示。

用"模板"新建一个网页，并命名为"loginbad.html"。

● 在网页"可编辑区域"中输入文字："登录失败，可能原因是用户名或密码错，请点这里！"和"如果您还未注册，请点这里！"。文字颜色为#1B75B1，大小为 13px，居中。
● 设置第一行的"这里"链接属性为"index.asp"；第二行的"这里"链接属性为"add.asp"。

图 8-85 登录失败"loginbad.html"编辑页面

至此,"登录"的基本功能已完成,我们可以在"IE 浏览器"中运行测试其功能,如图 8-86~8-88 所示。

图 8-86 index.asp 页面中的登录模块

图 8-87 登录成功 login.asp 页面

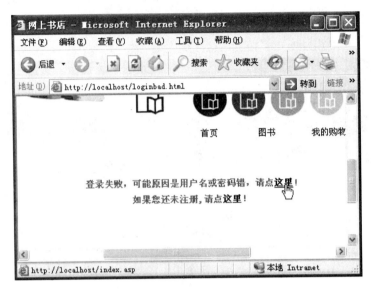

图 8-88 登录失败 loginbad.html 页面

【训练项目】

在任务三训练项目的基础上,在 Dreamweaver 8 工作环境中继续创建注册模块的 add.asp、addok.html 和 addError.html 的 3 个相关页面。完善 index.asp 页面中的登录模块,以及 login.asp、loginbad.html、bookall.asp、bookdetail.asp 的 5 个相关页面(前 3 个页面的具体过程参见本任务的操作步骤,后 2 个参照 login.asp 页面的登录模块部分)。

1. add.asp:会员注册页面。
2. addok.html:会员注册成功页面。
3. addError.html:会员注册失败页面。
4. index.asp:首页页面中的用户登录模块。
5. login.asp:会员成功登录后的页面。
6. loginbad.html:登录失败后的提示页面。
7. bookall.asp:所有图书页面的用户登录模块。
8. bookdetail.asp:图书详细内容页面的用户登录模块。

任务五 制作留言与其他模块

【能力要求】

了解网站留言模板的意义及构成；掌握用户留言和查看留言功能的制作；掌握在数据库中插入记录和重复显示记录的服务器行为；掌握对用户进行身份验证的服务器行为。

【实例导入】

制作如图 8-89 所示页面效果。

图 8-89　index.asp 首页编辑状态

功能概述：

本任务主要解决"网站留言"的功能，"我的购物车"中进行简单的页面验证，以及"关于我们"部分。在这一讲中将会创建以下 3 个页面。

- message.asp：留言板。
- mycar.asp：我的购物车预留页面。
- about.html："关于我们"内容说明页面。

1. 用户留言模块

本例中"用户留言"和"留言查看"放在一张页面上,当然从功能的独立性角度分析,也可以分成两个页面实现,读者可自行实践。

（1）发布"留言"

① 使用模板页（moban.dwt）创建"留言板"（message.asp）。在【新建文档】对话框中用【模板】选项卡,选择"moban"文件,并单击【创建】按钮,打开一个未命名的网页编辑页。

先在【服务器行为】面板上修改"文档类型"为"ASP VBScript",然后把文件另存为"message.asp"。

② 页面布局及文字样式。在"可编辑区域"内设计如图 8-90 所示的网页内容。

图 8-90　发布留言编辑状态

- 插入一个"表单域"（选择【插入】菜单,展开【表单】,选择【表单】）。
- 在"表单"中插入 4 行 2 列的表格,宽度 60%,填充 3,间距 0,边框为 1,边框颜色为#CCCCCC,居中。
- 在第一列中输入字段说明文字（此处所用的字段应包含在"留言信息表[message]"中）
- 在第二列中插入分别插入 3 个"文本域"。其中"留言内容"的文本域属性修改为如图 8-91 所示；姓名文本域名修改为 name；Email 文本域名修改为 email。

图 8-91　"留言内容"文本域属性

- 第四列合并两个单元格，分别插入两个按钮"提交"和"重写"。

③ 配置服务器行为。"留言"功能的实质是向数据表（message）中插入一条记录，和"注册"功能其本质是一样的。

选中"提交"按钮，在【服务器行为】面板中添加"插入记录"命令，在弹出【插入记录】的对话框中设置如图 8-92 所示的各项参数。

- 连接：conn
- 插入到表格：message
- 插入后，转到 message.asp
- 获取值自：form1
- 表单元素：（匹配"文本域"名称与"users"数据表中的字段）
- name 插入到列中"name"（文本）
- email 插入到列中"email"（文本）
- content 插入到列中"message"（文本）

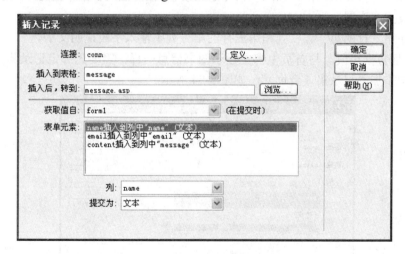

图 8-92　【插入记录】对话框

（2）显示"留言"

① 页面布局及文字样式。

"显示留言"与"发布留言"两项功能可放在同一页面中，常规的布局方式是"显示留言"在上方，"发布留言"在下方。如图 8-93 所示。

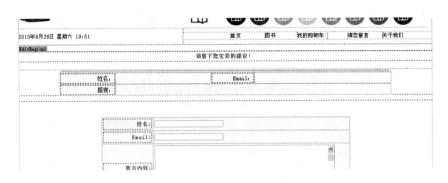

图 8-93　"留言"编辑页面

- 在"可编辑区域"的顶端输入文字"请留下您宝贵的建议！"。
- 在"发布留言"的上方插入 3 行 4 列的表格，宽度 80%，填充 3，间距、边框均为，居中。
- 第一行合并单元格，插入一条【水平线】（在【插入】菜单的【HTML】中），设置宽度属性为 100%。
- 在第二行的第一、三列和第三行的第一列中输入字段说明文字。

② 添加数据字段。与首页中绑定显示图书信息一样，需要先绑定记录集。在【绑定】面板中添加"记录集（查询）"，如图 8-94 所示。

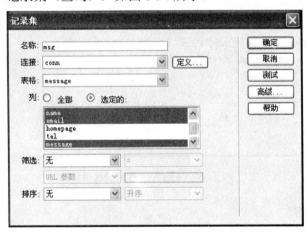

图 8-94　添加留言信息记录集

- 名称：msg
- 连接：conn

- 表格：message
- 列：选定的（name、email、message）

从"记录集"中拖放各字段到相应的单元格，如图 8-95 所示。

图 8-95　绑定留言信息字段

③ 配置服务器行为。

a. 重复显示留言内容。当网站支持者增多时，很多读者都会为网站建议献言建策，留言内容最好能分页显示，使得页面的翻页量小些。例如一页显示 5 条留言。

选中显示留言区域的表格，添加【服务器行为】中的"重复区域"，在弹出的对话框中设置显示为 5 条记录，如图 8-96 所示。

图 8-96　设置留言的重复显示数

b. 设置分页功能。光标定位在"显示留言"表格下方居中的位置，单击【服务器行为】面板的"＋"按钮，在【记录集分页】菜单中依次分别选择"移至第一条记录"、"移至前一条记录"、"移至下一条记录"和"移至最后一条记录"，添加好分页后的页面编辑效果如图 8-97 所示。

图 8-97　设置分页后的编辑页面

在"IE 浏览器"中单击导航上的"请您留言",当测试输入第 6 条留言时,会自动翻页显示到第 2 页,也可以使用"前一页"或"第一页"对页面进行翻页调试。如图 8-98 所示。

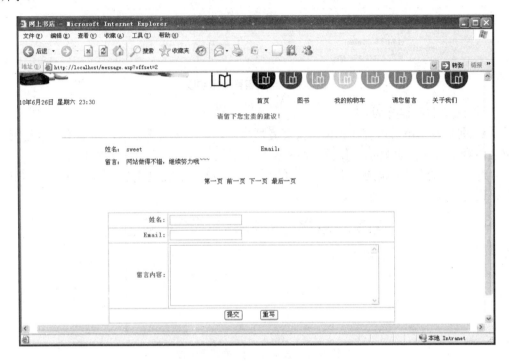

图 8-98 设置分页后的编辑页面

2. 我的购物车

"我的购物车"功能在整个网站中也占有较大的作用,但限于篇幅和实现过程需要进一步深入掌握编程语言方面的知识,因此在本书中不再详细讲述制作过程。这里仅对"我的购物车"在用户使用时做一个简单的身份验证。

当用户还没有登录到网站时,点击导航中"我的购物车"链接,会转向登录失败页面 loginbad.html;否则若用户已正确登录网站,则页面转向 mycar.asp,如图 8-99 所示。

项目八 "网上书店"制作实例

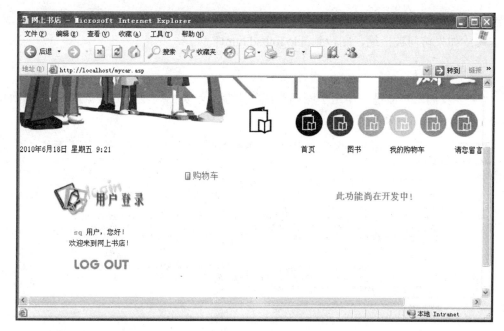

图 8-99 mycar.asp 页面

仔细观察此页面左侧的"用户登录"区域和用户登录成功后的 login.asp 页面功能是一样的。因此可以在 bookshop 文件夹中复制该页面,并重命名为 mycar.asp。

删除"新书信息"区域的内容后,在此单元格中分别插入图片(c:\images\w.gif);文字"购物车"和"此功能尚在开发中!"。后者字体颜色为#3190EE,大小为 16px。

另外,关于验证用户是否已登录,可在【服务器行为】面板中添加【用户身份验证】中的"限制对面的访问"命令,在弹出的对话框中设置参数如图 8-100 所示。

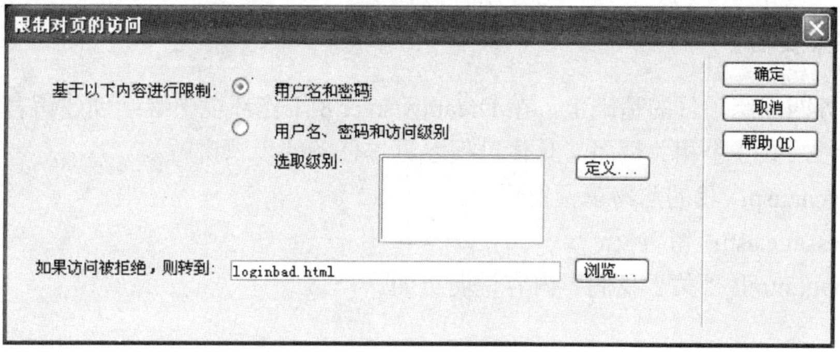

图 8-100 设置【限制对页访问】参数

- 基于以下内容进行限制：用户名和密码
- 如果访问被拒绝，则转到：loginbad.html

3. 关于我们

"关于我们"页面是一个用于网站介绍的文字显示页面，没有与数据的交互，因此可以建成静态页面。如图 8-101 所示。

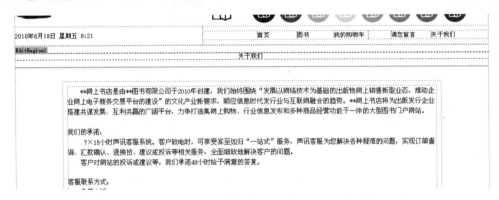

图 8-101 "关于我们"编辑页面

用"模板页"新建一个网页，并另存为 about.html。在页面的"可编辑区域"中进行如下编辑。

- 输入文字"关于我们"，居中。
- 插入"水平线"，宽度为 80%。
- 空一行，插入 1 行 1 列表格，填充、边框为 0，间距为 10，居中对齐。
- 在表格的单元格中输入文字（略）。

【训练项目】

在任务四训练项目的基础上，在 Dreamweaver 8 工作环境中继续创建留言、购物车和网站介绍，共 3 个相关页面（具体过程参见本任务的步骤讲解）。

1. mycar.asp：我的购物车预留页面。
2. message.asp：留言板。
3. about.html："关于我们"内容说明页面。

项目小结

本项目通过一个"网上书店"的实例带着读者从功能设计、站点规划,一直到具体到各模块的开发制作,经历了一次比较完整的开发过程;实现了"网上书店"网站中客户浏览端的部分功能。读者可以从中了解到实施一个电子商务网站项目需要先进行需求分析,然后设计网站结构图,初步确定页面,规划数据结构(数据表),最后利用各项网页制作的技术来设计整个网站。

鉴于章节内容有限,本项目中未能完成后台管理端和购物车功能,读者可在继续学习的基础上加以完善。

参 考 文 献

[1] 孙良军. Dreamweaver8 Flash8 Fireworks8网页设计从入门到精通[M]. 北京: 中国青年出版社, 2006.
[2] 刘涛. Fireworks网页元素与网页效果图设计[M]. 北京: 人民邮电出版社, 2008.
[3] 王涛. 超级百分百经典实例自学手册Dreamweaver8 Flash8/Fireworks8经典设计300例[M]. 北京: 清华同方电子出版社, 2008.
[4] 顾群业. 网页配色密码[M]. 北京: 清华大学出版社, 2006.
[5] 袁媛. Flash 动画创意设计[M]. 北京: 电子工业出版社, 2009.
[6] 赵英杰. FLASH MX网页编程宝典[M]. 北京: 北京希望电子出版社, 2002.
[7] 王汝义. Flash网站建设技术精粹[M]. 北京: 人民邮电出版社, 2007.
[8] [韩]金明花. Flash8从入门到精通[M]. 北京: 中国青年出版社, 2006.
[9] [加]耶彭伯格. ActionScript 3.0基础教程[M]. 北京: 人民邮电出版社, 2009.
[10] 北京洪恩教育科技有限公司. Dreamweaver MX 2004入门与进阶实例[M]. 吉林: 延边教育出版社, 2005.
[11] 郭光. 网页设计培训标准教程[M]. 北京: 中国青年出版社, 2004.
[12] 尚俊杰. 网络程序设计—ASP（第3版）[M]. 北京: 清华大学出版社, 2009.
[13] 神龙工作室. Dreamweaver 8 中文版完全自学教程[M]. 北京: 人民邮电出版社, 2007.
[14] 尼春雨, 李金莱. Dreamweaver 8中文版网页制作基础与实例教程: 职业版[M]. 北京: 电子工业出版社, 2006.
[15] 王涛. 超级百分百经典实例自学手册Dreamweaver8 Flash8/Fireworks8经典设计300例[M]. 清华同方电子出版社, 2008.
[16] 洪恩在线——Dreamweaver http://www.hongen.com/pc/homepage
[17] 中华网技术——Dreamweaver MX 2004简体中文版入门教程
http://tech.china.com/zh_cn/netschool/homepage/dreamweaver/
[18] Dreamweaver8入门基础视频教程
http://www.pconline.com.cn/pcedu/videoedu/dreamweaver/0704/1002891.html
[19] Dreamweaver学习网　http://www.dreamweaver86.cn/
[20] CSDN技术交流社区　http://community.csdn.net/
[21] W3School 网站　http://www.w3school.com.cn/html/index.asp
[22] HTML在线编辑器　http://ny.xmu.edu.cn/editor.asp
[23] 硅谷动力　http://www.enet.com.cn/eschool/zhuanti/easyhtml/
[24] 动态网站制作指南　http://www.knowsky.com/article.asp?typeid=37
[25] 高手综合动漫门户网　http://school.gaoshou.net/1/index.html
[26] Flash专题学习网站　http://xqfx.nhedu.net/it/flash/html/ztxx/jrxx02/index/caidanwenjian.htm
[27] Flash学习园地　http://www.sdbjzx.sdedu.net/xinxijs/duomeiti/flash/

[28]	iT.com.cn的Flash MX视频教程	http://www.it.com.cn/f/edu/057/11/141927.htm
[29]	Dreamweaver 8学习教程	http://www.missyuan.net/article/20070228/dw_3360.html
[30]	零基础网页设计	http://www.zerolearn.com/index.asp
[31]	今日在线学习网	http://www.todayonline.cn/rjkt/dreamweaver
[32]	设计在线	http://www.websupe.com/do/dreamweaver
[33]	网页制作大宝库	http://www.dabaoku.com/sucai/
[34]	网络加速站	http://www.websupe.com/
[35]	网页制作学习园地	http://www.g168.net
[36]	Fireworks 8学习教程	http://www.tudou.com/playlist/id/7480570
[37]	零基础网页设计	http://www.zerolearn.com/index.asp
[38]	今日在线学习网	http://www.todayonline.cn/rjkt/fireworks
[39]	设计在线	http://www.websupe.com/design/fireworks
[40]	闪吧	http://www.flash8.net/
[41]	网易学院	http://tech.163.com/special/F/000915SN/FlashAS.html
[42]	硅谷动力	http://www.enet.com.cn/eschool/includes/zhuanti/flash1130/index.shtml
[43]	太平洋电脑网	http://www.pc-online.com.cn